"十二五"国家重点图书出版规划项目

王逢振　主编

詹姆逊文集

第 14 卷

萨特：一种风格的始源

王逢振 陈清贵　译

中国人民大学出版社

·北京·

目　录

前 言

我一向觉得，现代风格本身可以通过某种方式理解，超越 vii
以这种风格所写作品的有限意义，甚至超越构成风格的个体句子旨在表达的确切意思。其实这种对风格的格外注意本身就是一种现代现象：它与优雅和形容词的分量等纯粹的修辞标准无关，而后者曾在某一时期支配着几乎所有作家都忠于一种独特类型风格，把他们的风格变化归为“气质”。在我们的时代，当不再有任何自我确证的形式或任何普遍承认的文学语言时，作家作品的真正重要性取决于其中的新东西，取决于一种根本不同于当时其他任何东西的风格之突然出现或消失。这种对风格重要意义的强调，对阐发整体所用的连续方式的强调，逐渐与旧的形式形成矛盾，直到新的形式被发明出来，使我们不仅注意到风格，而且把阅读的主要注意力投向风格。在其他时刻，这两种情形——继承的形式和充满更多现代内容的风格——在作品里共存，因此这并不反映作家天赋的匮乏，而是反映他的境遇里出现了一个令人生疑的新时刻，一个写作自身发展史里的危机时刻。

这种风格的概念与个人独特方式的理念或“典型”的理念密 viii
切相关：只有经过许多相当不同但仍然以某种方式相同的句子之后，我们才开始意识到风格的存在。在这个阶段，我们所具有的风格知识仅仅是通向实际目的的方式，即一种认知的工具：使我们可以确定某个作曲家典型的和声；在故意使用的口语节奏之后，根据作者不会被误解的习惯突然控制升华语言的时间安排；

标明某个作者非常喜欢或迷恋的词，等等。单个作家各种不同的风格特征，全都模糊地出现在我们脑海里，彼此互不联系，我们只要看其中一个就知道我们面对的是谁的作品——在这种认识发生之后，这种知识便退回到一种未被阐发的，多少是“本能的”状态。然而，认识活动在它身后留下了痕迹：它调动我们思想的那种特殊功能，而思想直接对这种实际活动负责，就像绘画一样真实。它还增强我们的印象，觉得风格以某种方式是一种连贯的统一体，艺术家一系列典型的方式不仅是偶然地靠经验记录的数据，而且这些方式模糊地彼此关联，至少以某种有机的方式关联，就像我灭掉香烟的动作与我的声调和我行走的样子关联一样。然而，它们应该形成的这种有机整合是乌有乡，因为它不同于单个的作品，也不同于单个的句子，后两者都只是它的部分或片段现象。

词语类似“关系”，它们不可避免地要对我们强加一种空间的思想：不同的方式——句法的、主题的、词语的——开始互相
ix “反映”，它们作为征象在作品表面不规则的呈现，武断地暗示一个处于我们视觉背后的中心，各种不同的细节尽管重要性不同，但都同样远离这个中心。这种性质的空间思想是吸引人的，因为它许诺占有作品，就像可以占有一件东西那样；它排除我们在阅读过程中时时感到的不快，就像在我们的其他活动中那样。作品暂时从我们眼前经过，但永远不会完全呈现，要么迅速从视觉消失，要么还没有到来。不过，正如阅读一部小说完全是两个人之间高度展开的一种关系，我们觉着应该能够确定并最终固定的这个中心，同样也只不过是一个人而已。从这种新的观点回顾，作品最终只是人类生活过程中多种不同行为中的一种，于是，纯粹的文学风格开始失去它的特殊地位，与生活风格混合在一起，成为姿态中的姿态，并在这种新的框架中产生与其他更多日常姿态

相同的意义。

因此，本书的安排不是根据空间模式的建议，而是按照时间安排。其理由是，各种以某种方式引起注意的因素彼此生成，在一种符合逻辑的发展中彼此包含，如果单个因素受到正确的质疑，那么它将证明是另一种因素的基础，属于一种完全不同的现象，并转而屈从于与两者都不同的现象，但与两者深刻地关联。当然，这种时间并不存在：它不是我们阅读的时间，阅读中这些细节适当地出现，并不明显地相互依赖；肯定它也不是作者构思 x
他的作品的时间；它仅仅是现象之间的关系在语言中被揭示时呈现的时间现象。

就其不可预言的发展来说，这样一种安排可能显得武断，其中没有任何东西在特定现象出现之前表明它的出现；但是，一旦新的事物出现，它必定要提供其在那里存在的限定条件，而发展就是它自身沿着一个自我确证的连续过程行进。真正更武断的是对这些特殊现象的选择而非其他，是选择许多这种“典型的”因素而非其他更多的因素。然而，只有从一种不变的风格范畴的观点出发，从一种穷尽作品的全面分析的观念出发，这种选择才显得偶然。但是，作品产生它自己的范畴，根据它自己对存在的偏好和理由标明事物是否重要；作品中的现实，与之相关的具体经验——所有其他探讨它的方式都是抽象的并依靠这种经验——是我们对它本身的阅读。我们阅读时不受监视的思想——由于对它自发地注意和放松——优先于我们可能对它强加的任何范畴，并从它注意和激发的东西里提供内在范畴形成的素材。因此，在本书的研究里，当我们根据事物与意识之间的均称对立开始看到作品的某些奇怪之处时，这并不是因为所有作品都应该以某种方式与事物相关并与意识相关，而是因为这种奇怪的作品证明它一直坚持依靠这样一种对立。

不过，我们不能以这样一种对立开始：未经确证的出发点不
xi 论多么贴切，都将立刻表明是故意的和武断的。一个开始绝不是可理解的现象还没有呈现，而是我们被唤醒一种特殊的注意。我们把这种情形称作对**事件**的注意，这里词不表示任何正在发生的特定类型的事件，而是把我们的注意力引向某种本质事物**正在**发生的那些时刻，不论是旧式的场景高潮，还是描写一个面孔，一个突然的、令人震惊的不同性质的姿态——不同于充斥着场景的姿态，抑或某些句子与其出现的一般散文相区分的刚劲有力。不论最终是什么，这种时刻都是作家在讲述或表达他认为最重要或最动人的事物的那些时刻，这些事物促使他去制造某种新的语言；因此，它们把我们直接引向其整个作品力图在时间中呈现的世界。

虽然单一的事件可以支配一个作家的整个作品，但如果作家运用不同类型的叙述方式，那么它必然时不时地以不同的形式出现。例如，戏剧不完全是一种文学形式；小说的材料是句子，戏剧的材料是人，人既用句子又用动作表达他们自己。因此戏剧的事件更可能限定于人的行为，正是在这种更局限的范畴里，作家的强烈爱好才会继续发生作用，它们有时扭曲形式为自己制造一个地方，有时又在传统的局限里更模糊地满足自己，只是通过提高对这种行为的兴趣来引起对它们注意，而其他的行为都只是这
xii 种行为的前提。我们现在正是以这样的行为开始，它们还不完全是词语的事件，不是通过个体的内容或形式的强调进行区分，而是通过以它们的方式出现的事物进行区分。

本书的原型是在耶鲁大学写成的博士论文，如果没有亨利·佩耶教授在各个阶段的鼓励和建议，它是不可能完成的。同样需着重指出的是，在一个缺少翻译而他们的作品鲜为人知的国度，

本书的思想深受西奥多·阿多诺和罗兰·巴特的影响。本书得以出版，非常感谢耶鲁大学青年学者基金的资助。

弗·詹姆逊

1961年2月于剑桥，麻省

第一部分　事件

第一章　行为问题

《禁闭》没有通常所称的幕：角色不再能做任何事情，因为 3
他们在幕布开启之前已经做完了一切，他们只能思考已经彻底完成的事情来打发戏剧的时间，再也不能增加任何东西。这就是为什么在以娱乐美学为基础的世俗常识的区分里，这种戏剧被说成是“观念戏剧”（idea-plays）。然而，这位哲学家的戏剧的“观念”，在性质上完全不同于在哲学著作中发展的思想。在哲学著作里也分析行为，也把行为提升到某种意义；但是，现象学的分析是扩展的，脱离中心的：它试图以越来越多的细节扩大自身，直到把行为变成由一个本质上可理解的大整体所构成的唯一综合中心，若把它分离只能是幻觉。这一戏剧的人物从另外的方面思考他们的过去：他们想把他们做过的事情仅只归纳为性质的实例，以便能够赋予它们固定的名字和属性；他们寻求的意义具有
一个坚实的、不可分割的语言核心。这些意义的根源是日常生活 4
中流行的价值判断：英勇、怯懦、善良、邪恶，彼此是唯一的选择；因此像加尔森这样的人物被囚禁在他对自身和对自己生活的思考之中。关于他自己，他面对着一种教科书式的建议：他是个懦夫；他唯一的选择似乎是肯定或否定这点。表面上看，提出这种问题的水平比早期现代作家记载的那种意识更加原始；并且对这样一种困境唯一可能的表达似乎就是言说，就是提出各种可能的选择，或者确定它们当中的这个或那个。

组织该剧所围绕的意象，即地狱的概念或类似地狱的监禁，暗示另一种与过去可能的关系，同时又排除它是个实际的问题：

加尔森痛苦地意识到，如果他还活着，他应该能够做某种不同的事情，至少他有可能确定一种新的行为品质，反抗他过去反复出现的软弱的实例。这种行为绝不会改变他生活的事实，甚至不会让我们“忘记”它们。它只是重新安排它们，以新的方式组织它们，新行为的力量会逐渐使这些旧的事实摆脱简单的懦夫模式，赋予它们那种只存在于过去的错误、事故和纠正了的失误的价值。这种情况表明，过去可以用两种方式进行描述：过去不再能改变，已经不可触及，虽然仍觉得像我们自己但却永远固定；然而与此同时，它在我们手里不断改变和更新：它的意义像我们的自由一样变动不居，我们所做的每一种新事物都可能对它进行彻底地重新评价。不变的过去的这一方面，萨特称之为我们的“真
5 实性”，但它只是真实性表明自身所用的一种方式，与之相伴的还有我们身体的基因结构，以及在一个特定社会的特定的历史时刻我们生存所必需的东西，虽然没有任何理由说明它为什么是这个而非那个时刻，也没有任何理由说明我们独特的意识为什么存在于这种特定的身体，诞生于这些特定的父母。真实性是那种存在的核心，它拒绝被归纳为思想或原因；它是每一种现象的必然，不论那现象多么容易被理解，同时又多么与众不同；它是我们总是“处于境遇之中”的必然，不论那个境遇是什么也不会造成任何不同；它也是我们总是拥有一个过去的必然，而不论过去的内容是什么。加尔森通过过去引发的焦虑承认他的过去是他自己的，但他的过去无法改变，他只能通过对过去的思考重新安排面部的表情。后面我们将会看到，这样一种理念对于艺术作品的影响多么重大。

然而，尽管这些铁一般不可改变的事实的意义可能被新的行为以某种方式改变，尽管任何改变的失败都不足以完全摒除改变的可能性，而只是把改变进一步推向未来，但就剧本的境遇而

言，根本不存在未来，因为加尔森死了。因此，他被归纳为一种对他自己生活沉思的纯粹态度，在他的生活面前，他是被动的，他只能对它思考；在某些方面，剧本隐蔽的主题是一种象征，它展现了知识哲学和意识或行为哲学之间的对立，展现了印象主义美学和表现主义美学之间的对立。没有给加尔森留下任何东西，唯一留给他的是对自己的“心理分析”：他不能行动，也不能改变事实，他唯一能接近的是不确定的领域，在那里他也许会找到有助于他以某种方式解决问题的东西，而这就是他的“动机”：

> 埃斯苔尔：但你应该记着；对于你做过的事情，你一定 6
> 有自己的理由。
>
> 加尔森：是的。
>
> 埃斯苔尔：什么理由？
>
> 加尔森：它们是真正的理由吗？
>
> 埃斯苔尔：（有些生气）你太复杂了。
>
> 加尔森：我想确定一个实例……我已经想了很久……那些是真正的理由吗？[1]

这种动机的重要性是善恶意图辩证的组成部分，它至少可以回溯到中世纪的基督教思想；但是在基督教思想里，行为与其动机（可能是另一种性质）完全分离，因此不可能从动机回到行为：不甚严格的行为“理由”，或者所有不同的、可能的“理由”，都陷入主观性，而行为仍然顽固地对抗。这种动机中的任何一个都是合适的，因为行为本身没有任何东西能够处于与这种而非那种动机的特殊关系之中。促动因素的世界变成自治的，变成了一种自足的幻象，倒转着反映真实的世界，而在这种不真实的心理世界里，针对过去的变化不可触及的观点，一些主观的决定突然显得远比在“实际生活”里更具权威。

加尔森：埃斯苔尔，我是个懦夫吗？

埃斯苔尔：我怎么知道呢，亲爱的，我又不是你。你必须自己确定。

加尔森：（用一个不耐烦的手势）那恰恰是我做不到的。[2]

这种可能是命令的建议，一种一劳永逸解决问题的纯粹理智的决
7 定，其实是一种由提出问题的条件所造成的视觉幻象。在单是对这种监禁思考的状态下，不仅变化不可能出现，而且也不可能对它们真正判断：勇敢、怯懦不可能从内部发生作用。它们本质上是别人的判断，以存在一词固定于个体意识的外部。它们提出一种方便的归纳，把意识归纳为一系列的性质或特征，其目的是为了便于预示行为，便于说明这些事物可以描述的部分性质，而这些事物对我们而言则是他人。但这种“性质”不可能从内部感觉到，因为意识从来“不是”实在的东西，而总是在活动。只有当我们回首凝视我们彼此所做的一切可怕地相似时，一种“性质”的印象才会出现；然而我们并不直接感到它，我们推断它的存在，宛如我们观看某个他人的行为。不过，由于这些人物的异化非常彻底，所以判断被热情地内在化了，被提升到绝对的程度，而此前他们徒劳地想证实自己。他们死后的生命是最强烈的生命意象，完全掌握在他人手里——掌握在活着的人手里；他们的思想没有一个角落是安全的，无法摆脱“客观”社会价值的那些自治的范畴。正是在这一点上，放弃这种过时范畴的可能性才展示出来，出现了一种“自治”的可能性；也正是在这一点上，萨特的大部分作品停止了——在《苍蝇》的结尾出现了自由，在《魔鬼与上帝》里出现了社会团结，在《存在与虚无》的结尾出现了价值理论的前景。因为，这里个人生活的问题再不可能与其所处的社会分离，它突然成为从属于历史和社会变化的问题。

因此，剧本的构成包括一种空虚的语言，包括永远不能跨越 8
他们与试图描述的行为相疏离的句子，以及在一个封闭的、没有真正现时或未来的过去中转来转去的思想。当然，它有教育的目的；但在另一种意义上，它反映了一个没有可见的未来的社会状况，这个社会因自身大量持久的机构而令人晕眩，其中没有任何变化的可能，进步的观念已经死亡。但是，人与他们自己行为之间的这种疏离不仅仅是《禁闭》的特殊化境遇的作用，其中难以忍受的对话并不能削弱已逝生命的完整性。在时间的另一端，当尚未演出的人物准备那样做的那些时刻，也可以看到这种情况：在《肮脏的手》这样的剧里，在某种意义上一种全是动作的戏剧里，被隐蔽在一个更世俗、更具情节剧特点的范畴背后，而这个范畴的名称也是情节剧（就像自由的概念，当它把自己在小说里的出现作为一种特殊的条件而非整个人类现实的本质时，它就被简单化、“庸俗化”了）。在这个剧里，雨果想行动的欲望不仅要依靠他过去的背景来理解（即他想以一种完全不同性质的生存反对中产阶级的生存方式），而且还要从欧洲大陆知识分子的不良状况来理解，他们自己特殊化的工作使其总不像真实的工作，也不像真实的行动；因此，在像自己的行为或自己的约定一样的私下的新闻里，雨果怀念在他看来是其对立面的东西：恐怖，暴力，接近死亡的活动，而死亡似乎对它们产生了一种吸引力。

然而，在雨果希望的这种新的行动里，本质的东西并不是它
的暴力，而是它的时间的性质；它不是一种累积的日常行动，即 9
作为例行的常规，使行动者逐渐感觉不到他所介入的计划，而是一个单独的时刻，通过准备和恐惧的阶段，跨越等待而可以达到的时刻，是某种东西突然发生的时刻，是能够预见某种东西的时刻，正是在这样的时刻，雨果看见另一个恐怖分子成功了：

奥尔加：他干的……

> 雨果：他干的。周末之前，你们两个人会在这里，在一个像今夜的夜晚，你们将等待着听到某种事情；你们会担心，你们会谈论我，而且我一度会成为你们眼里的东西。你们会互相问：“他在做什么？”然后会有人打来电话，有人敲门，你们会笑起来，就像现在这样，你们会说：“他干的。”[3]

未来的、全新的行为已经以一种残缺的方式在现时中存在：它的一些组成部分正慢慢地在雨果的思想里成形，那是些他最熟悉且最容易的部分。他站立其中的房间，他在看着并听其讲话的那些人，都是现成的素材，只要稍加改变就可以转变到未来。但是，这些使行为达成其最初仍是碎片化存在的词语，并不只是在雨果头脑里暂时唤醒他的想象：它们是他进行准备的一种方式，是使他相信现实世界里还没有迹象，没有暗示的某种东西的方式。它们帮助他以一种严肃性权衡不可预见的未来，如此未来便不再像梦一样飘忽不定，而是因为他人的期望而变得坚强。

这与认为某种事情必将发生的纯“理智的”意识非常不同。
10 它是一种信念，一种对即将发生的行为的突发直觉，这种直觉非常生动，尽管行为还不存在，但人物已经能够看到它对事物的影响。这正是雨果的妻子突然**知道**赫德尔将被杀死时发生的事情。她的戏是在另一个层面上对雨果的重复：在一个严肃实在的社会当中同样感到毫无价值，幸存的孩子与成年人的关系以及他们的事物和活动，根据性冷淡、性行为变成一般人类行动的一种冷酷的象征。所有这一切都妨碍她比雨果本人更严肃地对待雨果的行为；因此，当信念发生的时刻，它必然改变整个世界以便为自己留出位置：

> 杰西卡：你会杀死一个男人。

雨果：真的我自己知道我会做什么吗？

杰西卡：让我看看枪。

雨果：为什么？

杰西卡：我想看看它是什么样子。

雨果：整个下午你一直都带在身边。

杰西卡：那时它只不过是个玩具。

雨果：(把枪递给她）小心。

杰西卡：会的。(审视枪）很有意思。

雨果：什么有意思？

杰西卡：现在我怕它了。拿回去吧。(停顿）你会杀死一个男人。[4]

什么都没有改变：枪完全是原来的样子，她的丈夫仍然是个墨守成规的人，有着熟悉的惯常风格，熟悉的面孔，房间里空空的，房间的沉默已经缓和；只是突然之间一种神秘的深刻性在所有这些事物里展开；很清晰，瞥一眼就容易看到，它们每一个忽然具有一种逃避她的“超越”，赋予所有事物一种真正的改变。冰冷 11
无生气的物体，那把很容易掌控的左轮手枪，没有任何警示就变成了一种工具，掌握它突然变成了一种冒险。在某种意义上，事物转变成什么样子已经发生：炸弹动摇了杰西卡一直活动其中的世界，在她还不知道自己在做什么之前便使她以一种新的方式看那个世界。从一种纯理性的观点看，这表明了关于赫德尔的阴谋是多么的冷酷严厉：

这不是我的错。我只相信我能看见的东西。就在今天早上，我不可能想象他在死去。(停顿）不久前我去了办公室，那个人在那里流血，而你们全是死尸。赫德尔是具死尸；我在他脸上看出来的！假如你没杀死他，他们会派别人的。[5]

然而这种新信念的本质部分，并不是使她修正她对境遇估量的新的信息；它是在她面前看到的那种未来的具体的、重要的事实。她自己的想象力太差，不能对外部产生任何影响；她生活的信念就像纯粹的幻想，因此就事物的本质而言不可能发生。但是在这里，世界本身可怕地开始代替她做想象力的工作。此时她要做的一切只是观看，未来被刻于事物本身，被刻在这些恐惧的脸上，它们已经冻结成蜡一样的面具。

通过这些人与他们生活的世界的客观关系，我们可以理解世界自身何以需要这种合谋。由于无能为力，他们从没有对事物产生影响或改变它们，他们在物体的包围中长大成人，那些物体像
12 是非历史的树木，像是脱离人类活动的城市风光中永不改变的部分，因此非常稳固；在他们自己的经验里，没有任何东西使他们对自己主体性的力量产生信心，相信能够在这种庞大的事物墙壁上留下任何痕迹：只有事物自身才能宣布它们即将到来的终结。然而，在沉默无语的外部世界面前主体性的这种茫然，在另一种意义上也是一个所有行动的时刻：在《魔鬼与上帝》里，当戈兹凝视着他要摧毁的城市时，他感觉到了，他惊讶他竟然能够对一片片自足的房屋以及成规和传统产生影响，这些东西他都能亲眼看到，而与视觉的证据无关，他计划的未来似乎缺少所有的实质，虚弱得如同一个纯粹的愿望。因为意识与沉重的事物存在相比根本不算什么，甚至在它转向事物，通过刻写在事物抵制的表面而留下它的存在的时刻，它也感觉到自身缺少存在，感觉到它即将进行的攻击有些冒昧。

这些时刻仍然是“主观的”，虽然其中未来的行为逐渐接近，并且由于它的接近使存在失去原来的形态：在这些时刻世界发生变化，但并没有真正改变。与行为本身相对照，枪击的声音，一个躯体突然倒在上面的地板，它们只能被叙述而不被看见——甚

至人物看见的风景的变化也只能被描写，因为它的变化我们是看
不见的。只有在行为自身的时刻，才能说真正发生了某种事情：
这个时刻没有过去或未来，一个沉默而完全自由的地方，其中赫
德尔转身离去，留下雨果一人，采用一种独特的、全新的手势表
演，激发他进入非常明显的清醒状态，没有任何东西帮助他这么
做，也没有办法使它毫无痛苦地、逐渐地、一点一点地发生——
这是一种对最纯粹的实施行为的象征性再现，它允许行为者最痛 *13*
苦地而又可以理解地对他以及那些思考他的戏剧的人表达这种行
为。我们知道雨果失去了他的机会，他最后在另外的情况下射
击，那个时刻充满了激情和突然性，因而他能够在不知道自己做
什么或为什么做的情况下做了那件事情。但无论如何，行为的瞬
间一旦过去，它就立刻无声地成为过去，自动地脱离了完成它的
主观性，物的世界经过改变再次对意识封闭，而就在瞬间之前意
识还与它有着明确的联系。

正是在这一点上，我们再次回到加尔森的戏，即反对已经发
生的事情的斗争，只是雨果处于仍然活着的特殊的地位。在他的
监狱里，他重又经历了《禁闭》中的内省境遇，不断地、循环地
分析他的动机，由于这种经历很长，他认识到他唯一能够拥有现
在已成遥远过去的事实的方式，就是对它增加将会赋予它新价值
的新的行为。我们看到，尽管为时已晚，加尔森本人还是非常迷
恋这种可能性，萨特把这种可能性称作对过去的“假设”，或对
真实性的“假设”。于是剧本的设计再次提供一种不完善的、惊
人的象征，它以一种独特手势的方式，象征地表现出某种事物，
而萨特的哲学著作表明，这种事物是所有人类经验永恒结构的组
成部分。因为我们不可能具有我们自己真实性的直接经验。在早
期的知识哲学里，事物自身总是触及不到，必须通过感知器官把
它们直接转变成我们的事物才能理解；与这种哲学大致相似，我 *14*

们必须把事物人性化，**设想**我们接触的一切事物，以及我们周围的事物和我们自己身体与生命的基本真实性，只能作为一种有限的感觉，通过我们意识到它的事实，最顽固的、非人的事物变成人的事物。于是，我们所攀登的这座山之陡峭是一个客观事实，但也是一个抽象的事实；我们每个人以不同的方式经历它并决定何时停止，因为它“太难了”。因此，我们的面部结构和我们的身体也是继承的，但它们并非只是我们必须处理的静止事实，而是被不断设想并通过表情加以调整的（宁静当然也是一种人类的表情）：正是活动的身体才是具体的现象，除了它们是一个历史进程的结果之外，对它的衡量都是抽象的。这就是为什么不可能赋予真实性的观念以内容：对它的任何探讨都已经变成一种假想，一切“事实”都是人定的，在试图直接体验真实性时，我们立刻会把它纳入人的世界，而存在一词所表示的冷酷的、无意义的存在的核心，也进一步退缩到我们的把握之外。这也是为什么过去总是假想的：我们对过去不可能没有任何态度。过去不可改变，但我们总是根据我们的生活赋予不变的事实以某种意义，正如弗洛伊德所表明的，甚至忘记它们也是与它们的一种关系。

但是在这个剧本里，我们假想真实的这种永恒的必然性，采取了一种独特的、典型的选择形式。冷酷的事实是赫德尔之死，不论有多少动机：嫉妒、政治权谋，等等。但是，为了继续为党工作（仿佛是“第一次”），当雨果被要求忘记他旧时的名字以及与之相伴的过去时，当他被要求与他这种行为——不再是特殊的，只是一个陌生人与另外某个人生活的联系——确立某种关系
15 时剧本的计谋突然使一种对立的假想形成存在，而在哲学术语里只是一种假想方式的忘却，在剧本的思想世界哈哈镜里则可能是完全抛弃过去。最初这种抛弃只是尝试性的：“如果我放弃我的行为，他将**变成**一具无名的尸体，就像党的另一个废品，偶然被

杀。为了一个女人被杀。”[6]语言仍然多少有些无关紧要：对于描写赫德尔之死可能具有某种意义的抽象的句子，那个缺少色彩的动词“变成”很难使它具体化；放弃在这里仍然是一种假想。但是，这种词语一旦活动起来，它倾向于自己发展；随着真正放弃行为的可能性的出现，对它的假想就变成了一种令人惊讶的冷漠手势，其性质远远不同于它指明我们日常生活中那种人性化过程时的假想。

这里包含的东西显然只是谈论事物的方式；然而把赫德尔之死这一沉默的事实变成某种意义的手势，其本身就是另一种无言的事件：雨果自己的死亡，随着幕布的落下，他自杀的门关闭了。这种在剧里不出场的情况表明，它必须首先以文字对我们有所表现，正如第一次谋杀在它真正发生之前很久就已经有文字的表示。

如果我们考虑剧本故事的“不可能性”，就可以感到单是动作是不够的，一种自行维持的、没有任何独立对话的技巧也是不够的，它只是构成另一种行为秩序中的一些举止。舞台装置、戏 16
剧传统以及日常语言造成的气氛，使我们想象自己是在目睹多少有些自然主义的东西：风格化不明显，一般看不见，只有在某个角度才能发现，而那个角度我们最少考虑。随着剧情的进展，其中有些东西妨碍我们的意识，使我们意识不到，为了解释历史，一个男人杀死自己的场景多么具有“哲学性”，多么非同寻常，甚至觉着不可能发生。

毫无疑问，雨果与赫德尔的关系会使我们从个人忠诚方面考虑这一行为。但首先是死亡的出现才改变了这一行为单纯的抽象性质，转而反对赋予它一种新现实的典型决定。既然雨果已经献出他的生命，那么它就成了“意义”的问题，成了历史价值的问题，它突然发生了变化，突然变成了一种值得为之去死的重要的观念。只有最极端的假想行为才足以使假想“可信”：在这种境遇里，唯一可能的现实主义是它最强烈的外部限制，如果没有这种“极端的境遇”，一切都会消解成抽象的东西和只是讨论过的问题。

死亡的出现也使语言可以达到其修辞的极限而不是变成修饰：“我还没有杀死赫德尔，奥尔加。还没有。我现在就去杀死他，我自己去找他。”[7]一种放弃的可能性同时变成了真实的：说赫德尔还没有被杀死不再只是一种修辞手段——过去这个行为并未完全实现，它仍然需要完成；它可能仍然不会完成，飘到过去，完全消失；如果是雨果之死赋予他这种语言的权利，那么正
17 是这种语言，这种已经发生和尚未发生的行为的意象，同时使死亡说话，使发生在对话之外的新的事实确认了它最终封闭的那种对话的实在性。

像这样的主体问题对艺术作品隐含着什么呢？行为总是与实施行为的人存在着距离，它“属于”此人；它不是自足的，没有任何自己现成的意义，而是要不断地假想和再假想它的意义。它从不真正客观地发生：必须事先对它期待；当它发生时，它立刻使自身异化，然后必须使它再次发生，它才能真正已经发生。

人类行为这种非本质的、异化的性质是戏剧强使我们注意的一个范畴；而且正是舞台本身为我们必须考虑问题的方式负有部分责任。因为剧场是一种混合物，一方面是语言，另一方面完全是看得见的，如装置和手势。事物可以在我们眼前发生，然后还可以进行讨论，成为一种纯词语的存在方式。于是戏剧可能有它的真实性的领域：不容置疑的视觉事实，纯粹发生的时刻；也可能有它的假想的领域，即在言语中这些事件进入了语言。一旦一种戏剧美学以这种对立为基础得到确立，事件本身就开始变得松

散并脱离戏剧：对话在舞台上于我们面前确立，而在舞台下则变成事物“真正”发生的地方。或者，在另一种意义上，正是在语言之内，事物才真正发生，而事件本身，不论在舞台上还是在舞台下，则只是必要的和不充分的。对于一种充满暴力、很少“诗性”（在坏的意义上）的戏剧，如萨特的戏剧，这显得是一种奇 *18*
怪的说明；但是，恰恰是暴力和最夸张的真实性保证了它的对立面的意义，如果没有这种暴力，语言就软弱无力，就变成没有道理的修饰，或一种贫乏的诗歌。因此，除了自然主义和情节剧，还有另一种观点，它认为所有这些暴力事件最终都是幻象，只有语言才真正发生：这些戏剧是继承的情节剧形式的奇怪样板，而那种形式在文学中生存下来，在对新的语言雕琢的场合中生存下来。

不过，在散文里，对话与舞台动作之间的对立不复存在：行为和背景设置本身都是被描述的，对话不再是表明人物与他们所做事物关系的唯一方式。此外，主题内容被大大扩展；小说不因其媒介的性质局限于人类和他们做的事情；正如在电影里，事物和风景都可以变成戏剧的积极参与者，而一切都是语言的这种更大的形式，超越了人类行为的范畴并对一般的事件开放。可以肯定，如果我们考察的这种行为结构是萨特的世界必须以戏剧形式表达它自身的方式，那么在那个世界里，它就对应于能够找到其进入小说的东西；但同样可以肯定，在新的形式里，它会以完全不同的方式出现。

［注释］

［1］ *Théatre*, p. 158.

［2］ Ibid. , p. 158.

［3］ *Les Mains sales*, pp. 55-56.

［4］Ibid.，pp. 184-185.

［5］Ibid.，p. 158.

［6］Ibid.，p. 259.

［7］Ibid.

第二章　事件的性质

随着传统生活模式或在生活中发展起来的那些约定俗成的仪 19
式被破坏，随着一种可能是令人厌烦而乏味的生活品质的出现，事件、经验和实际发生的事情的概念变得令人生疑：如果不是一切东西都是真实的经历，那么只有某些东西可以讲述并构成逸事或故事。小说本身刚开始的时候，它只是一种新的事件的范畴，出现在封建社会崩溃的时刻；但是在现代时期，甚至这种通过其历史和民族变化反映中产阶级社会同质的形式本身也已经变得令人生疑——没有任何可以普遍承认的生活模式值得讲述；作家从自己孤立的生活中为自己发明了那些使他意识到语言的时刻。

在一些多少有些原始的境况里，这些时刻可以使人感到它们的存在，并与那种准备它们的流畅的叙事时间形成对照。面对突然的危险，身体的僵硬和敏锐的注意在这里被转变成一种悬念，
一种要发生什么的感觉，它本身不是为故事主线新增加的细节， 20
而是对其中一切的一种衬托，一种突然开始用斜体字写出的句子；对恐惧的暗示，关于“事情就要发生”的明确表示，本身并没有意思，而是旨在把围绕它的所有其他句子聚拢成一个连续的整体，使它们失去作为单个句子所具有的自治性，把它们变成一种突然的、形式的片段。那个一动不动地非常警惕的人，极其敏锐地注视着可疑的环境，他与它处于一种新的距离，现在进行反思并与它分离，而此前围绕他的这个区域，只不过是他全神贯注的一种活动的地方。这种从一个发生变化而不改变性质的境遇的后退，那种眼前事物可靠途径的突然转向，隐含着其他的可能，

例如，等到他注意到的时候为时已晚，他可能突然意识到一个事件，结果发现那件事已经发生：

> 马修走近瓶子，倒背着双手，不安地前后走动，凝视着它：在一个有着三千年历史的瓶子面前，令人可怕的是，在这个顽固的旧世界当中只是一点点白色的陶土。他转过身去，开始对着镜子做鬼脸抽鼻子，但他的思想并没有离开它，然后，他突然走向桌子，举起那个相当重的瓶子，摔到地板上：他就是觉得想这么做，没有别的，而且做过之后，他感觉像游丝一样轻松。他看看瓷器的碎片，无限惊奇：这
> 21 个三千年之久的瓶子，刚刚发生了一件事，它发生在两代人之久的这些墙壁之间，在夏日古器的映照之下，这种可怕无礼的事情象征着早晨。[1]

这段话表明自身是一种直率的叙述，描写一种姿态和采取这种姿态的意识，显然孩子是在完全有意识的情况下做出新的手势。但是，随着这些新的手势变快和越来越精确，它们把意识抛在了后面。它们所反映的决定离开了孩子的思想，变成了一种在真空状态下发生的手势本身：身体时时不由自主地运动，带有某种确定性，与开始懒散的、有意识的运动形成可怕的对照。只是后来感情才再次释放出来：如释重负，发现做了某事的惊讶；这种惊讶也是我们的，因为在这段话里声音被抹去了——发生事件的时刻缺失，瓶子从未碰到地板，没有破碎，在一种奇怪的审查或在时间的流逝里，两个平静地存在的事物之间没有任何通道：瓶子被举了起来，在地板上没有破坏的声音。这个事件没有被看见，必须根据它在事物上留下的痕迹对它进行推演：“刚刚发生了一件事。”然而这件事同时又是比单单打破瓶子更大，更难以捉摸：它是一种气氛，处于性质互相排斥的两点之间。当然，两种性质

很容易转换成意义：粗暴无礼是对禁忌的破坏，是对时代和传统的羞辱，而打碎一件年长者觉着神圣的物体，就像在成人世界的困惑中早晨是孩子自己的年龄。然而句子不可能简化为只是这一种解释。这些如此不同性质的东西被并置起来，并没有像互补的 22
色彩一样混合在一起：它们被它们描写的东西（即发生的“那件事”）分开了；为了它们参与的更大实体，它们的同时出现具有在个体方面互相对抗的作用。我们只能把句子解读为一种瞥见了的人格化现象，从这两个可选择的视角捕捉到的转瞬即逝的**那件事**。正是**那件事**才是已经发生的事件的面貌，就其不是现在时而言，它在一种意义上不同于事件，它是对事件的反映，然而同时又取代事件，因为真实的事件根本不在那里，其本身变成了事件。

因此这段话似乎隐含着两个系列的现实：一个是感觉不到、听不见、看不见，但在事物世界不断进行的纯物质的变化，另一个是意识对它们的反映——记录它们或无视它们——或者在语言里等同于相同的事物。不过，这种说明我们已经发现的东西的方式因太多的意象而受到伤害：反映，系列，事物世界和意识世界之间隐含的分裂，对它们认识的标准是普遍接受的事物本身的意象的精确性。下面是从《恶心》里引用的一大段，它运用完全不同的方法来表现相同的现实，同时它又使事件的问题与叙述本身的问题直接发生联系：

> 我是这样想的：要使最平庸的事件成为惊人的事件，你只能讲述它，而且必须那样做。那会使人上当的：人是讲故事的人，他生活在自己的故事和别人的故事当中，他们通过 23
> 这种故事来看待他们的一切遭遇；并且努力像他讲的那样去生活。
>
> 但是你必须做出选择：生活或讲述故事。例如，在汉

堡，我与埃尔娜在一起的时候，我不信任她，她也害怕我，我过着一种奇怪的生活。但是，我身处其中，我并不想它。后来，一天晚上，在圣保利的一家小咖啡馆里，埃尔娜离开我去盥洗室。我独自呆着，留声机在放音乐《蓝天》。我开始在脑子里回想自从下船以来发生的所有事情。我对自己说："第三天晚上，我走进一家名叫'蓝洞'的舞厅时，注意到一个喝得半醉的高大女人。而我现在听着音乐《蓝天》等待的就是那个女人，她会回来，坐在我右边，用双臂搂住我。"在那个时刻，我强烈地感到我在进行一次冒险。确实，埃尔娜回来了，坐在我身边，用手臂搂住了我，但我却不知道为什么憎恨她。我现在明白了，当她回来后，我必须再次开始生活，冒险的感觉随即消失。

当你生活时，什么事也不会发生。风景在变化，人们进进出出，如此而已。不存在任何开始。日子一天接着一天，没有什么节奏或道理，单调地没完没了地累积。你时不时地会做些部分的小结，你说：我已经旅行了三年，我在布维尔市住了三年。也没有任何终结，你永远不会突然离开一个女人、一位朋友、一座城市。此外，一切看起来
24 都相似：两星期以后，上海、莫斯科、阿尔及尔，看起来全都一样。偶尔你会考虑自己的处境，意识到你和一个女人粘上了，或者你卷入了某件不祥的事情。只是一闪即过。然后又开始了一天接一天无止境的日子，你开始累计时间：小时、天，星期一、星期二、星期三，四月、五月、六月，1924年、1925年、1926年。

生活就是如此。但当你讲述生活时，一切都就变了；只是没有人注意这种变化：其证据是人们讲的是真实的故事。仿佛有这样一种事情；事件依次发生，而我们倒过来讲述。

> 你似乎从头开始："那是1922年秋天一个美丽的夜晚。我在马罗姆一家律师事务所当书记员。"事实上，你是从结尾开始的。结尾就在那里，看不见，但确实存在，正是结尾才使这些话具有开始的虚饰和价值。"我在散步，不知不觉出了村，我在为钱担心。"就字面意思而言，这句话只不过表示说话者全神贯注，心情郁闷，与冒险相距千里，他完全处于一种情绪之中，怀着那种情绪，即使事件在身边发生自己也不会看见。但由于结尾的存在，它改变了一切。在我们看来，此人已经是故事的主人公。他的郁闷，他对钱的担心，这些比我们自己的更宝贵，它们散发着即将出现的激情的光辉。于是叙事逆向展开：细节不再一个又一个地随意堆砌，而是都被故事的结尾抓住，把它们引向结尾，并且使每一个细节依次把它之前的时刻引向它："天黑了，街上空荡荡的。"这句话漫不经心地说出，几乎显得多余；但它没有愚弄我们，我们从中注意到：这是一条信息，后来我们会欣赏 *25*
> 它的重要意义。我们的感觉是，主人公经历了这个特定夜晚的所有细节，它们仿佛是预示，又像是诺言，甚至觉得他只经历了那些是诺言的细节，对一切不属于他冒险的事情都视而不见，充耳不闻。我们忘记未来还没到来：那人在毫无预兆的夜晚散步，夜晚不加区别地为他提供了它那一成不变的财宝，而他也不在它们中间进行选择。
>
> 　　我希望我生活中的时刻前后连贯，安排有序，像你记忆中一生的时刻那样。你也可能尽力从结尾来抓住时间。[2]

这里陈述的文学问题，是我们已经提到的那种旧式故事消亡的痛苦。但它并不是对小说的攻击，不是对各种叙事的攻击，如像对逸事的攻击那样；它也不是一种标准，依靠它来判断以叙事形式呈现的实际经历的时间。然而这是萨特处理这种文学问题的典型方式，因此，他应该讲述一个逸事来证明逸事的不可能性，他应该有办法使这种经历的时间从书页中沉闷地跳出来，同时也证明这种时间多么难以归纳为语言。这种现代的讲述逸事的不可能性，不会使他发明某种新的东西，如像普鲁斯特那种庞大的、四维度的逸事那样。相反，他运用手边那种不受欢迎的旧式解决办法，只是夸大它们，改变它们，直到我们意识到它们在多大程度上扭曲了现实，并能够通过纠正形式留在我们头脑中的扭曲而突
26 然与现实加以联系。我们听过两次埃尔娜的故事，实质相同的两个不同的逸事——其中一个是另一个的组成部分，就像套在盒子里面看不见的盒子。第一个对我们表明生活是实际经历的生活，第二个是讲述的生活：这两个逸事使它们彼此中性化。“讲述”的逸事明显不令人满意，于是它转而反对与它非常相似的第一个，并且也剥去它的叙事外表，把它改变成一种现象，而在这种现象背后有某种真实的东西在抵抗，这种情况宛如两张稍微不同的照片突然并置在一起，它们会使我们意识到所有照片的人造性——抽象的性质——并让我们瞥见在它们之外的一个真实的三维度的面孔，每一张照片都以不同的方式力图接近这一难以达到的极点。

在下一部分，这种间接地接触事物的方式更加清晰，它似乎是对实际“经历的”生活的一种抽象的揭示。不过，这种抽象被不断地加以调停：我们不会直接与一种自身发展的思想建立联系；在这些句子里，我们观察罗冈丹本人对它的思考，我们看到他努力表达我们所看到的表达。这段话里隐蔽着一种图式化的叙事，一种极其一般化的生活进程的意象，从 1924 年到 1925 年到 1926 年，从遥远的城市到恋爱到工作，有开始也有中止。这是一个无关紧要的问题，不论这一生活进程是否与罗冈丹本人的生活细节一致，虽然它肯定反映了他的生活的性质。我们注意观察的

是罗冈丹努力把生活感受传递给我们的过程，他或者选择自己生活的细节，或者想象一些细节，不甚确切，也不是过于一般和抽象——它是一种我们能够辨认的踪迹，通过它我们可以看到我们自己的某些经验。这里介入的生活不是我们自己的；它表达一个阶段的风格，一种确定为 20 多岁的生活。然而，我们没有承认 27
它也是必然的，因为在否认这种生活模式的同时，我们也认识到它是属于别人的某种东西，其细节仍然保留着它原产地的某些气息。尽管是说教的、一般化的，甚至是虚构的，但这些不充分的事实仍然是空虚的工具，通过它们，罗冈丹曾努力讲出他对生活的一些感受；经过它们，在它们的失败本身当中，透过它们在那种一连串无尽无休、乏味的日子里留下的空白，他自己的生活以及他所谓的实际“经历的”生活的意义突现出来。这种日子、地名和单纯的标示本身对我们并不说明任何东西；它们只是一些证据，证明存在着乏味空虚的生活并在它们背后延伸，而我们却视而不见。因为我们已经知道它不可能被讲述，所以我们认识到它是什么，我们通过看似明确禁止我们了解它的文字本身而将它占有，在无效的语言标出它不在的地方涌现出现实。

我们将会发现，在这部作品里，这种对现实否定的投射既是客体也是意识对语言的认同；在这种方式里，打破花瓶的现实被保留下来——只是文字对其命名的那种真实短暂的变化被完全忽略了，某种东西——意识对这种非人的材料的假设——被刻意贴上了主观性的标签，使它再无力扭曲背后的真实性。因为在小说那种单独声音表述的现实里，没有任何牢固的视觉事实暴露语言的问题：在故事讲述、主观假设和赤裸裸的事件、不可表达的真实存在之间，句子本身一定有某种东西在维持着它们的断裂。正是因为这一点，这些非常主观性的小说从未陷入单纯的印象主 28
义；因为针对这些印象，事件保留了它们自己的实在性；它们应该出现而我们不可能发现它们的那个地方，总是不断地呈现在我们眼前。所以，这种叙述不是力求避免人性化或假设，因为所有的语言都持有某种人的立场。它力图避免的是在某种虚假的主观性或不持立场的现象中语言的异化，不论这种现象是以“科学的”词语和句法还是以流行的常识出现——常识不假思索，把继承下来的、不经证实的一些无疑问的范畴投向世界。

在我们这种描述里，主观性似乎受到伤害。面对事物原本的世界，它呈现为歪曲、伪造、神秘化的现象，它似乎获得一种可怕的自治，如同在早期唯心主义哲学里世界分裂为两个部分。但是，后面我们会看到，这种印象是一种形象延伸的结果，而不是思想的具体发展：这种哲学模式的东西表明，这种哲学本身也否认一个分裂世界的形象。我们发现自己必须运用的“主观”这个术语，其本身就有继承下来的意义残余，它倾向于以自治的方式发展，与我们试图利用它的方式相矛盾。因为，如果一切事物都是主观的或人为性的，必然由意识以某种方式假设的，那么在某种意义上，就不复存在任何纯粹的主观时刻（即完全与纯粹的“客观”时刻相对的时刻）：主观性的每一个时刻都变成与世界的某种关系，每一类型的意识都是对事物的意识，不论它显得多么神秘或异化。

这部作品中最特殊的时刻，事实上是为我们恢复主观性权利
29 的那些时刻，是那些由通常说成是印象的东西构成的时刻，其中任何“真实的”东西似乎都没发生，然而新的语言使我们看到一个真实的事件，取代了前面描述的单纯氛围。例如，在对地点的敏感性里，句子的运动仿佛完全依赖于主观性活动，因为地点是静止的，没有任何让句子模仿的运动：

> 早上，我忘了今天是星期日。像往常一样，我走了出去，穿过街道。我随身带着一本《欧也妮•葛朗台》。然后，

> 突然之间，就在我推开公园大门时，我觉得某种东西想引起我的注意。公园里空空荡荡的。可是……我怎么能这么说呢？公园看上去与原来有些不同，它在向我微笑。我没有动，在门上靠了一会，接着我猛然意识到今天是星期日。它就在那里，在树上，在草地上，好像是淡淡的微笑。[3]

没有对那天进行推演，过程并不完全符合逻辑：这年冬季，上午公园里好像常常是空荡荡的；在那个星期的其他日子里，罗冈丹一定经常看到它就是这个样子。也许，他感觉到的不同之处与公园本身无关，而是因为他去公园必须走过那些空荡无人、窗户关闭的街道。然而不知何故他恰恰是从公园了解那天；它莫名其妙地从公园氛围本身的性质中跳了出来。“客观地讲”，这种氛围与周日没人的时候并无不同，就像一个物体，不论照相机聚焦于它拍摄特写，还是把它看作某件事发生前的背景的一部分，这物体总是一样的。但是，周日公园空荡荡的氛围是**偶然的**；而在星期 30
天，这种氛围是**构成的**。这是罗冈丹的感觉；在这种空荡中某个地方有一种自律性，一种寂静的特殊深刻性，一种在这普通孤独的核心的持久性。我们可以认为街道是形成这种意识的时刻：只是模糊地看到改变了的事物，产生出一种难以表达的不同感觉。但公园是第一个直面看到的客体，它得益于变化的氛围，第一个被认识到。根据这种认识，注意力回到空旷的、记忆的街道，把它们重新组合成整个被称作星期日的事物。

但是，这是一种历史的、“理性主义的”方式，它把这里发生的事物转变为一系列可认识的内容。在这种转变过程中，内容被忽视了，而经验作为一个内容神秘的部分突出出来与我们相遇，这部分以不同的方式命名，直到我们忽然认识到它究竟是什么。这个部分或事物“在向我微笑”：描写观察者这种整个体验的效果所用的动词，使我们可以判断整体经验和物质部分之间的巨大差距，灌木丛、条凳、颜色等所有这些无一能在与“微笑”的直接关系中被看见。就真实看见的公园而言，它的“微笑”只不过是一种抽象的意义：在隐喻的两个物质条件之间，不存在任何能量的直接转移；它必须经过精神的调解，把对公园的感觉比作对微笑的感觉。然而，尽管这种形象是不可能的，它仍然坚持存在；它甚至凝固到微笑—事物本身之内，随着因微笑的前置它
31 被纳入与经验的新的关系，它同时也不再是象征性的。这种比较的效果并非把一种意义集中于经验，仿佛它要坚持其完整性，坚持从类似微笑这样的个体事物中产生的一种自治性，从而防止它们再次分解为互不相关的物体。不过到这个时候，经验已经不再神秘：它有了内容，而且不难看出那种内容源自何处。在吸引我们注意力的事物和封闭它作为一种真实具体的存在的“模糊微笑”之间，那种现象最终获得命名，而微笑的空洞形象被逐渐填充了我们自己的经验，经验中混合着荒凉和闲适，显示出星期日的特点，甚至对无所事事的人也是如此。因此，尽管转变过程情况复杂，它还是把自己归纳为一种普通的说法；这也就是为什么第一种说法之后有一个更简单的替换：“你会不得不迅速地这么说，这是不可能描写的：‘这是个公园，冬天，星期日早上。’”[4] 这里，形象被抛弃了，重心完全被抛向习惯的经验，而关于经验的这些话里的每一个词都是符号和象征。句子的快速旨在防止我们对它反复考虑，防止觉得它作为一种召唤是多么软弱无力，在经验转变成语言的过程中它本身的作用又是多么微小。如果它不太引人注目，如果它足以使我们感到惊讶，我们就会赋予它转换的常识内容，不会提出任何疑问。这两种版本在阅读它们的困难中非常突出；但它们之间最重要的区别也是最明显的，即它们的长度。第一种是一个自足的段落；第二种本身无法成立，它呼唤其他的叙事句子在其后出现，继续叙述在这个“公园，冬天，星

期日早上”发生的故事。就是说，第二种单独句子的表述为事件 32
设置背景，而第一种继续叙述事件本身，除此之外还能是什么意思呢？然而这两种版本所体现的经验却完全相同。

这些并非只是设定世界碰巧产生的某种氛围的“技巧”：它们是世界本身两个不同的方面，它们包含一种可能性，即每一个赤裸的散文句子内部，根据“公园，冬天”的顺序都隐蔽着诗的性质，这是一种大的、自律的发展，它在自足的“诗的”时刻和单纯的事实之间没有任何客观的差别。这种把一个赤裸裸的客体、事实和环境的世界变成许多微小的独立事件的转变，反映出主体性对事物的巨大创造力量，但事件不会被无缘无故地虚构出来，不会通过审美的自由发挥把事物的表面组织成纯粹的装饰。“事物发生”的现象是这些主观事件的标志和工具，它不会为它们增加任何东西，但却更强烈地集中注意它们，重新组织事实而不破坏它们，使事实进入一种小说句子讲述的新故事。

在某种意义上，可以说，在这些时刻，《存在与虚无》的作者对“无事”发生的事件具有特殊的敏感；而它们的这种性质反映出作品在文学史上形成存在的时刻。20 世纪初期的实验者曾经发现了新的性质的内容：人类实际经历的新时间结构，为了表达这种结构他们必须发明新的组织形式；在新的复杂的意识里，他们发现了隐藏的力量，而这种力量必须以新的语言来记录；此外还有人与人之间的关系，它们似乎是针对似乎永恒的社会模式之
崩溃背景而出现的。但是，这种新内容出现的历史时刻并不是无 33
休无止；“创新”自身可能会逐渐异化，呈现为强化的传统面貌，而开始它们具有反对传统的作用。因此，在伟大实验之后比较沉默的时期，艺术界以更间接的创新来表达社会和一代又一代人的不断变化：为了确实达成存在，新的必须接受旧的，并以暗中破坏的方式隐蔽在传统的框架之内。

这种对事情发生而无任何事情真正发生的典型时刻的描述，只有根据萨特作品伟大的主题创新才能充分呈现出它的意义；因为几乎所有他的主题恰恰产生于这种事件的可能性，而它们本身也正是这种事件的例证。

例如，“恶心”是实际感到我们存在的时刻；然而，因为我们总是存在，所以恰恰是主观性，即突然意识到我们存在的历史事实，把这种不中断的存在提升到我们生活中一个特殊时刻的地位。于是，不依赖任何我们存在内容的认识变成了内容，而超越任何我们存在事件对存在的感觉本身变成了事件。这种转变在恶心自身的性质里得到反映，即意识转变成实在的身体的事实。最初，我们觉得这种病有一种隐喻的性质；我们觉着它完全像是强化某种主观的东西，强使这种主观现象超出它的通常范围，因为对我们大多数人而言，正好在焦虑中而很少在身体的痛苦中经历
34 存在的感觉。于是恶心显现为新增加的内容，使主观事件更突出也更真实。但事实上，这种内容只不过是强化了某种已经存在的东西，因为萨特区分了两种恶心的模式：

> 一种不可名状又难以克服的恶心，无时无刻地把我的身体揭示给我的意识：也许为了摆脱那种恶心，我们会寻求愉悦的感觉，或寻求身体的疼痛，但这种通过意识感受的疼痛或愉悦，反而展示出真实性和偶然性，呈现为针对恶心本身的背景。我们应该注意，不能把“恶心”一词解释为由生理失调引发的一个隐喻；相反，正是在这第一种恶心的基础之上，所有具体的、实际经验过的恶心，那些可能造成呕吐的恶心（如腐烂的肉、鲜血、粪便等引起的恶心）实际上才会发生。[5]

因此，恶心是一个虚假的隐喻：身体的厌恶并不意味着对存在的

发现，但它本身依据对存在的不断感受，而对存在的意识变成现存生活内部一种事件的过程，在看似“代表”它的形象里一次又一次地重复。后面我们将会看到，这种只在于理解已存在之物的新结构，同样是其他孤独戏剧结构，亦是自由的幻象。但是，除了这些在孤立的个体意识里发生的事件之外，还有超越并包括个体意识的其他人的其他事件，而这些都集中体现在《观看》这一戏剧当中：在这个时刻，面对与其他人所有的言语以及具体的接 35
触，由于我们觉得正在被他们观看，我们最初作为个体的孤立便不复存在，使它在《存在与虚无》里仿佛是一种神话。如同在黑格尔的《现象学》里主人和奴隶之间的斗争——它在许多方面与之相似——也在抽象推理的组织中构成一个断裂。确切说它并非一种历史事实，可以在我们生活的某个独特时刻对它定位。它必须采取一种历史事件的形式才能形成充分的表达。当我被他人看的时候，我通过自己的疏离而发现他们的存在：他们拥有我的某些东西，我的外表，我羞于或乐于承认是我自己的外表，但这外表我永远不可能与它有什么直接关系，它总是回避我。然而，在“观看”中我意识到的这种我自己的新的维度，或我为他人的存在，同样不能表明我的任何新的品质；它只是重复以前存在的东西，它把我孤立的内容转变成一种表皮，一种外表，而它们总是潜在于那里，因为在观看这一事件发生之前，我们就是潜在的可以看见的动物。我们的自由没有受到损害，而与此同时也被转变成一种在他人注视之下的“死的自由”；我们的可能性变成他人对我们评估中的“死的可能性”，但那些可能性的数量并没有减少。在劳拉过于明显地注视它们的时候，鲍里斯几乎没有改变，然而某种事情确实发生了：“他的左脸因如此被看而疼痛。”[6]强烈象征的事件云集在观看的戏剧周围，但它们并没有变得更有物质性：我们的脸，我们的世界，被其他人的眼睛“偷去”；虽然世界的外部没有改变，但它遭受了一种内在的伤害，而我们在一种没有改变但现在异化了的风景中继续生存。

36 通过假定并在孤独中经历我们自己的这一维度，我们可以使其尽力恢复：不仅被动地承受被他人看到我们的外部，而且还构成我们想让他们看到的外部。这就是在《恶心》的结尾罗冈丹决定写一部小说的意思，小说将把他的存在强加于他人，让他人对他思考：这是一种既真实同时又无法达到的"拯救"，因为他永远不可能直接体验分散在世界各地且不知道是谁的他人的这种注意。这是演员激情的意义，就像在《基恩》（*Kean*）这样的剧本里，其中被他者异化的意识选择它自己的异化，并把这种异化推向极致，但不做任何不是为他人眼睛定制的事情，甚至他人不在时也是如此。但是，甚至在这种情况里，转变也依赖于主体性经历它行事的方式：行为的内容不是直接转变；行为只是在一种新的聚焦中表演出来，聚焦不会使行为改变，但把它变成了想象的**姿态动作**。这种萨特曾在他论让·热奈的书里全面分析的新戏剧包含着对现实世界的破坏，但不是借助于事物，而是通过主体性本身。热奈的行为是不行动的情形，是玷污他者的具体行为直到它们转而显得不真实的情形，是精确实施那种只要一看就可引发内在伤害的情形。因其具体行为和梦想的双重面孔，写作变成了这种"不可实现"过程的最终所在，但在开始时它只需要观看，例如训练把一根桩子打进地里之类的实用的事情：观看捕捉它，使它被描绘成某种高雅的东西：

37 发生了什么？什么都没有（发生）。什么都没有；只不过是一个真实的动作，通过它的精确性，通过它引发的记忆，这动作突然显得是它自己存在的理由……于是这一动作的目的变成了纯粹的托词。时间颠倒了过来：**为了建造旋转木马**，锤子的敲打不再是打击，相反，市场、演出者计划的

> 利润、旋转木马，所有这些的存在只是为了引起锤子的敲打；未来和过去合作生产出现在……货摊、建筑、场地，全都变成了一种装饰：在露天剧场里，只要演员一出场，树木立刻变成了背景，天空变成了彩绘的幕布。就在动作转变成手势的瞬间，它随着转变把庞大的群体存在全部拉进了非现实的境地。[7]

这种把整个世界都拉进其中的破坏，其实没有破坏任何东西，什么都没有发生，这种破坏似乎完全是一种主体性事件最典型的范例，是主体性赋予事物的某种东西。对于主体的叙述问题，它的含义相当明显，但它并不仅仅是装饰，因为介入的主体性不是作者的主体性，而是“人物的”主体性：作者不再是描绘他关于世界上敏感的事物，他是在向我们展示一个人与**他的**世界的具体关系，一种简单的看见某种事物和描写某种事物的行为能够逐渐产生出新的人类的意义。这种存在于同样视觉内容的新结构中的意义，对人具有非常重要的影响，因为它不再局限于单独的事件， *38*
它冲击并影响选择与世界建立审美或想象关系的整个生活模式；这种在实际和想象活动之间或行动和手势之间的新对立，也许是萨特道德思想中最重要的新发展，它明显与马克思主义相关，因为萨特力图把对存在哲学的需要纳入马克思主义之中。此处“主观事件”远非只是表明它与人们选择的生活意义完全一致。在这种独特、静止的细节里，整个生活的性质得到了反映，但条件是语言能够记录那种性质。

因此，手势的可能性，或者行为在并非真正改变的情况下变成另外事物的可能性，包含着一整套新的行为：假如世界可以“非现实化”，那么非现实化自身就变成行为的动机，就可以为小说增加不同性质的插曲，但这些插曲并不是源于发现了新的未经探索的内容领域。与此更普遍的相似情形是，这不仅是以“主观事件”的框架精心阐发的作品主题，而且还是人物的动因。由于自由的概念，由于认为生活是意识试图达到某种整体存在的永恒的、无法确证的努力，而其中又没有任何价值观允许轻易地接触那种仍然无法触及的存在，所以人的一切活动突然变成了一种试图**存在**的方式，人的每一种行为变成自我确证的行为。旧的动因观念消失了，此时被一种新的观念代替，它不再必须从对立方面分析人的行为，如和平主义者和好战分子的行为，饕餮和禁欲，
39 政治人物和非政治人物，等等；通过展现这些具体的活动，它足以揭示每一种行为都走向实现的那个时刻。它足以抓住每个人都以不同方式感受自己生存的飞逝的瞬间，或者仅仅是存在，而这样的活动直接可以从它自身来理解。这种人的文学内容的革新非常间接：它不改变所描写活动的任何类型，它只是改变它们的效价，使它们在某个预料不到的时刻成为新的。

这些就是“主观事件”对它于中发生的文学界的一些隐含的意义。这种含义很多，因为在某种意义上，事件并不是少见的、偶然的插曲，而是以其结构本身反映所有事件的事件：意识与事物之间的差距，意识假定它所做和所见的一切的必然性，以及主体性对世界所具有的客观真实的影响力。但是，这种事件并非我们不可超越的终点；它自身依赖于主观性与事物的基本分裂，对此我们很快会加以考察。然而，正如我们看到的，这些时刻像“某件事发生”、恶心或观看等一样，它们也反映持久、连续的存在结构，一旦聚焦于它们，它们就倾向于凭借自身获取事件的地位，在连续的叙述里出现特殊的中断。由于已经取得发生的权利，它们一直都不再发生；而时间，或者艺术作品的顺序所创造的时间幻觉，在没有它们的情况下会继续，遵从它自己的法则。现在我们要注意的，正是所有行为和事件本身从中出现的这种现象。

［注释］

［1］*L'Age de raison*, pp. 54–55.

［2］*La Nausée*, pp. 57–59.

［3］Ibid., p. 59.

［4］Ibid.

［5］*L'Etre et le néant*, p. 404.

［6］*L'Age de raison*, p. 24.

［7］*Saint Genét*, p. 349.

第三章　时间的节奏

40 具有最惊人、最明显时间感的作家是那些善用长句的作家：对正常呼吸节奏的夸大，产生一种组织结构粗犷并容易领悟的时间。在这些长得足以让我们听到时间节拍的句子当中，短句和虚词恢复它们原来的一些冲击，产生出新的震撼力量。但是，普通的长句可以在某种更大的、控制其累积效果的整体内部发生作用：福楼拜通过段落划分所形成的节奏非常著名。在这种形式里，结构严密的单个句子一段接一段地连接成一个整体，然后形成意义。这样的形式表明艺术作品是一种技巧，就像银制的手工艺品，但在当代艺术家身居其中的庞大商品世界里，这种看法几乎没有立足之地。

萨特世界中的时间，表面上受一种比这些形式更外在于文学的工具支配。它同样是句子连接方式的问题，但句子本身在这个
41 过程中仿佛并不重要，没有什么内在的意义或影响，就像一些微不足道的小物件，现代雕刻家把它们连接成一种形式，而这种形式高于其廉价或短命内容的性质。这种世界展开的步伐通过标点加以指导。

当然，标点一向都具有这种功能。但是，因为它已经变得非常标准化，按照学校或报纸的指导来使用它的作家，在他们必须进行标点的时刻没有任何另外的选择。在没有任何可能以不同方式做事的地方，根本不可能有什么风格。作为读者我们对这点非常清楚，以至于我们通常根本不注意标点：我们不一定要注意，因为常规是固定的，在特定的情形里，特定的符号就会出现。在

这方面甚至更限制作家自由的是一些更奇怪的约束：例如，冒号在叙述中几乎总不出现；而在它可能出现时，某种不幸就会发生，就会使它总是保持阐述性散文里那种干巴巴的循环。

萨特自由地使用这些传承下来的符号，为我们恢复了它们原有的某些新颖性；他至少安排了四种不同的连接句子的方式，如果我们记着，那些符号在他笔下相当确切地表示它们分开的那些完整句子之间可能不同的关系，那么他的混乱的使用就会呈现为某种秩序：

> 丹尼尔装满了浑浊而无生气的水：他自己；塞纳河的水，浑浊而无生气，会把篮子装满，它们用自己的爪子互相扯散。一种强烈的反应掠过他全身，他想："这是一种没来由的行为。"他停下来，把篮子放到地上："你一定伤及别人才能使你自己感到它。你永远不可能直接到达你自身。"[1]

在这段话里，思想和客观性混合在一起，表现出后来小说中第三人称叙述的特征，这种混合显然与闪烁的快速相关，而标点本身随着这种快速发生变化和连续。这段话的节奏通过三种方式控制，每一种都标志着一个更长的、比其他的更加绝对的停顿：逗号、分号和句号。句号的出现是一种深刻的沉默，一个作为后果的断裂；它具有某种肯定过去时的力量：在每一个句号之后，新的领域被发现，或新的事物发生。丹尼尔所经历的浑水感受与同样"充满"他的突然反应，究竟如何不同并不能确定，但无论如何，那种反应是这种感受到达一个新的层面；它已经被命名，通过名字，模糊的感觉呈现为新的形态和新的强度。在下一个句号之后，这种区分更加明显。它后面的句子在时间上是向后跳；它以过去完成时描写的事件已经发生，但却是在一个完全不同于同时继续的感情和思想层面上发生的，因此它们必须清晰地分开， 42

它们在前面的句子里根本不可能存在。忙于不愉快感受的思想并没有注意到这种中断，并且直到事情发生之后也没有注意到放下篮子。

这种句号潜在的沉默并非因为它具有某种“性质”而是内在的：它的意义是运用它的一种功能，在这个特殊世界里，如果我们认识到直接描写具体行动的句子之间的正常连接根本不是句号而是逗号，那么我们就更容易感到它所引起的惊讶或突然的断裂。这是因为我们在读书中成长，习惯于这种逗号的特权，受到
43 的训练也是如此，所以句号才产生冲击我们的力量。当然，在连续的阅读中，由于注意叙述的连续性，跨越句号在两个句子之间留下的距离不会有任何问题，而选择一些小的段落，把它们分离，进行更缓慢的从中获益的阅读，则会夸大标点的效果，远远超出它在正常阅读中的情形。但是，一种现象的放大或夸大恰恰使我们可以更清楚地记录最初存在的东西。

如果句号在一个段落里常被使用，那么肯定过去时就会发生作用，其结果是一种佶屈聱牙文体在时间中发展：

> 猫尖声吼叫，仿佛它们被开水烫了，而丹尼尔觉得自己也魂魄出窍。他把笼子放到地上，狠狠地踢了两脚。笼子里一阵巨大的骚乱，然后猫沉静下来。丹尼尔一动不动地站了一会儿，一种电流般的奇特感觉突然射穿他的脑袋。两个工人走出仓库，丹尼尔又开始漫步。那地方就是这里。[2]

这些句子中的每一个都是完整的事件；肯定过去时停止了每一个动词。我们在每一个句号处停顿，它毫不费力就跳到下一个句子。而这段话里连词“和”（and）出现的频率表明，它有意以某种方式连接可能分散的小单位；“和”试图削弱分隔的句号—时间，而这种时间压力非常大，为了保持事物的连续性，以至于在

某一点的连接词必须强化成“然后”（and then）。

句号的这种反常力量说明了为什么我们常用分号：仿佛句号力量太强，必须小心地使用，把它留给最重要的时刻，以免把它 44
用滥，同时也避免假定它连接起来的结构显得过于有力：“这是一个繁忙的广场，边上有一些酒吧；一群工人和妇女集聚在一辆手推车周围。几个妇女惊讶地注视着他。”[3]手推车周围的那群人是第一个句子所描写景象的组成部分；它扩展了对广场的描写，但它太从容不迫，过于沉思，很难成为突然冲动的根据，而逗号在景象框架和细节之间则会引起这种冲动。但这两个句子是静止的、描述性的；通过句号连接起的每一个句子都没有足够的自治能力，如果独立存在就会完全失效。分号提供一种中间性的停顿，真正的断裂留给下一句，因此当妇女观看丹尼尔时，它会产生一种全新事件的冲击。

让我们稍微回忆一下罗冈丹关于叙述的一些看法。他的批评抨击逸事，只是间接地抨击小说。逸事是小说的原始阶段，与小说最主要的区分在于它的长度；逸事很短，因此它的开始和结束可以不甚麻烦地同时记在心里，而小说（即使它讲述一个可以转变成逸事的故事）再现大量的时间，时间从思想面前经过然后又消失不见，永远不会完全存在于现时，总是部分记忆或部分预期。罗冈丹展现了句子的情况：“天黑了，街上空荡荡的。”这句话暗中充满了故事即将到来的高潮所产生的力量。我们知道某件事就要发生，而且很快，我们知道这些细节是在表面上不重要，它们一定有意义，应该注意观察。远在后面的小说结尾并不对它 45
前面的句子施加这种重大的力量。只有在小说的最后几页，以及在小说的一开始，时间才以罗冈丹描写的方式被扭曲和风格化；在一个自觉的艺术家手里，这种扭曲可以变成一种充分发挥其技艺的杰作，一种展示的姿态，表明他在隐匿之前具有掌控他的叙述的力量。这里（以及在对这些时刻较弱的反映里，即每章的开始和结尾），他能够以最动人心弦的细节、最令人惊讶的视角使我们进入故事，并在类似的节点以宏伟的方式戛然而止。因为开始和结束都是人为的，它们并不是“天生的”。

句子也不是天生的。句子也必有开始和结束，只要我们的注意力指向它们的接续，指向它们主题问题的连续性，我们就不会意识到它们对时间有任何破坏。但是，如果我们更细致地审视它们，聚焦于一些小的地方，并注意它们连接起来的方式，那么我们就会发现，小说家的时间即使以前非常流畅后来也可能崩溃，使分离的时刻和分离的事件变成一片废墟，除非通过命令或暴力解决的方式，否则不可能从一个连接到另一个。

这种句子连续性破坏的可能性，是在审美层面上对技术哲学问题的反映：它是时间的理论问题。时间的一致性、连续性与单独时刻的可分割性、多样性之间的冲突，一种引发芝诺式悖论事物的冲突，并非在不可调和的抉择之间提供一种选择，而是提出在新的描写中必须考虑到两种时间的需要，两种关于时间简单而
46 不容置疑的事实。萨特把这些对立统一了起来，他把时间看作一个“本身增殖的统一体”，一种存在内部的关系，一种依托自身分裂的存在内部的关系。因此时间不是我们可以描述出性质的某种**事物**。它不是在世界**内部**某个地方，它是我们经历世界的方式；在构成我们的存在当中我们是时间性的，时间也是我们通过在时间中突显对单纯的世界存在进行否定的方式之一。[4]我们就**是**时间，我们是时间生存的特殊所在。

对于我们刚刚描述的文学问题，这点具有直接的含义。既然我们是我们的时间，那么它转向连续性的一面或分割性的一面就由我们决定。不存在真正的开始，然而我们的时间充满了开始和结束。我们时不时地中断时间的连续性而做另外的事情，我们的

时间感像手风琴那样扩展和收缩，有快有慢，连续不断，时而全神贯注，时而急拉不稳。正是根据这种时间性质可能的变化，我们在萨特叙述中发现的那些变化才得以确立；特别是句号的效果，如果没有能够与它对应的某种绝对的时间断裂，那种效果就不可能得到理解。

这种绝对的断裂是**片刻**或**瞬间**：但断裂必须以某种方式在时间里发生，否则时间就会全部停止。它不可能在行动或某种计划的一致性里发生，否则就会回到某种连续性。唯一能够摆脱已经过去的时间连续性的时刻，摆脱不停地冲向未来具有瞬间性质的时刻，是那些本身既是某种事物的结束又是某种新事物开始的时刻。[5]这种时刻不再强烈地依附于消逝的连续性，而新的连续性还没有完全生成，也抓不住运动中的这种时刻。然而，反过来，这些瞬间恰恰是对某种更基本的现实的反映，它们发生的基础是 47
一种更基本的可能性。这些部分的开始能够发生，完全是因为开始可能以某种方式发生，至少某种类型的开始是可能的：例如对我们存在的原初选择，这种不可能确证的选择赋予我们那些微小的态度和行为以意义，说明我们的趣味、我们的志向、我们的习惯。所有这些在一个统一体里都是主题，平行地表达某种潜在的现实。对这种原初选择的描写采取一种神话的形式，就像“观看”所做的那样：这是所有后来的选择本身都包含的那种抽象结构，就像它们都包含某种意义一样，鉴于它是一种行为的结构，它不可能被完全归纳为一种抽象的观念，而是会保持那种行为的形态。然而在另一种意义上，由于它先于我们的时间，其本身是我们生活的时间性质的基础，所以它永远不可能被定位于我们个人历史的某个时刻：我们不是生下来就是成年，而且我们从来没有一个适当的时刻可以说我们在那个时刻已经选择了自己，然而一切事物的发生仿佛我们都曾有过。在某些情况里，例如热奈童年时的灾难[6]，原初选择甚至可以具体化到能够暂时再现的戏剧当中，不论事实上它是否同时发生。因此，原初选择的“神话”是一种分析的工具，它有可能使自身永远成为一个具体形象的危险。

不过，我们个人历史里也有某些特殊的时刻，与日常生活的一般时刻相比，它们似乎与原初选择的那种时刻有着一种更特殊的关系，这种时刻对它们的发端有一种比大多数时刻更强的感觉，我们认为它们是变化，是绝对的日期。这是那些少有的时刻，在这种时刻，由于我们自由，原初的选择因某些对存在的新
48 选择而被放弃。正如萨特所称，关于这种转换没有任何“理由”；对于做某件事情的理由的概念，某个计划背后的动机，只有在总的选择内部才有意义；经常有一种想完全改变的意志，或颠倒那种选择的强烈欲望，而那种选择就是我们自己，是一种理性化，一种针对我们自己的斗争，这种斗争也是我们原初选择的一部分，因此在任何意义上都不会反对它。然而这些突然的转换表明了我们的自由，一种最绝对的自由，它对所有的理由和价值实施一种终极的力量，因此对我们具有一种非常特殊的魅力，一种在下面这段话里展现出来的刺激：

> 在每个时刻我都意识到，这种最初的选择是偶然的、不可确证的……因此就出现了我的焦虑，我对突然失去存在的恐惧，我对突然完全变成他者的担心；因此也就经常形成这些转换的存在，它们完全改变了我最初的计划……作为例子不妨想想这样的**瞬间**，其时纪德的菲罗克忒忒斯（Philoctetes）突然放弃了一切，他的仇恨，他的主要计划，他存在的理由，甚至他的存在本身；也可以想想这样的**瞬间**，其时拉斯科尔尼克夫决定放弃他自己。在这些非同寻常的、奇异的瞬间里，旧的计划瓦解，对比在其废墟上出现的新计划

> 成为过去，而新的计划很难说已经完全形成，在这些瞬间里，羞辱、焦虑、欢乐、希望全都不可避免地混合在一起，我们放弃这一切是为了获取新东西，我们获取新东西是为了放弃这一切，而这样的时刻似乎常常提供关于我们自由最清晰、最动人的形象。但它们只是多种这样的现象之一。[7]

换言之，如果我们真的自由，我们就不可能在某些时刻比在另外 49
一些时刻“更”自由；自由不是我们在某些程度上拥有的一种性质；因此从自由概念的观点看，尽管有各种事情，但这些转换并不比我们生活中的其他任何时刻更加特殊。

然而，从原初选择概念的观点看，在某种意义上，转换是我们生活中唯一真实的时刻，唯一真实的事件。这种奇怪的观点差异——其中观念表示比它的实际意义更多的东西——表示完全不同于它被假定的意义，也许可以归因于选择概念的“神话”般的性质。后面我们还会看到，某些概念在其纯粹的思想内容之上或之外，由于对它们的阐述非常接近形象，它们很容易采取这种双重发展形式，并且从它们的形象中可以秘密地、含蓄地、错误地抽取后果，而这些后果范围广阔，远远超出纯粹的思想概念试图传递的一切。就原初选择而言，生活的每一个细节都可以根据它加以解释（萨特曾称之为一种“存在主义精神分析”的解释方法），生活事件中独特的个体力量似乎消逝，事件完全变成了表达，变成了一些单独选择的绝对现象。于是我们接触到世界的那个奇怪形象，在那个世界里，什么都没有发生，同样的事物反复以不同的形式重复自己，只有一种真正的、实在的事件发生——即选择本身，并且只有一种新的事件发生，即转换，在任何可能的时间突然把价值观颠倒。选择概念中这些潜在的扩展和建议并没有真正公正地说明萨特作为一个小说家的实践，这点在他著作留给我们的那种丰富的情节表达中十分明显。在他的每一个人物

50 背后，很少明显地努力以某种方式来表现原初选择的运作——对于情节中的人物—观念而非真实的人，这样一种努力会导致某种人格化，某种“幽默”的境界。然而，由于转换的时刻非常依赖于观念的这种整体综合，所以它在这部作品里占据重要的地位。转换可以看作一种唤醒，就像它在印度支那领事办公室里做的那样，在那里，梅西耶敦促罗冈丹接受新的远征中的一个职位：

> 我眼睛盯着一尊高棉人小雕像，它放在绿色的桌布上，就在电话机旁边。我觉得好像浑身充满了淋巴液或温牛奶。梅西耶以天使般的耐心掩饰着某些不快，他说：“你非常清楚，我必须收到正式任命。我知道迟早你会同意，但最好还是马上同意。”
>
> 他留着微微发红的黑胡子，散发着浓浓的气味。每当他的脑袋一动，我就闻见一股香水味儿。然后，突然之间，我从长达六年的睡眠中醒了过来。
>
> 雕像显得不协调而愚蠢，我意识到我非常厌烦。我实在弄不明白，我究竟为什么呆在印度支那。我在那里做什么？我为什么与这些人说话？我穿得这么古怪干什么？我的激情消逝了。几年以来，我淹没在激情当中，受它驱动；现在我觉得空荡荡的。[8]

这里，在这个时刻，自由突然强烈地升起，打碎了曾经围绕它形成的习惯的外壳，在没有任何联系也没有任何义务的情形下进入世界——一个曾经逐渐忘记它在那里存在的世界。然而，令人惊
51 讶的是，这种突然对自由的自我肯定是从它的对立面展现的：它是对罗冈丹发生的事情，他自己什么都没做，似乎不可能对它负责。他只是整个非个人事件的被动的所在，有些像突然的身体反应。他只是“醒了过来”，在这一切都过去之后醒了。他的激情

没有消逝，他认为它消逝了。这个时刻，即时间从一个世界的选择跳到另一个，如此突然又如此彻底，以至于它明显躲开了假定要记录它的工具。这是事后根据它的后果推断的。因为这个时刻一开始整个就是否定的：那些会逐渐填充这种空虚的新的激情、新的兴趣和新的思想尚未出现；惊讶的精神暂时单独地面对它以前的热情所引起的麻烦。那也是为什么死亡的形象是对这种变化的特殊表达：那种失去一切熟悉的事物、一切我们热情依恋的事物的形象，或者接受新条件的有机体的痛苦形象——如此，那种空虚，那种意识的放弃，便成为它的第一感觉。

对这一事件最惊人且有争议的陈述是爱的死亡：这种时刻在对抗作品沉重的负担时呈现出它们的意义，作品的构成从一开始就颂扬爱情是神圣的、不可抗拒的、非理性的力量——这种力量始于一种化学过程的必然性，控制着精神并把它置于非常真实的奴役之下。并非否认这些情感的现实；而是对自由文学是否仅只呈现这种激情进行检验——原封不动地表现它，包括它所有的被动性，不经我们同意就抓住我们的感觉，与此同时，还表现它是被自由地假定的，我们以某种方式将自己置于一种激情状态，我们通过自己自由地选择感情使我们被动地遭受奴役。然而，这种 52
直接对感情的描写有些不够充分。爱情，就像罗冈丹的激情那样，是一种价值，而每一种价值都倾向于自给自足，倾向于排除其他一切事物，把整个世界纳入自身之中。它否认它的存在只是“一种”价值，坚持它是纯粹的、绝对的价值。这种价值还是一种不在：它是意识所缺少的那种不在，也是意识期望最终达至它的特殊形式存在的途径：这种缺少迫使意识转向时间，而所有的意识行为都旨在填充这种缺少。如此一来，价值本身经常不被察觉，人们甚至否认他们有任何价值：只有他们的行为，常常由他们试图对自己隐瞒的动机所引发的行为，含蓄地表明这种重大缺失的中心永远存在的影响。然而，在某种价值消失的这一时刻，眼睛尽力直接把它记录下来；突然，它意识到原来在那里的东西现在消失了；在价值过去所在的地方，它把它当作不在场的概略紧紧抓住。

如此，作为自由选择的爱情的真正意义，一种在其存在中因感觉的被动性质或必须顺从的实际感受而被遮蔽了的意义，在爱情死亡的时刻突然显现出来。像其他时刻一样，爱情的死亡非常突然，没有任何过渡：人只是醒了过来，进入一个爱情消失了的世界，他记得以前由它激发的手势，但不再理解它们。这种突然的缺失不是有什么起因，完全是无缘无故的。然而，它可能依托一个预想不到、根本不同的世界背景，这个世界如此不同，以至于旧的价值虽然在新的环境中暂时保留，但却变得不可理解，然后就彻底消逝。这就是在《死无葬身之地》里发生的事情[9]，露
53 西被折磨之后，她的世界因死亡迫在眉睫而封闭起来，当时她对让的爱情——由未来会继续的理念滋育的一种和平时期的爱情——突然证明有一种与感情交叉的目的，她想经历她即将到来的毁灭。爱情在这样一个世界上没有给她任何东西；爱情是她毫不遗憾地丢掉的一个玩具。

然而关于这些后果的情况，我们不应该有任何误解。对于人的激情或感情的消逝，他们没有任何悲伤的迹象；他们感到痛苦，“羞辱、焦虑、欢乐、希望”全都混合在一起，但没有内在的效果。在《死无葬身之地》里，同样的时刻带有某种接近死亡的忧郁，而在《基恩》里，这样的时刻变成了纯粹的喜剧，在令人惊讶的场景里，基恩和埃尔娜共有的激情突然消退，使它们脱离了亚历山大·仲马的表演，进入一个性质完全不同的戏剧。[10]如果在这样的时刻有任何主导的情调，那么它很可能是兴奋，而兴奋不必完全摆脱焦虑：这是意识在发现自身再次赤裸裸毫无束

缚时的一种宽慰。虽然没有留下任何东西，但其中包含对所有否定、所有破坏的兴奋。

正是这种剧变时刻一直存在的可能性，即时间可能不断陷入剧变的时刻然后以完全改变的情形重新出现，使萨特的世界产生了那种我们在句号使用背后所发现的突然断续性。其情形仿佛时间可以突然开始把自身分割成无限个分离的单元，仿佛这个过程像是一连串的反应，一旦开始便无法阻止。针对这种威胁，大量更不显眼小的个人风格高度警惕：非常强烈的动词——特别是在
常用温和词的哲学著作里——使事物不断爆发式地前进：例如动 54
词“死亡”、“高涨”、“抓住”、“入侵”，等等。不过，这种动词产生了模糊的效果：它们的确使事物前进，但同时它们也把突然生成的新事物以某种方式不可改变地与它之前的所有事物分开，仿佛那些瞬间的某个巨大鸿沟已经将它分离。而不断出现的连词“和”、“然后”、“后来”推进细微的、分离的事件，既连接它们又分割它们。每一页我们都发现强有力的副词试图使新的事件诞生：“突然”、“猛然”、“忽然”——所有这些都赋予这个世界一种突然性，偶然看上去像是早期电影里那种颠簸的、过于迅速的、局部的运动：“她倒饮料，没有回答；突然，他敏捷地从鼻子上收回手指，双手摊开放在桌子上。他朝后仰起头，眼睛闪闪发光。他冷冷地说：‘可怜的姑娘。’”[11]这一新的手势如此之快，以至于它不会全部进入假定要限制它的句子，但留下一些因手势已过而静止的痕迹进入下一个句子（“他朝后仰起头”）。漫长的等待，预想不到的事物突然发生，时间又慢了下来，停止，然后运动。

那种突然的断续并非不可容忍，因为它不是这种散文里唯一的运作性质。在句号的沉静当中，时间表明它可能是非连续的、碎片式的；句子的要求似乎非常忠实地反映了这种时间的开始和

停止。时间的连续性在某些情况下更难固定。它的基础不在句子本身，除非它们像福克纳的句子那样极其不同寻常，但在我们阅读的连续性里，句子提供填充印象的一致性。

有时连续性是一种幻觉，例如冒号引起的运动，它只是很快
55 消除自身的一种闪现："丹尼尔装满了浑浊而无生气的水：他自
己。"这里的冒号是稍微停顿，在说出最后一个字之前稍稍喘口
气，而最后一个字使句子声音下降、完成。冒号表示两部分之间
对等，非常一致，两部分似乎只是人为地强行分开。一旦冒号被
跨越，一旦在它另一面的反映一句子与其前面的句子相连，那么
这两部分就合并成一体，像一根橡皮筋似的拉开又弹回，于是它
们作为一个单独的统一体滑回到过去。它们之间的分离之小就像
观看和看见一样，或者像看见和认出一样："软体小魔鬼沿着地
爬行，透过它们空洞的眼眶注视着兴高采烈的大军：防毒面
具。"[12]冒号不允许抽象地描写看见某种东西而后认识到它是什
么这一过程，即使用诸如"认识到"或"他忽然想到"之类的词
进行描写，而是要具体地呈现我们参与其中的事件。我们突然被
提升，离开了小说其他部分的现实主义世界，不断升高，进入整
个句子长度的奇幻之中，直到突然之间唯一被控制的词被释放出
来，世界立刻又恢复正常。这个句子不再表现某种纯粹的静态意
义：它以自己的小戏剧模仿其主题戏剧。然而，冒号引发的戏剧
部分地是人为的：冒号使我们相信，在它分开的这个和那个句子
之间根本没有什么不同，可是它分开了它们。冒号的统一性把对
事物的呈现按照其真正的存在突显出来，它是统一的事物，两个
句子只是一些方面，然后是针对这种情况的整个句子，它试图通
56 过运动，通过暂时分离的两部分相结合的那种迷人的、显著的运
动，尽力抓住牢固不变的客体。句子或主体性创造出一种分开的
幻觉，一种力本论和事件的幻景，以此来传递一种基本上静止的

现实。因此，冒号在这里是事件的象征，其中没有任何事情真正发生，我们在前一章已经描述过这点；后面我们会看到，它还是一种特殊的形式，通过这种形式，这个世界上的某些客体会找到各自的表达。

这种对冒号的用法可以独特地解决现代叙述中最重要的问题之一，即“思想”问题。对这一问题没有任何“自然的”解决办法。乔伊斯的内心独白并不比间接话语更缺少人为色彩；它只是具有某种征服的效力或新颖的优点。问题的存在乃是因为思想与文字之间的关系。假如思想直接等同于、直接可以化入文字，那么唯一存在的问题就是发现确切的文字，除了文字是完美的、特殊的思想表现形式之外就再无任何问题。但是，心里念出来的文字可能与心里隐蔽的意识直接矛盾，它们可能是内心愚弄自身的企图。或者，真正的思考可以通过行为来进行。我们有时可以直接用我们掌握和使用的事物来思考，因此完整形式的“思想”仅仅是很久以后的某种实体，某种对直接现实的反映。所以，除非对表现思想的传统方法做一些修改，否则那些旧的、过时的人物概念、思想性质的概念乃至情节的概念将永久存在。

萨特对这种事态的革新遵循一条极少努力的线路，几乎难以察觉：他把一切事物——思想和句子之间的等同——甚至都保留给引号，使我们觉得思想—句子整体从某人的心里提起，一点不 57
变地放到纸上。但是，这种传统的安排暗中遭到了破坏：冒号自身不足以把任何真正的创新置入这种形式；在直接引语里，引号里的句子前面的冒号事实上是少见的使用这种象征的方法之一，在法文的叙事散文里并未被拒绝；而冒号却是这种微妙变化的所在：“一种强烈的反应掠过他全身，他想：‘这是一种没来由的行为。’”这种“想”的效果已经由它的语境做了准备，由它前面的句子的性质做了准备。把两个叙事句子分开的逗号赋予第二个句子和第一个同样的分量，自身内部也承载思想的负担，虽然第一个更率直一些。这种强行使两个不等长度均衡的做法肯定也出现在不同性质的标点分隔之中：“他喝了。他想：‘她怀孕了。有意思：我不能相信。’”[13]甚至在这里，“想”的部分远比它所依赖的两个词复杂得多，然而由于前面小句子的影响和相似，它被归纳为纯属一个从句的地位。不过，句号在这里所做的却是改变运行的性质：在第一节里，起始句子的长度和由逗号引起的快速向前，有助于轻松地完成“他想”以及这种想的实质。在第二组里，有一个突然停止的短路，它造成“想”在获得力量后以一种蹒跚的步履急促向前；但在这两种情形里，通过与前面句子的类比，“想”都得到了强化，变成了一个实体。现在，引号之间的
58 句子与它们之外的句子不再是相同性质的语言：它是整体性的，当它出现时，它至少要像某个事件一样确定，就像那个人喝下饮料或者强烈的反应突然掠过他全身。“他想：”（“he thought:”）的这种短暂性至关重要，它使模糊的主观事件获得一种确切姿态的价值，在它之后出现的冒号是一种缓冲，它指向前面，表示一种思想迅速进入并充实的空洞的空间；冒号在一个未完成的句子结尾保持门户开放，而几乎转瞬之间句子也就完成。因此，当思想针对它前面未完成的宣告出现时，它就有了某种行为的所有力量，而以为我们朴实地表示我们以词语思考的那些引号，被迫在传递意识活动的印象中进行帮助，使那种意识活动像手势一样真实和牢固。此时思想的“词语”是一种幻觉：思想—句子表示意识突然明确地抓住了事物；它们不再被认为忠实地赋予“词对词”以意识所想的东西。这些句子中的词语不再代表所说的思想的词语；它们直接代表思想本身，就像普通的叙事句子“代表”它们所描写的无言的现实。

冒号引发的运动是短暂的，自身立刻就会消失，它只是一种

运动的幻觉，创造出来是为了尽快地转向其他：它只是一个瞬间，因为它只能连接两个句子，除了在两点之间交换能量外，无法再现任何东西。另一方面，逗号包含持久运动的种子：它连接完整的句子，让它们一个接一个堆砌起来，并且不表示在任何特定地方造成句号发生的优势结构，句号本身将结束这种分裂似的发展。

但是，尽管逗号连接的句子在语法上是完整的，它仍然坚持 *59*
句子隐蔽的不完整性，它会促使我们向前，使我们相信还没有把一切都说完："他停下来，把篮子放在地上：'你一定伤及别人才能使你自己感到它。'"这一组的重心在于思想，其他句子沿着它的倾向滑动，尽管它们绝不会重复它。逗号恰恰就是这种倾向，完整的句子随着它倾斜，失去了自身的独立性。但是，不完整性不是十分确切，需要通过单独的细节、单独的后续句子加以补充和满足：它向四面扩展，最后结束它的句号非常突兀，依赖于想象的视角，就像一个窗户的框子在某个偶然的地方会遮住景观。因为，逗号衍生一个旋流不断向外扩展的时刻。冒号是受限制的，具有向心力，在一个给定的时刻会自行消失；逗号没有自然的期限，它所支配的形式是开放的，充满了松散的结尾。在某种意义上，这种特殊发展的主形象就是整部小说《缓期》，在某种程度上，小说就是由逗号连接起来的庞大的事物旋流，而在其最集中的时刻，正好收缩成我们描绘的形式：

> 红色、粉红色、紫红色的织物，紫红色的衣服，白色的衣服，无遮掩的胸部，围巾下面美丽的乳房，阳光洒在桌上的光斑，手，黏性的、流动的液体，更多的手，短裤里蹦出的大腿，欢乐的声音，红色的、粉红色的和白色的衣服，欢乐的声音，在开阔的空中旋荡，大腿，华尔兹舞曲《欢快的寡妇》，松树的气味，温热沙子的气味，广阔大海的香子兰

> 60 气息，阳光下世界上所有的海岛都看不见而又存在，背风群岛，复活节岛，桑维奇群岛，沿着海岸的奢侈品商店，三千法郎的女士雨衣，服装珠宝，红色的、粉红色的和白色的鲜花，手，大腿，“这是传来音乐的地方”，欢乐的声音，在空中旋荡，你吃什么，苏珊娜？啊，就这一次。海上的船帆和跳跃的滑雪者，他们的双臂前伸，从一个波浪到另一波浪，松树的气味一缕缕飘动，平静。在“如安乐松”酒店的平静。[14]

这一连串的感觉在个人心里是纯洁的；人们脱离了他们的不同身份，脱离了他们的职业，也脱去了他们的冬装，他们形成一系列共同的感受，进入一个共同的世界。假期的世界指引着他们，而不是相反：它提出了一系列不错的旅行线路，整个夏天他们都沿着这些线路旅行。至少有一段时间，这个集体世界是唯一活的实体，是唯一的现实。然而，如果把这种休假旅游作为最宽泛的参照系，扩展它的暗示和碎片，让长着手和大腿的身体显现出来，把飘荡声音的情境一点一点地推测出来，那么《缓期》的形式就会清晰地呈现在你的面前。在一个充满历史的世界上，这种形式既力求传递我们自己占据的微小地位，同时又力求传递我们对那个世界的意识充满碎片的性质，因此它被假定充满了松散的目的、开放性和碎片性，以此摆脱那种并不保持单独一种观点的小说所提出的神圣之眼的世界观。

尽管逗号不同于冒号形式，逗号同样表示一种遭受句子破坏的独特的主要的现实；但这种主要的现实不是只分成两部分尔后
61 便立刻重新结合，它无限分割，并能够无限分割。为了向前发展，时间必须不断地从一个时刻转到另一个时刻，但又必须以某种方式仍是同一时间，以便保持连续性。最令人惊讶的变化是语法上的虚构和必要性，明显分离的事件不知不觉地消逝到它们之

前和之后的事件之中。如像思想、反应或把篮子放下，它们都是独特的，因为它们在不同层面上发生，在呈现它们时必须把它们分开，然而它们又以某种方式全都是同时的，构成一个独特的大现实的一部分，我们完全读过它们之后才能感觉到这一现实。

这种同时也是一种重复的发展，是一种宽容的形式：担心事件或现实没有得到充分的表达，围绕事件反复从新的方面以新的角度对它冲击，于是没有任何比其他阐述更直接地抓住你们思想的阐述会秘而不宣地进行。这类重复对萨特哲学著作的读者并不陌生；由于这些是实际的揭示性著作，所以其中的重复并无不妥，无须遮掩。但是在叙述里，任何真正的重复一般都会受到真实时间向前发展的阻碍，因为在某种真实的意义上，事物必然很快就显得与它们前面的事物不同。尽管如此，这种向前发展有时也会尽量放慢节奏，有时是时间标明时间，于是一些小的重复便积聚起来：

> 但是，他不得不讲话：鲍里斯觉着他不能说话。劳拉在他身边，疲倦，多情，鲍里斯一个字都说不出，他的声音死了。如果我是个哑巴，我就会是这个样子。这是激起情欲的 62
> 情景，他的声音深深向下，在他的喉咙里，软如棉花，但却发不出来，它死了。[15]

这种重复，这种以不同方式对同一现象的描述，并非完全是循环的：随着每一个短语，它上升到一个新的层次；声音“消失”的形象，起初是没有色彩的修辞，但到这段话的结尾变成了真实的。那种不能够（不想）说话的单纯、抽象感觉变成了对他身体一部分的意识，一个器官真的死了。这样一种发展的突然展开，快速进入根据同一母题的变体的生成，其实是一种萨特式诗歌的典型形式。这种段落始于一个单独的证据或想法：在这个实例里，声音失去作用，声音被作为像身体某个器官那样发生作用的东西；然后系统地运用那种重要的“激励”，以尽可能多的方式利用它，尽量彻底地展开它，直到达至某种完成的感觉，事物展现在我们面前，连续的叙述活动重又开始。

因此，在最典型的用法里，逗号不再仅仅是事件展开的节奏，它变成了一种从叙述的短暂脱离，成为一种在叙述线索之上发展的类似停顿的形式。这里有一点我们的分析无法逾越：即那种“观念”、那种中心形象、那种母题本身，以及那种“激励”的形成；这些从虚无中涌现出来，而突然产生的想法（Einfall）难以回复。然而，关于所有这种萨特式修辞或诗歌，存在着一种可以详细阐述的性质：我们感到其中有一种扭曲，一种仍然保持雅致的滥用，但又不失脚踏实地。在作者的思想里，母题以一种
63 乐于接受的张力涌现；在稳固连续的某些地方，他为了某种观点而绷紧他的想象，之后不知何故突然出现了正确的东西。但是，这种想象的压力并非存在于虚无：它追求的不是内容，而是处理内容的特殊方式，而内容已经按照故事的主线确定了。这种情形仿佛是叙述的事物被不停地凝视以便产生某种诗歌，仿佛是事物不断被迫接受某种主体性的状态，以便呈现出某种思想的魅力和独立的发展。但是，对这些事物发生的是什么，对它们能发生什么，这种指向它们的特殊注意意味着什么，这些我们只能通过丢下形式才会发现它们，因为形式已经把这种内容组织起来，我们必须直接对内容进行质询。

［注释］

［1］*L'Age de raison*, p. 94.

［2］Ibid., p. 96.

［3］Ibid., p. 95.

[4] See *L'Etre et le néant*, p. 181 ff.

[5] Ibid., pp. 554-555.

[6] See *Saint Genét*, Chap. I: "L'enfant mélodieux mort en moi."

[7] *L' Etre et le néant*, pp. 554-555.

[8] *La Nausée*, pp. 16-17.

[9] See *Morts sans sépulture*, Tableau Ⅲ, scene 2.

[10] *Kean*, Act V, scene 4.

[11] *La Nausée*, p. 87.

[12] *La Mort dans l'âme*, p. 201.

[13] *L' Age de raison*, p. 24.

[14] *Le Sursis*, p. 203.

[15] *L' Age de raison*, p. 58.

第二部分　事物

67 在某种意义上，《存在与虚无》是一个重大题材，也是与逗号形式相似的变化：其中几乎一切都可以归纳为单独一个概念，它通过与各种不同性质问题的接触，越来越多地表明其可能的丰富性；这个概念就是意识和事物之间的简单对立，如同书名所表明的那样。这是唯一肯定的事实，即存在的这种基本差异，依托这种差异，它阻止我们的想法，不仅如此——因为哲学著作也是一种语言实验——依托这种差异还阻止所有我们的阐述。在哲学和在文学里一样，表达某种事物和表达事物所使用的方法或形式之间的区分是非常古老的：不存在对真实思想的不正确的阐述；寻求恰当的表达与寻求完全适当的概念是一样的。

举例说，使用“虚无”一词说明人类现实是力图避免提出意识“存在”，按照事物“存在”的方式，避免提出意识能够后退并享受它的存在，哪怕是瞬间如此。因为意识是时间性的，它永远不会完全“存在”于任何单独的时间瞬间，它总是把自己的一部分留在过去，并总是受到空洞未来的烦扰和分散，对它产生一种非常持久的拉力，就像月亮对潮汐的影响。此外，没有任何东西使它“存在”：在它完成思考它的思想和体验它的感觉之后，没有任何最基本的现实它能够最终结束，当你移开所有通过其透明性看见的客体时，根本不存在任何东西——意识总是**关于**某种事物的意识。通过这种迂回的方式，意识返回到事物但它并不是事物，而没有这种事物则意识根本不可能存在：它是一种发射到
68 实际存在事物上的光辉，如果事物不再支撑那种光辉它自己也会完全消失。

这至少是那种关系的形象。在某些时刻，在疲乏的时候，或者在不做二次考虑而把时间用作计时的压力过大时，几乎所有的观念都可以降低到形象的层面。这些形象可以是观念内容的视觉组合，但它们也可以直接从观念本身的形态中突现出来。于是，

这种似乎构成普遍性对立的另一半与意识一样，也容易因我们用以描述它的文字而受到某种微妙的扭曲。词语“事物”和“存在”描写同样重要的现实，然而在运用这两个非常不同的名称时，观念会进行回应、扩展和收缩。“存在”是单一的、空洞的、没有特性的；另一方面，事物通过突然散播它的复数效果表明多样性和客体的数量，其中存在被无限地进行分割。

“事物”不只是一个可替换的名称：它是一种表达，一个可以使我们分辨不同作家、区分某种非常特殊的题材或兴趣之存在的标志。因为在一个非人性被用来限制我们的世界上，在一个感到即将没有任何生命的世界上，或者感到在本应只是人际关系的戏剧里构成陌生身体的世界上，作家只能不断地谈论“事物”。这些“事物”是无声的，并使另外一个种族的人感到不安：

> 汤姆也是孤身一人，但情况并不相同。他两脚分开坐在凳子上，带着某种微笑开始看它，似乎感到惊讶。他伸出手，小心地摸摸木凳，仿佛担心弄坏什么东西，然后他把手 *69*
> 迅速抽回，有些颤抖。假如我是汤姆，我不会那样去摸凳子；那只不过更像爱尔兰喜剧，但我也觉得这些东西有些奇怪：它们比平常显得软弱，不那么瓷实。我只好看看凳子、灯、成堆的煤灰，我知道我即将死去。当然，我不可能清晰地思考我的死亡，但我到处看见它，在事物上面，在事物隐退的方式里，在谨慎地保持它们的距离当中，就像人们在临终的床边谈话似的。汤姆刚刚在凳子上摸到的是**他自己的**死亡。[1]

“客体”是个更枯燥的词，由于其特殊化的色彩，它不大可能释放那种对存在不加区别的命名，这种命名由其他的词支配；但更弱的词可以用于填充，直到现实以其最有力的形式出现的真正时刻。“事物”一词和与它对等的词“存在”的巨大差别，是它在单位和个体—具体例证之间保持的距离。以上这段话里个体事物的目录并没有脱离总的范畴。这些少见的实例像是“事物”真实的、独特的表现形式，它们证明这种抽象并不像先前哲学家的抽象那么空洞，那些哲学家在被迫寻找实例时会暴露他们逻辑系统中脱离现实的性质，因为他们会提出他们的写字台是他们看到的唯一东西。其实，在范畴“事物”和个体事物之间存在着某种合作，每一种现实似乎都通过另外的现实得到强化。

70 当我们开始使用“存在”这个词时，意义并没有正式改变，但范畴消失，所有独特的、个体的事物仍然通过这个词再现，只是它们相互斗争，其规模、形式和功能非常混乱，结果使我们很难以一个单独的单位考虑它们，除非我们拉开足够的距离看一个模糊的轮廓。突然，这种由语言表示的新形象，从它最初生成的模糊的地方把其他形象也拽了出来：世界拒绝被归纳为那种单一单位枯燥的扩展，另外的特征必然在某个地方，形象必须加以平衡，它是不完善的。存在的概念要求在其不加区分的、不被干扰的众多形象内部呈现，要求某种微小的节点，要求在空虚当中闪烁的小小的火花，要求某种没有任何维度只有立场的东西：即意识的所有形象。突然，跨越这些补充性的形象之间的鸿沟，整个体系和模式活了起来：

> 这不是你的家，入侵者；在这个世界上，你就像扎在肉里的刺，就像是老爷森林里的偷猎者：因为世界是善良的；我以我的意志创造了它的和谐，我就是善良。但你已经犯了罪，事物以它们僵化的声音控诉你：善无处不在，它是老树的木髓，春日的凉爽，燧石的薄片，石头的重量；它甚至延伸到火和光的性质，你自己的躯体背叛了你，因为它遵从我的规定。善在你之内也在你之外：它像大刀割你，像大山压

> 碎你，像大海一样载着你并推着你前进；这就是使你的邪恶
> 事业成功的原因，因为它是蜡烛的光明，是你宝剑的坚韧，71
> 是你胳膊的力量。这种你深感骄傲、声称是你的发明的魔
> 鬼，只不过是存在的某种反映，某种骗局，某种幻觉，它的
> 真正存在通过善持续。想想，奥列斯特：世界自身高喊你的
> 错误，而你在世界上是一个螨虫。[2]

这种巨大声音中所有空洞的华丽，它的修辞句号的装饰，它展开的严肃层面，全都依赖于存在与虚无之间的对立，这种对立逐渐呈现出原始二元论的特点，并通过所有其他的对立、所有其他可能的名称而强化，如善良对邪恶，现实对想象，空间对时间。而且，在发展的这一时刻，个体的事物或事物的目录重又出现，但侧重点完全不同。它们几乎不再是人格化的、自治的单位；现在它们只是一个单独的、起伏波动的有机体——存在本身——的一些最昏暗的角落和方面，一些被忘记的、最幽暗的地方。这种无形的、无所不包的元素随着单个粒子的命名不断赢得力量，但不存在相互关系，客体只是变成短暂的现象，一些某个时刻出现的形式，然后这些形式遭到破坏，被揉捏成新的样子。

于是，单是名称的变化便导致一个全新的形象系统，一种二元论的神话，并且整个作品都留下了它的踪迹。它的目的是中断日常生活经历的统一性，暂停我们对事物、对我们的计划和身体的不断介入，拉开我们与世界的距离，从而使我们突然看见我们是分离的、陌生的，在并非我们自己的东西当中穿行。然而这种神话因某些偶然的、不存在统一性的时刻的出现而得到加强，这
些时刻不是作为二元论的象征发生作用，而是作为对它的具体实 72
际的经验发生作用，在这些时刻，如果处于某种间歇状态，我们的思想便失去它们的解脱，而意识虽然懒洋洋的像做梦似的，却越过这种新的距离凝视并非它自身的客体。客体填充到目光深

处，仿佛它就是存在本身，我们处于**迷恋**状态，而在这种迷恋中

> 知情者只不过是纯粹的否定，它无处确定自己、恢复自己，**它不存在**；它能够支撑的唯一资格恰恰是他**不是**所谓的迷恋的客体。在迷恋中，除了空虚世界上的巨大客体不存在任何东西。然而迷恋的直觉绝不会与客体融合。因为迷恋的先决条件是客体与空虚的对比，换言之，我是对客体的直接否定，唯此而已。[3]

但是，在意识与存在之间这种纯粹的、强烈的对抗中，其关系非常原始，几乎不可能系统阐述：它是一种纯粹的否定，意识之与存在相关联就在于它不是存在。通过意识与客体之间彻底断开联系，意识的真正元素即语言几乎就沉默无声。然而在另一种意义上，语言是跨越障碍的特殊中介，它是意识赋予事物名称的总体，但它并不是事物。那么，在这里和那里渗透艺术作品结构的个体事物，应该如何尽力摆脱它们深受困扰的这种他者性并与语言的实质融为一体呢？

[注释]

[1] *Le Mur*, pp. 26–27.

[2] *Théatre*, pp. 98–99.

[3] *L'Etre et le néant*, p. 226.

第四章　客体的满足

对于事物，我们通常所做的就是试图占有它们；我们把完全 73
是外来世界的某个小的部分加以归化，我们碰巧进入那个世界，弄到它的一些碎片，试图用它们反对其他部分，驯服它们，使它们在我们周围形成一道围墙，保护我们，避免受到外部世界类似更可怕的东西伤害。我们像穿衣服那样显示出这些所有，它们在我们自己和基本上外在于我们的东西之间构成某种中间的物质。

这种关系并不直接依靠生成那种术语的经济组织；它是我们与世界、与和我们不同的东西的关系之反映，因此它可以表达我们与世界的距离，表达我们在世界上的地位，但没有所有权的真实意义：

> 至于我，我七岁的时候就已经知道自己是个流放者；我让那些气味和声音、屋顶上的雨声、光的涟漪，全都沿着我的身体滑动，不折不扣地在我周围落下；我知道它们属于别人，我决不可能从它们之中形成**我的**记忆。[1]

然而，所有权的这种精神化的性质仍然奇怪地自相矛盾，因 74
为它转而明确地反对那些从未真正“拥有”的东西，于是所有权的概念在这里进行一种自我反省，通过它所针对的事物的性质，清除那部分不适当的意义。这是一个隐喻，它脱离原是它的出发点的经济结构，切断它和它与之相比较的经济结构的联系，只是保留了那个名称。所有格的形容词似乎疏忽了记忆的概念，因为我们的记忆就是“我们的”，有些像我们财产就是我们的一样。

不过，这种通过记忆的所有权的形象是对某种更基本的东西的装饰；这就是奥列斯特为何会“拥有”巨大的宫殿之门，而他现在却是那大门的外来者：

> 本来我会住在那里……到现在我进出那道门上万次了。孩童时期，我玩它的两个门扇，我会撞击它们，它们会嘎吱作响而不屈服，我的双臂知道它们的抵抗力。后来，夜里我会偷偷把它们推开，出去寻找女孩。再后来，我到了法定年龄那天，奴隶们把大门敞开，我骑着马跨过门槛。我的木制的大门。我闭着眼睛能够确定你的锁。我就是那个刮划下面的人，我也许是偶然做的，那天我获得我的第一支长矛。**（他后退一步）** 那是下等的多利安人，不是吗？我在多多马
> 75 见过这样的东西：做工非常精细。好吧，这是你想要的：它不是我的宫殿，也不是我的门。我们根本不属于这里。[2]

这样，通过如此多的不同方式，门显露出它的物理性质，它顽固的一致性，并进入思想之中，同化为新的元素。在这个过程中，数量发挥重要的作用：奥列斯特对门积累的不同记忆越多，就越肯定他对它的所有权；但这种数量实际上从属于变化。奥列斯特通过列出他使用门的次数达到他对门的所有权。使用事实上就是达到真正占有和真正占有的实际意义：不断使用造成的磨损是破旧的补丁，也是摩擦到闪光的新的物体，同时它也逐渐进入我们生活的常规。全新的东西仍然过于无名，过于大量生产，我们难以熟悉；直到我们已经把握它，直到我们以某种归化的仪式驯服它，我们才觉得它是我们的。[3]

这是奥列斯特谈话的真实性，但其中也有某种虚构。当奥列斯特设法在城市留下他的标记并通过他的罪行赢得一席之地时，他没有留下来，他拒绝享有他为自己建造的家；那种驱使他犯罪

的动机似乎在犯罪的过程中已经消失。但是，在某种微妙的意义上，他拒绝并没有真正的好处。他关于门的谈话是对一种匮乏的表达，而我们对自己不是或自己没有的东西总是极其敏感；我们以自己缺少它们的整个存在对它们做出回应：这是作为社会放逐的艺术家的神话的基础。但是，当不再缺少时，并不一定就会有相应的满足：可能根本没有任何感觉，没有任何踪迹，在曾经痛 76
苦且不完整的地方没有任何伤疤，而某种与之无关的新需要可能在这种虚无中出现。于是占有的整个感觉便成了一种奇怪的、很快消失的感觉，一种间接的、第二位的感觉，当我们想直面观察它时，它消逝到稀薄的空气之中：

> 在一种意义上，我享有我的财产，那就是我在使用中超越它，但如果要注视它，那种拥有的联系便消失，我甚至不能理解拥有某种东西是什么意思。烟斗放在桌上，独立，不偏不倚。我把它拿在手里，感受它，注视它，以便意识到这种占有；但恰恰因为这些举止旨在让我**享受**这种占有，它们失败了，除了我手指之间一根无生气的木头，我一无所有。只有当我超越我的客体开始考虑某种用途，当我使用它们时，我才享受对它们的占有。[4]

于是，通过所有权接近事物让位于一种新的通过使用它们对它们的冲击。

这种发展与某种文学的必然性非常近似。甚至最抽象的句子也必须在时间中运动，必须构成某种不论多么弱的能量的交换，因为只有绝对静态性质的语言是对某种事物的单纯**命名**，说出它就是如此。因此，如果要使某个事物被**描写**，一定有某种运动潜在于事物自身某个地方，句子的运动可以与这种运动相似并记录这种运动。在笨拙或不敏感的作家手里，这种事物固有的运动仍然可以完全是传统的；表示运动的动词几乎退化到毫无色彩的地步，它们的存在只是为了简化问题："房子**矗立**在树木背后，被
77 树篱**围**着"，等等。但甚至在这里，为了使句子形成存在，运动的虚构也必须保留。于是，在文学里，一如在物理学里那样，事物不再仅仅是静止的实体，它在空间里也占有绝对的地位，成为能量的场所或关系的所在。正是根据这一点，萨特为现实、作品的连续性以及其中的事物提出了一种解决办法：

> 我们必须使事物运动：它们存在的严密性对读者会直接发生变化，因为他们以作品中的人物考虑多种多样的实际关系。假如你们的山被走私者爬过，被海关人员爬过，被游击队爬过，假如它被飞行员飞过，那么这山会突然在这些不同行为的交叉点凸起，像木偶从木偶匣子跳出似的从你的作品中跃出。[5]

在这段对文学的看法里，非常有意思的是它提出一种计划效果的建议，其中作为整体的小说成为引起读者某些反应的构成或机器，就像是制作完美的戏剧和 19 世纪的小说；他所建议的小小情节同样使人想到某种小说，其形式给我们以过时的印象。然而非常确定，萨特的小说有许多实实在在的事物组成的结构，而且更令人惊讶的是，他的剧本不是集中或充满了那些现代戏剧中常见的形象和华丽的修饰，而是充满了真实的东西，充满了日常生活中肮脏的事物，尽量运用它们或很少忽视它们。只有与事物某
78 种非同寻常的关系，才能一方面说明这种默默使用的舞台道具突然显现的现实，另一方面说明如何通过客体打破纯个人之间对话的限制。

哲学语言通过暴力的解决办法解决事物的问题。既然静止的事物对我们提出它自身是一种规则，是某种姿态的蓝图，或本身

是一种潜在的、冰冻的姿态，那么我们只需找出这种姿态以及事物的名字，然后用连字符把它们连接起来。因此“笔”这个词对指称我面前的工具是一种软弱的、不充分的方式；而在旧式描写的意义上，那些似乎可以充分说明它的颜色、制作、年代等也不足以限定它。这支笔的特殊之处是，除了在以其他工具写的信上签名，我很少用它；因此，这支笔是我签名用的笔，就像这本书，它有名字，有特殊的内容，如此等等，而我很少用它，对它最充分的限定就是把它作为用纸压成的书，而不是一本同义词辞典。于是，渐渐地，世界开始失去它的客体通过其内在性质限定的正常的抽象面貌，并开始围绕我沿着我的活动路线组织它自己，越来越接近我生活的具体世界。

但是，这种解决办法显然不适合叙述：哲学描绘一个我们曾经承认或不承认是我们自己的世界，我们站在作品之外向内观察它。在叙述里，甚至第一人称叙述，人与事物同在于作品内部；一般无须为事物增加潜在的用途或姿态：人物唯一要做的就是运用它，当着我们的面运用它。因此，客体的充分存在不再依赖于语言的特殊效果，而是依赖于语言所叙述的系列活动；一种由单
独客体的不同用途累积的建构，如像萨特以他的叙述模式所表明 79
的那样，很难说是语言的效果。这种类似《尤利西斯》里那种整天缓慢地步入港湾的三主人（three-master）的事物，通过不同的人物在不同的地点和时间所看到的事物，是一种精心设计规划的结果，而不是语言自身某种特殊化的能力。

然而，在萨特的著作中，我们发现对多种不同用途原则的实际运用：例如，在奥列斯特关于门说的话里。突然，在几秒钟的空间里，这种纸张混合的舞台道具通过所有存在的舞台，极力在我们面前显示出坚实和明确。在一个加速的过程里，某种东西类似电影序列，使我们可以看到萌芽出土并急速长成一

种完整植物，对于这种东西，奥列斯特在没有触及它的情况下，尽量设法使那道门完成多种不同的用途。但这与该模式预期的系列效果非常不同：由于小说可能是奥列斯特的生活经历，所以他仿佛选择了所有与门有关的时刻，把它们一个挨一个排列起来，从而使我们一眼就看到它们的全部。模式的处理非常匆忙：如果不同用途的累积是必需的，那么为何不一下子完成，直接从效果获益而不用像过去小说家那样建构它呢？门的不同用途看起来非常具体，然而它们开始呈现出实例的性质：每一种用途都作为个体的，尽可能令人惊讶且不能压缩，但它们都只不过是对抽象概念用途的利用。因此这种过渡是逗号形式的某种运用：模式具有中心或“观念”的作用，实际说的话变成了它的发展。萨特的方
80 法似乎是古老形式的遗留物，但它已经暗暗地现代化了。

然而这些是作品中孤立的时刻；其客体很少能如此穷尽，通常它们一次只允许一种用途，由行动支配：这种用途更可能是纯粹的内容，而不是依赖于某种特殊化的语言的时刻。不过，我们享有与事物其他更静态的关系，而不只是它们的用途：我们可以只观察它们，理解它们的性质，而此时对阐述这些观察，对强调那些我们以为是客体特征的性质（以我们忽视的其他特征为代价），语言再次变得至关重要。因为，正如事物不是稳定的实体，而是不同用途的交汇点，同样它也不是持久固定的性质的所在。每一种意识对某些类型的性质都有敏感性，不论我们在厌恶还是在迷恋中体验它们。对某个客体别人意识不到的东西，我们可能觉着栩栩如生；我们的眼睛被抓住了，沿着房间的表面在不同的地方徘徊，它变成了一种非常光亮的图案，变成了我们独特的中性区域。这种我们察觉到的排他的性质仍然是事物的真实特征；我们没有把它们投射到事物上面，但为了观察那些对我们最强烈的性质，我们付出了我们自己的总体，我们的趣味，我们最初对

存在的选择。由于我们察觉到的性质，我们妥协了；这些性质在某种程度上既说明事物本身也说明我们。正是以此为基础，萨特的存在主义精神分析发展了它的方法。如果我们对于人们敏感的那些性质有足够的了解，我们就会有一种选择存在的捷径，说明它们引导他们生活的方式。但在文学作品里，这种了解依赖于那 81
些特殊的时刻，那时人物单独与事物相处，凝视它们，参与到他是唯一的人类合作者的戏剧之中：

> 达尔贝达夫人手指间夹着一块土耳其软糖。她小心翼翼地把它送向嘴唇，屏住呼吸，唯恐撒在上面的细糖粉会因她的呼吸散落。“它是玫瑰味的。”她想。猛地她把光滑的糖块吞进嘴里，一种发霉的味道充满她的口腔。“真奇怪，疾病竟能增强人们的感觉。”她开始想到寺院，想到谄媚的东方人（她度蜜月时曾到过阿尔及尔），她苍白的嘴上泛起一丝不易察觉的微笑：土耳其软糖也谄媚。[6]

这个故事（《房间》）的主题是，两个人物突然装病，以此躲避他们性伙伴的侵扰或坚持。皮埃尔藏在他建构的世界背后，假装信任这个世界，社会通过使用病态的名称和概念，承认这种行为明显的反社会性质。另一方面，因为达尔贝达夫人的性别，她曾在社会里占据非生产的地位，因此她被允许有一个更为社会接受的结果：即疑病症、疾病引起的懒惰，以及身体的虚弱。在这段话里，随着她的思想沿着倦怠的思路徘徊，明显是偶然提到的蜜月使人想到在她生活的中心隐蔽的死者；但这段话里没有任何其他东西直接与这一戏剧相关。通过从她的感觉里辩证地引出最后的气味，她似乎全神贯注于手里拿着的东西。这种活动几乎是 82
诗歌的活动，通过单独一个词把客体隐秘的本质最后锁定。这种本质，即事物的脆弱（糖粉受到呼吸的威胁），它的肌理几乎是老朽般虚弱，它的味道过腻和干巴巴的诡秘性质，这些都是客体自身的性质；它们严格地限定它，你不可能把它们投射到其他某种甜果，例如投射到草莓之中。但是，在那个时刻，那个小的无生气的客体也是那女人选择的伙伴；它的性质受到可爱的爱抚和欣赏，折回某种对她的世界、她的病态秘密的反映。无害，对她的幻想无限敏感，粗鲁或傲慢的对立面，只是微妙甜蜜的迸发，这种客体**是**谄媚的：它毫无抵制地供给她神秘的暴食，它奴性十足，过度令人满意，但并无危险：在所有这些事物里，某种合适的性质代替了她的丈夫，而她丈夫恰恰与之对立。在这段话里客体是被利用的，但它的用途是特殊的，正好处于用途和对性质的意识交叠的区域，因为它的用途要被品尝、体味，它的用途**是**对其性质的察觉。

人类的建构旨在以某些方式使用，但对它们性质的意识并不总是与这种使用一致：

> 吕西安也在玩，但过了一会儿就不记得他在玩什么。假装是个孤儿？或者是吕西安？他看看细颈水瓶。水里有个小红灯在闪动，而你发誓说爸爸的手在水瓶里，很大，发光，手指上长着细细的黑毛。吕西安突然觉得细颈水瓶也在玩，假装是一个细颈水瓶。[7]

83　这种构成的事物不只是用途，它是纯粹的物质，它的存在流溢出它朴素的目的。这正是超现实主义者在建构普通外观的家庭物品时所揭示的东西，它们暗暗地使自己进入习惯和透明的日常生活，然后突然之间，以五倍于我们预期的力量，打碎舒适的日常模式，大言不惭地肯定自己是纯粹的物质（我们可以把它当作某种纯粹存在的象征）。但是，甚至对于值得信赖的客体，人类的目的并不总是看得见的：对于身处正常社会习惯之外的人，例如，一道关闭的门对某个人失去了通常的作用，变成了必须用工具打破的障碍，对于这样的人，通常可理解的客体只能被空空地注视，而且热奈怀疑："是不是你真的从玻璃杯里喝的?"[8]因此，所有常规的客体都有它们的面具（可能会消失），熟悉的面具，习惯和常规用途：在这种意义上，他们"玩"的是它们究竟是什么的存在。于是，性质和用途相互对立。

但是，客体真正的性质仍然是感知的根源，而这段话是对玻璃瓶的一种精神分析。并不是任何构建的客体都能够带给吕西安同样的感觉，尽管观看细颈水瓶也是观看一般"事物"或对它们感兴趣的时刻。玻璃不像其他物质那样容易贴标签：在某些光照下，我们似乎在直接看它的表面，稍微转换一下视角，我们又失去了玻璃，我们发现自己在透过玻璃观看。它与镜子和水有一种家族的相似性，它是一种清晰可见的媒质，然而自身又难以固定。吕西安看到的是玻璃细颈水瓶如何摇摆不定，时而是它自身 84
的存在，时而又消逝到它周围的事物之中并恶意地扭曲它们。细颈水瓶似乎不确定它究竟多么真实，它究竟应该多么不透光，它同样承受着那种令吕西安不安的缺少真实性的折磨；而玻璃对意识是一种形象，它不能靠自身存在，而必须通过自身展现它周围的东西，正如意识总是**关于**某种东西的意识一样。不过，玻璃的象征价值比这点更深刻，因为故事的发展向我们表明，吕西安如何从他自己的一个形象移到另一个形象，对每一个进行试验，仿佛那是由外部世界的人提供给他的，随后尽力使它们隐入他的背景，直到最后符合他的阶级为他设计的一致性。

在这样一些时刻，在两种整个分离的存在领域之间，我们看到一种奇怪的相似，一种预先设定的和谐。事物的性质或意义并非完全由人类投射给它们：这会导致通常用"象征"一词描绘的那种降级的、单薄如纸的形象，而"象征"一词本身也会降级，缺少与艺术作品中现实的关系。这些通过人物观察到的性质也是事物真正的性质：事物通过这种观察保留了它们的坚固性、它们的抵抗力。但是，仿佛由于某种奇迹，这种基本上是他者的事物，其真正存在并非是我们的那种存在，而对反映观察它们的人类却非常人性：旨在表现人类现实的语言，从而使自身完全适应了那些外在的性质。

只是有时候它并非如此：

> 他走过去，坐在栗子树脚下。他说："栗子！"然后等
> 85 待。但什么都没发生……"栗子树！"它在震动。当吕西安对他母亲说："我自己的漂亮妈妈"，她笑了；而当他叫热尔梅娜：莽撞人，热尔梅娜哭了，向母亲抱怨。但当你说：栗子树，根本没有事情发生。他咬着牙低声抱怨："讨厌的树。"并觉着不安，但由于树一动不动，他用更大的声音重复："讨厌的树，讨厌的栗子树！你等着，好好等着！"使劲踢它。但那树依然平静，平静——就像它是用木头做的。[9]

这树非常不同于那些小东西，后者被加工制作，适用于人类生活的实际模式。偶尔树也确实适合；它也是使房屋完整的风景园艺的一个成分，或者它可以为绘画提供形象，或者被砍倒用作柴火或制成纸张。但这种用途只能从它是其中一部分的整体看到。如果单独看树本身，似乎在它背后留下各种与人类生活相联系的痕迹，除了一点，即吕西安试图用以达到它的那一点，也就是它的名字。在树的连续静默中，吕西安认为他看到一种激怒他的顽固性；但这种刚刚充满意义的沉默只是吕西安命名的结果，是它喊叫那棵树的结果，于是在某种意义上，他能够让树回答他——因为沉默也是一种回答，而且问题的存在直接改变了事物，使每个事物都产生回答的感觉，不论是肯定的还是否定的，

满意的还是沮丧的。最后无法翻译的双关语表明了吕西安这种发现的性质："木头"可以描绘某种令人厌烦的、毫无表情的冷漠，或者像它表示树的空洞反应那样表示某些人的惰性特征。然而树实际上也是木头做成的，"发现"被中断了，成为某种冗长、杂 86
乱的故事或同义反复。双关的愚蠢性是对主观事件本身的戏仿，在主观事件里，甚至什么都没有改变时也发生"某种事情"，甚至当"客观地说"事物完全是其本来的面目时，主观性（在这个例子里是吕西安的质问造成的境遇）也允许某种事情发生。

正是在对事物及其性质的兴趣累进的这一时刻，我们接近了一种绝对的境遇：事物变得越来越枯竭，它们越来越少地回答注视它们的主体性；最后只有唯一的名字保持着人类意识和完全非人性之间的联系。但是，吕西安从未能直接体验非人性；甚至非人性的整个沉默、基本的他者性，也因为人类的注意这一简单的事实而**变成**人性的：沉默人性化了，在人的问题的压力下不能保持与人类的疏离。这种经验是那种不可能直接意识到真实性的经验：我们感觉到在这种沉默的中心存在着真实性，但正如在以前哲学中那样，我们的感觉像黑暗中聚光灯的光圈，总是在我们和事物本身之间盘旋，所以这里真实性不断被调停、假定，不论我们多么迅速地转动脑袋去看它原来的样子。名字是依附于事物的最后一点可怜的语言，也是在其他种种设想、用途、对性质的观察等失败之后对整个非人性的最后设想。

因此，事物只能**看似**是一种完美的一对一的对主体性的反映，而观察事物的这些过程，显然只能比使用的时刻更加静止、更加主观。在使用中，似乎存在两个时刻：一个是静止的客体时 87
刻，它给人以自足的印象，仿佛完全保持它的原样存在，提供一种真实性的形象；在第二个时刻，这种真实性通过使用事物来假定，并通过返回第一个时刻，它表明甚至静止的事物也是一种被使用的事物，一种被冻结的、具有潜能力量的人类行为。现在我们到了一种感知的零点，其中事物抵制并拒绝最后对语言的线一般微弱的依附，即试图为它命名的词语，而非常明显的是，感知的自身内部有一种远比使用工具的行为更深刻、更牢固的真实性——这些工具已经塑造得适合我们使用它们。正是在观察细颈水瓶的时刻，而不是从瓶子里倒水的时刻，我们才开始因瓶子里一个回避我们的存在区域而感到困惑。对事物的主观性的反映——主观性通过明显从外部对事物的观察而暴露出它的秘密的方式——是可能的，因为这种真实性永远不可能被直接理解，因为它必须由意识**假定**，所以立刻会与观察者妥协并把他反映回来。在这种转换里，表达观察及其发现的恰恰是语言，亦即关于客体的设想方式；这里客体也被使用，但被围绕它并为构成它的句子所使用；其活动不在于观察行为，不在于静止地坐在客体前面，而在于语言本身，语言阐述沉默的事物逐渐展现出来的性质。

然而，如果所有语言都是“使用”事物的方式，都是假定它们真实性的方式，那么我们已经说过的东西似乎与萨特作为小说
88 家的实践并没有任何特殊的关系，尽管他意识到意识和事物之间的分裂，并发展了真实性和假设的概念。但是，正如前面通过尽可能多的用途呈现客体的普遍法则的意识被转变成个人的解决，同样在这里，这种语言的力量——设想事物，构成事物，使它们既反映设想它们的主体性，又可能成为一个不可能的、坚持抵抗的领域——的结果，在艺术作品里也正是这种时刻的现象，其中人物观看事物，对事物感兴趣，恰恰因为事物就是事物。只是知道以小说语言出现的各种事物将自动通过那种语言来设想是不够的：这里存在一个折返，那种通过性质和阐述性质对事物的设想，本身变成了小说的主题，本身就是内容，就是一个事件。

［注释］

［1］*Théatre*, p. 24.

［2］Ibid., p. 25.

［3］See *L'Etre et le néant*, p. 680 ff.

［4］Ibid., p. 681.

［5］*Situations II*, pp. 264－265.

［6］*Le Mur*, p. 37.

［7］Ibid., p. 139.

［8］*Saint Genet*, p. 244.

［9］*Le Mur*, pp. 142－143.

第五章　转换

89 如果事物仍然是非常稳定的本体，如果它们有自己静态的、完全不同于我们观察它们的印象和感知的“性质”，这时某些体验就不可能实现。一个作家无论对事物的表象和世界的微妙性多么敏感，如果他为自己的描写贴上“印象”的标签，或者通过他的方式和句法坚持个人性、主体性，那么这些经验的相关性质以及它们的表述，无论多么有力或广泛，都已经被暗暗地破坏了：它们是修饰，是可爱的屏风，纯粹的游戏，它们周围有一种美学的气味，完全是漂亮文字的无用性。

但是，一种新的事物范畴的优越性不只是文学的，它们在某种意义上也是卫生学的。范畴的变化并不改变世界的任何单独细节：它一如既往充满了相同的客体，相同的、自觉的、群集的感觉，相同的、含蓄的意识和未表现的观察客体的方式。但在早期的世界里，这些感觉都是充满活力的“主观”的，封锁在我们的头脑里面，在我们头脑的密室里被想象出来，然后才投射到事物
90 上面使它们显得新鲜。这第一个世界有些灰色的性质，它曾经被归于笛卡尔的世界，在那个世界里，只有外延才是真实的，我们通过各种官能获得的感觉，只不过是万花筒般的幻觉在空白的、毫无色彩的低级层面的游戏。在这样一个世界里，我们日常的感觉失去了重要性，它们是“主观的”，只不过是我们多种感觉的抽动；我们不注意它们，我们的生活显得有些枯燥，而枯燥是我们所认识的真正现实特征。

但是，如果觉得这些感觉、这些纯粹的主观印象是对真实事

物的“真实”感知，即使没有注意到任何新的东西，注意力或敏感性没有任何增长，那么这时感觉到的变化也远比单纯的理论变化强烈。这种我们远离现实的变化与我们考虑意识所用的方式的变化是一样的：胡塞尔所说的意识的“意向性”，即意识是一种虚无的概念——它在自身之外、在事物本身当中发现一切事物——突然不知不觉地改变了世界的结构。在抨击旧的感知的“消化”理论那部分，我们可以感到这种改变的一些兴奋，那部分概括了胡塞尔的发现：

> 在这种描写里，难道你不承认你自己的要求、你自己的预示？你知道树不是你自己，你不可能使它进入你昏暗的肚子里，不可能诚实地把知识比作拥有。与此同时，意识得到净化，像疾风一样清澈，内部没有留下任何东西，只有不断地在外部运动，不断地从它自身溜开……现在，想象一连串持续的小的爆破，它们把我们从我们自己撕开，甚至不允许有足够的时间让“我们自己”在它们背后形成，它们不断地 91
> 在事物当中推着我们向前，在粗糙的土地上进入干涸的、充满灰尘的世界；想象我们被如此抛了出去，因我们真正的性质被放逐到一个冷漠的、敌视的、不合作的世界；如此想象你就会理解胡塞尔那著名的句子“每一种意识都是关于某个事物的意识”所表达的全部含义。[1]

在旧的观念世界里，这篇文章的语调和它的雄心都不可理解：当真实的事物与我们对它们的观念分离时，当我们的感觉在与事物本身从无真正关系的情况下形成并消解时，此时一种认识论的理论被另一种替代就成为唯一具有有限重要性的事件，在专门科学的发展中只是翻开了另一页；因此决非偶然的是，当哲学几乎完全忙于认识论、忙于事物某种消化概念的范畴时，此时也是它在人类事务中影响最少的时期。

但是现在，突然发生了某种事情。通过这些新的透镜突然看见，那个看似空虚的世界竟然充满了各种令人激动的东西，色彩和事物突然并置在一起，在光照下变化多端，永不稳定，面孔或客体失去它的同一性，甚至在我们的恐惧还没来得及形成预想不到和无法证实的看法时就消逝了。世界又变成开放的，但以新的方式：不是在早期广袤的地理区域的意义上，个体可以躲避到那
92 些区域；也不是在突然出现的社会流动性的意义上，它允许进入那些其内部难以想象的建筑，接触那些其奢华习惯以前在日常世界难以见到的习惯于奢华的人群。在我们自己的时代，这些其他阶级的新领域或魅力提出的问题遭到封杀，而且一个巨大且持久的现象不仅限制个体命运的发展，甚至限制观念的流动和语言的自发性。但是，正如斯多葛哲学，虽然它不想努力动摇监狱那种牢固的事实，但却让思想绝对自由地流传，同样这里在不可动摇的事实当中也发现了一种自由——一种事实本身的自由，它们的面貌不再稳定，或者一种由事物本身提供次优的陶醉，作为对它们顽固坚持的补偿。于是，最不愉快的想象被神秘丰富的艺术欺骗了：

> 布律奈静静地走着……他抬起头，看看阳台上褪了色的镀金字；战争开始了：就在那里，在这不连续的闪光里，像无法逃避的事实刻在这座美丽易碎城市的墙上；它是一种原地不动的爆炸，把皇家大街撕成两半；人们穿过它漫步却看不见它；布律奈看见了。它一直在那里，但人们还不知道。布律奈想："天会掉在我们头上。"一切东西都开始落下来，他看见房子好像真的倒了：令人不安地突然倒塌。这家由数吨石头支撑着并且每一块石头都牢固地嵌入其他石头的商店，在同一时间也在倒塌，尽管它坚固地在空间里已存在50

> 年；稍微增加几磅倒塌就会再次开始；柱子会弯曲颤抖，它们会可怕地断裂成碎块；窗玻璃会崩碎；大量的石头落到地 93
> 下室，砸坏大包大包的商品。它们有八千磅炸弹。布律奈感到恶心：就在一刻之前，在这些对称的建筑正面，一个人的微笑还掩映在傍晚的金色粉尘里。现在完全消失了：只留下20万磅的石头；人们在稳固的掉下来的石块中间漫步。废墟中的士兵，也许他会被杀死。他看见泽载特喝醉了的双颊上布满脏兮兮的皱纹。满是灰尘的墙，一部分一部分独立地站着，各部分之间是巨大的豁口，一些地方还有蓝色或黄色的片片墙纸或斑斑驳驳的补块；红色的瓦片散在瓦砾堆里，石板缝里长满杂草。接下来，木头棚屋，临时营房。然后，他们会建造像林荫大道外面那些一样庞大单调的营房。布律奈感到一种突然袭来的悲伤："我爱巴黎。"他想，充满焦虑。然后，无法回避的事实一下子消失了，城市再次在他四周封闭起来。[2]

这段话的核心信息是对建筑的说明，它们是一堆堆向下重压的石头，这种压力已经持续了50年，除了通过科学分析或通过形象的突然转换不可能察觉：向下撞击的石块像照片似的呆滞在一起，偶尔也有几分雅致，大量的石块在一个单独的地点沿着它们的轨道形成皇家大街。对于这种形象有一种纯形式的、现代的激动：从静止的部分构建运动，像电影"裸体走下楼梯"那样，人为的加速或突然停止。描写需要的运动在于事物本身，是内在 94
的，正如在格式塔心理学的一个形象里，我们只是改变自己的焦距来看它。但是，一旦这种前提是给定的并经过探讨，那么这种形式就会破裂，新的结论就会出现。由于以加速的形式为我们提供了倒塌，所以我们看见了它，然后它真的发生了，而且我们超出了现时的限制，把感觉的资料留在了我们后面；我们看到巴黎被毁的荒凉，建在那里的棚屋，以及使运动开始的大拇指的轻弹终于把某种未来拉进了视域。通过这样让它的生命线极力向外延伸，进入到纯想象的领域，视觉开始失去它迷人的力量，突然开始失效。

整个世界这些突然的、预想不到的变化，像孤立事物的观念，危及它们的证据：它们不是无缘无故的发作，它们是某些主体性经历世界的方式。如像事物的观念，它们可以从两个不同方面解读：它们可以告诉我们事物本身和它们的结构，也可以告诉我们经历它们的主体性的境遇和条件。在这一时刻，布律奈突然尽量认真地对待战争的威胁。他知道战争会发生，甚至肯定它会发生，而作为一个共产主义者，他在战争中看到某种资本主义自动毁灭的前景，于是在期待这种前景中生活。萨特曾谈到情感的方式，为了强调这种方式，他承认感情只是实在肉体的精神反应，以身体的伴生物填充自己，例如脸红、颤抖、冷汗：这些是真正感情“严肃”的时刻。[3]因此，在这段话里，亦如在前面一章我们讨论过的信念的时刻，在只是想到的、只是知道的事物和
95 对事物的知识之间（这种知识像不可避免的事实那样充斥你的整个存在）存在着明显的区别：这种盲目的“真正知道”的实现，法国人用“显而易见”（l’évidence）一词解释。这样一种区分明显倾向于降低那些支配19世纪哲学的纯认识论问题的价值，正如我们已经看到的，萨特认为胡塞尔的革命性贡献是，它把认识从纯粹的精神行为转换到一种存在的关系，使两种完全不同的存在构成发生联系。因此，这里布律奈不仅“知道”他本人的那一部分，他还突然被一种有形的知识戳穿，一种必须提出自己是真实的知识：“他看见房子好像真的倒了。”要打破一种在和平年代变得牢固的现象，这种知识迸发的暴力是必需的：战争“一直在那里，但人们还不知道”。人们以为他们居住在里面的这个和平

城市是一种迷惑。他们脱离了那个城市的性质，它是人造的东西，也可以被人毁坏；他们经历城市发展中的这一历史时刻就像经历“自然的”东西，譬如森林或落日。因此只有最极端的文学写作方式才能接受这些公认的表面事物，并通过打破我们观察它们的习惯（也就是撕开普通观念的面纱）来把它们转变成实质上的它们——布莱希特称之为陌生化效果：揭示出被认为永恒不变的事物的历史性质。这种坚持从现象到实在的转变，使转变成为**真实**的第二阶段的必要性，通过作品中某些表达一再出现的频率得到了反映，例如“直面观看事物”和“事物的本来面目”等。但是，这种转变的社会和历史意义与艺术的必然性存在相似之 *96*
处，因为转变的真理也具有一种不断抵制的作用：抵制单纯的审美游戏，抵制那些没有理由的自发的发展形式，抵制那种只是修饰的感性认识。

但是，为了强烈地感受那种事实，布律奈不得不过多地感受它。由于已经从他的整个存在中生成了这种转变，已经以他自身付出了这种感受的代价，他不再能自由地站回去，以无所谓或不关心的态度观察那种景象。他妥协了；一些还没有完全消失的民族主义感情，开始在这种希望理性和超国家的思想里跳动：

> 布律奈停下；他浑身感到一种怯懦的喜悦，他想：“只要不会有战争就好了！只要能没有战争就好了！”他激动地注视着大门口，注视着德里斯科尔商店光亮的橱窗，注视着韦伯啤酒店华丽的蓝色悬挂物。过了一会儿，他感到羞惭：他又开始漫步，他想：“我太爱巴黎了。”[4]

这一转变的时刻使整个布律奈受到质疑，包括他的真实存在和他一生的工作。

这种时刻具有艺术的优越性，可以保持小说表面的完整。在只是记录事物的印象时，我们不断在两种情况之间前后穿梭，一种情况是毫无色彩但却是事物的真实事实，另一种情况是它们在纯主观层面上经历的丰富多彩的精心制作。这里一切都是同样真实的：灾变是真实的，和在它之前就存在的平静的建筑一样真实。虽然这部作品多年来都遵循承载着那个名字的运动，但这种时刻也许非常适合称之为**表现主义的**时刻，从纯粹的印象到这种
97 表现主义的转换像是从明喻转换到隐喻（虽然早期对隐喻的用法仍然难以与明喻区分；它们省略了“像”，但我们体验到它们，而且被认为作为比较来体验它们，只是更快更简略）。在“like”（像）这个词失去力量的地方，“to be”（是）这个动词获得了惊人的效果，它变成了一个有力的及物动词：愤怒不是一个与脸红类似的事实，在另一个层面上也不像它，确切地说，愤怒就是呼吸短促、心脏快速跳动，等等。于是一个冒号形式出现了，其中一系列的相似和差别，片面的、不完善的、未完成的，奋力达到它们可以被某种肯定取代的地步。而几乎难以察觉的小动词，因斜体、副词和前面为准备它而作的否定修饰得到了强化，因此当它出现时，我们会感到它能够用以发生作用的新的力量。这种大多在哲学著作中发生作用的解决方法，其基础也许是语言的力量，是通过嗓子给予单独的弱音节以特别的强调；但它在艺术作品里的结果却完全是我们已经概括的那种主观的事件：把纯粹主观的、在并不改变“外部世界”的思想内部的变化提升到有尊严的存在，一种凭着自身的真正的存在。在巴黎的变化中，这座城市只是变成了它本来的样子，但这种多少是形式的变动却发生在战火爆发当中。

然而，事物必须被转变成本来的样子，而描写这种转变的文学是一种城市文学：城市是这些现代形态变化最佳的地方。城市是所有人造物集中的地方，正如我们在前面一章所看到的，这些

人造物在它们的用途和它们的物质之间，在它们纯粹的存在和它们明显过剩的性质之间倾向于往返穿梭。城市不像构成它的个体物品，它不仅反映单独的人类行为，单独的用途，而且反映所有 98
的用途，所有的行为，所有的人类文化和人类的可能性。不论在基督教还是共产主义的末世论里，城市都是人类生活中绝对的形象，绝对的腐败或绝对的完美。而在西方文化作家创造的那种个人神话里，即孤立的个人表达普遍化的现实和真理，城市像是一个人，**像是**每一个人。《恶心》除了是许多其他东西之外，如《恶心》是讽刺作品，是哲理小说，是19世纪冒险小说的重写等，它还是关于一个城市的作品。布维尔是主要人物之一，是一个传统资产阶级生活中奇怪荒诞的形象；而小说像地图似的跟着城市。城市那些所有不同的意义是可以转换城市的方式；因为城市从来不会完全、具体地呈现在我们面前，因为我们总是通过我们现时遇到的片段部分来理解它，所以在选择这些部分和部分景观所属的整体时，针对它们出现的背景，我们也在通过含义选择我们自己：

> 战争的第一夜。不，不一定。还有许多夜晚就在房屋边上。一个月来，有两个星期，第一次警报都被拉响；这只是实际演练。但即使如此，巴黎也失去了它柔和粉红的云幕。马蒂厄第一次看见大片黑暗的烟雾悬在城市上面：天空。朱安-雷-班的天空，图卢兹的、狄戎的、阿米昂的天空，整个法国、乡间和城镇都一样的天空。马蒂厄停下，抬起头，望着它。一个可以是任何地方的天空，下面没有任何特别许可 99
> 的任何东西。在这个巨大的同类下面，我自己：任何人。任何人，任何地方：一种战争状态。他盯着一片灯光，重复，看看会发生什么："巴黎，拉斯帕伊大道。"但这些奢华的名字也被动员起来，它们似乎从一张战略地图上升起，或者出

> 自新闻海报。拉斯帕伊大道上什么都没留下。路线，只有路线从南到北，从西到东；路线带有表示名字的数字。有时他们把路线铺一两英里，房屋和人行道在它们周围凸出地面，你把那称作街道、道路或大道。但它只不过是路线的一部分；马蒂厄正在漫步，面朝比利时的边界，沿着从 14 号国家公路延伸的部分支线。他转下那条连着西方公司铁路的直接的、方便的道路，它以前被称作雷内路。沿着这条路，在没有什么差别的天空之下，房屋降低到它们最原始的功能：它们只是经过注册的住宿的地方。宿舍—食堂提供给那些潜在的应征入伍者，或那些已经入伍人员的家属使用。你已经能感到它们最终的作用：它们将变成“战略据点”，然后变成最后的目标。因此，现在如果他们愿意，他们能摧毁巴黎：它已经亡了。一个新的世界正在诞生：一个朴素的、实用的工具的世界。[5]

这个地图似的世界与马蒂厄紧密相关，他已经变成了一种战争统计，一个数字，1938 年被动员起来的千万名法国士兵之一：
100 他匿名地通过景色像病菌一样传播，不断扩大，传染给一个又一个事物。先是天空失去了，然后是标明街道名称的小小的标识牌，街道本身，房屋，整个巴黎。巴黎活了下来，只是作为一个铺过路的地方幸存下来，这种地方在性质上与整个法国无人居住的道路的延伸没有什么不同，而那些延伸不过是一个通向地图中心的加密的道路网。形象超越了感知的局限，它通过扩展自身而得到强化，它扩展到包括周围不确定的东西，在马蒂厄看来扩展到巴黎堕落的程度。接下来，马蒂厄在这个新的世界里走了几步，试一试它，于是有几个句子说明它是什么感觉：“他沿着地方公路的支线走着……”但这种突然使城市收缩成它“实际的”样子，这种枯萎和突然的干涸，只在语气上是一种非人性化。这个城市所有美丽的、最“人性的”品质像幻景一样消逝了，只有工具性仍然存在，然而在另一种意义上，工具性对事物是最有人性的关系：某些原始人用石块打碎东西或松软（loosen）坚硬的土地，这石块因为人立刻变成了他的手的延伸，它以前的存在只是抓住它，抓着它那些粗糙的边棱，因为它还没有改变成适应当前目的的形式。那种改变造成的荒凉不在于工具的性质，而在于毫无目的地运用精心策划的目的，即战争，战争是那种最精心制作的工具的综合，这种综合看似无缘无故地发展，依靠自己并毁灭自己，不生产任何东西，其实它是对工业社会复杂的工具结构的一种梦魇般的戏仿。

在这段话里我们只是看到局限，转变的局限，它不可能超越
的最终的、潜在的、现实的局限，人造事物在它们最终的面具背 *101*
后可以表明的那种非人的、纯粹存在的局限。这就是天空，它不再对它下面庞大的建筑群或农场或荒凉的地方进行回应，它们都不再是一个地方，也不再笼罩着特殊的色彩，像熟悉的风光那样，而是变成了虚空，一个在我们头上裂开的大洞。真正被称作城市的恰恰是在大量道路延伸下面一成不变的土地以及迅速聚集的房屋：这些失去了它们的同一性，变成了单纯的现象。它们下面独特的肮脏现实使一切都显得一模一样，城市、乡间的道路全都是表面形式，而这些形式也被通过它们所表现的背景遮蔽了。

这种城市可能消逝到其中的最后的对立面，确切地说并不是**自然**。**自然**在某些方面和城市一样是人性的，城市的兴起使它成为围绕城市和在城市之外的存在；常见的情况是，设想一种有机的景色，通过自然美的范畴把它人性化，或者在我们今天，在一种甚至更具象征性的仪式里通过照相将它人性化。就人口稠密的国家而言，**自然**已经通过农民的劳动被设想和人性化了，因为它已经像城市本身一样变成了实用性的构成，甚至对“**自然**”明显

不感兴趣的思考也是某种转变的结果：

> 在一个特定时间，城市社会是开放的，分散地发生作
> 用；它的成员旅行到乡下，在那里，在工人们嘲讽的目光
> 下，他们暂时变成了纯粹的消费者。就是在那时**自然**出现
> 102 了。什么是**自然**？只不过是我们不再与它的事物有技术关系
> 时的外部世界……现实变成了装饰；正常人在乡间度假，他
> 在**那里**，就在**那里**，没做任何事情，呆在田地和牲畜当中；
> 反过来，田地和牲畜也表明它们对他只是**存在于那里**。这就
> 是他认为在它们绝对的现实里直接出现的生活和物质。若让
> 一个住在城市里的人体验自然，两块马铃薯田地之间的一部
> 分道路就足够了。工程师们设计这条道路，农民们耕种那里
> 的田地；但城里人看不到耕作，那种工作对他是陌生的：他
> 想象他看见了自然状态下的植物和原生的矿物；而如果一个
> 农民正好穿过田间漫步，那么他也变成了一种植物。因此，
> **自然**出现在我们社会的季度或每周的变化视域；它对正常人
> 折射回他们与它不真实的分裂，他们暂时的懒散，简言之，
> 他们的带薪休假。他们漫步穿过林间低矮的灌木丛，就像穿
> 过他们儿时朦胧柔嫩的心灵；他们看着沿路种植的白杨、梧
> 桐，他们对它们无话可说，因为他们与它们没有任何实际的
> 关系，它们目瞪口呆地凝视着美妙的寂静：如果他们寻找外
> 部世界里的**自然**，最好在他们心里接触它：灌木丛安静的生
> 长给他们提供了一种盲目而肯定的终结意象；它使他们确
> 信，社会里的生活只是一种肤浅的躁动：有一种基本上与自
> 然相同的本能秩序，如果你在植物面前让自己陶醉于温柔的
> 静寂，你就会发现这种秩序。但是，甚至孩童也是社会的，
> 103 度假者在心里寻找的那种有力的自然本能象征着他们出生的
> 合法性。他们在自身之外和之内发现的自然秩序就是社会的

> 秩序。自然是一种社会神话，在自然里孤独地享受自我是一种社会生活的仪式时刻；天空、水、植物只是把正常人未受干扰的良知和他们的成见的形象回映给他们。[6]

这段话的语调部分地受它揭露性质的支配，但也部分地受主体本身性质的支配；因为我们曾经看到第二阶段在某种转变中并不“真实”，其最后的结果并非“事物是它们本来的样子”：这是一种不真实的转变，一种所有重要因素仍然存在的向后发展的过程——事物的客观结构反映它的目击者的主观性。但是我们处于这种主观性之外，我们以某种残酷的距离观察城里人那种乏味的销魂，而我们自己没有陶醉，能够判断绿色和充满魔力的时刻对于身处其中的那些人多么贫乏。转变只是对我们的转变：只有我们能够看见另一个阶段——田地和道路以“它们本来的样子”——产生出对人类劳动的反映。对于这种变化，不存在从一个现象到另一个现象的过渡时刻；自然作为一种稳定持续的实体包围着它们。

与离开城市那种令人欣慰的现象相比，要到达自然的背后更难：“在自然之外”，把构成的形式与它们出现的非人背景简单地并置，很可能足以打碎这些形式。不过，尽管植物可能不是自然的客体，而是经过几千年实验和逐渐发展的产物，但植物的这种 104
突然变化，它的突然具有人性和构成的性质，并不是从一种感觉的景象转变到另一种的结果，而是使我们自己和我们看见的东西突然产生距离的抽象知识的压力造成的，就像用稀奇古怪的拉丁词语描绘普通的日常物品似的。这些语言或知识的冲击是使我们突然再次看到客体的方式，客体成为新的，但发生在词汇的层面上，它们不是表现客体突然变成其他事物，如像它们直接挑战我们的语言习惯那样。

因为，自然事物最终的改编依赖于我们与它们的习惯距离。

萨特那句惊人的话——“他们对那些树木无话可说，因为他们与它们没有任何实际关系，因为他们对它们**不做**任何事情”——是一个语言与其主体之间关系的概念，它最终支配甚至最纯净的文学语言，以及最特殊化的知觉过程，因此在这里允许我们判断通常对自然事物的观察，以及我们对它们使用的语言。我们与我们不用的东西能够建立最后的语言联系只是对它们命名。吕西安给一棵树命了名，然后观看它，而在这种与事物最简单的关系里，我们注意到，关于客体感觉的性质突然脱离了名字，表明自身是赤裸裸的感觉，与任何文字无关。《恶心》里对树根的描写非常著名；但我怀疑，如果我们一次都没见过奇形怪状、令人厌恶的树根（因为它们静静地消失在平坦的地下），那么这种描写是否能够传递出任何信息？有一种独特的、历史的经验，它本身反对
105 我们试图用以描写它、传递它的文字，它是一种具体的直觉，文字用以回忆它，但如果不是事先已经知道它，文字便永远不能“表现”它。如此，语言似乎走向一种失败：

> 我脚下这条长长的死蛇，木头蛇。蛇或爪或根或秃鹫的爪子，不论……这种巨大扭曲的爪子……这种坚韧结实的海豹皮……在我的脚下一小块黑色的淤积……我是否应该认为它是一个贪婪的爪子，在地上撕扯，使劲撬开它的食物?[7]

这些形象围绕着中心现实循环，每一个都废除它前面一个，但并不比原来的更完美。连续的独立隐喻造成了一个空洞的空间，其中它们掠过的现实顽固地坚持，虽未得到表达但却画出了轮廓。这里没有努力将事物持久地固定于语言；没有设想语言是对事物的完全替代，而且，当最基本的召唤力量、文字和名字最后的根基崩溃时，它的整个结构也就开始破碎：“我徒劳地重复说：‘那是一个树根。’——这说法不再**适合**。”[8]现在甚至形容词

也不再有用：单个词的单一性是错误的，事物的性质不可能如此划分成小的单位，客体开始完全脱离所有的语言：

> 猜想：那就是所有这些声音和气味和味道。当它们在你面前像受惊的野兔一样全速奔跑时，当你没有太注意它们时，你仍然能够发现它们简单而确定，仍然能够相信世界上有一种真正蓝色的、真正红色的东西，就像真正的杏仁味或紫罗兰气味一样。但是，当你更仔细地观看时，舒适安全的感觉开始被一种不适替代：颜色、味道和气味再也不真实， *106*
> 再也不完全是它们自己而又只能是它们自己。最简单的、最不可分割的性质总是比它应该有的性质更多，超出它的核心性质。那里的黑色，在我的脚边，似乎并非黑色，它更像是某个人想象黑色的混乱的努力，这个人从未见过这种黑色，也无法缓和他的想象，他想象一种只是充溢着颜色的模糊的存在。[9]

我们发现我们几乎回到了自己的出发点，直接面对一种绝对不同于意识的存在，它不会进入文字，语言掠过它的表面而没有抓住它：在这恶心的时刻，事物变成了它们最终的现实，即彻底的他者性。

唯一的不同是事物——树根——已经被呈现出来，它已经以某种迂回的方式进入语言，已经获得某种著名的、固定的片段的地位。神秘主义者发现，语言可以从它自己的毁灭中构成，而上帝——最难以表达的实体——至少可以通过否定加以限制，即“不是这个，不是那个”。树根对上帝的优势是更有形体，但对它的呈现同样也是否定。作家不是朝向直接的成功；不是拿起他所掌握的不充分的语言工具，抓紧它，利用它，直到通过某种奇迹事物成功地永远固定于文字；也不是像早期的实验者做的那样，

暗中相信纯发明的力量。作家抓住的是一种间接的方式。他允许这种语言从一开始就表明它的失败，大方地揭示所有对事物片面
107 的、不完善的阐述的崩溃，企图以大量片面的方式接近不可表达的东西，最终造成一个不在场的东西出现在我们眼前。无法达到的客体**就是**这种不在场的东西，它在那里，实实在在，在语言的面纱后面。了解到关于事物能说的一切是多么错误，多么不完整，我们便尽力达到事物本身。

但树根只是一种个体的事物，它处于与所有事物的关系之中，与它们非人的存在的关系之中，就像一个实例与一种观念的关系。当我们接近纯粹的存在本身时，造成树根于我们眼前出现在文学里的那种智慧的解释就不再成为问题。我们已经看到，这种单一的范畴在对立面的帮助下何以能够引发一整套形象，或一种神话。但是，如果没有它的对立面，它就像纯粹的虚无一样没有色彩，无法接触，按照黑格尔的看法，对立面既是它的补充也是它的等同物。我们记得《存在与虚无》中三个少见的句子："存在是在。存在在于它自身。存在就是它是什么。"[10]它们表明，对于这种庞大的实体，那是语言所能表达的一切。语言再次显示出完全无能为力。存在的经验之主观关联物，或者罗冈丹在它之前所体验的恶心，都不足以完成展示的工作：只是描写这种反应，避开关于事物本身的努力，将再次使我们处于印象主义当中。

但是，正如我们看到的，存在也"是"**事物**。存在的空虚之处突然开始充满大量不确定的形式，它们群集在一起，互相招呼，互相挤压，倒下又涌起；突然语言又有了它的主体问题："一切事物都轻度地、温和地沉湎于存在，像疲倦的女人喜欢大
108 笑并以湿润的声音说：'笑对你们很有好处。'她们在彼此面前伸开四肢，毫无保留地相互坦承她们自己的经验。"[11]个体的客体

逐渐呈现出人性的意义；在保持它们的静止、它们的实在性、它们那无法达到的存在的核心的同时，它们被使用，被置于运动之中，被同化到语言和主体性并达到反映主体性的程度。现在再没有什么意义：意义是人类的；与纯粹的存在面对面就是发现那种回避所有主体性、所有语言的“事物”。然而，在这种最后的语言张力中，当它竭力追求绝对的他者，绝对的不可表达，并以一种黑格尔式辩证的回旋依次成为它的对立面时，这种想使自身成为非人性的语言突然转变成类似猥亵的人性。

这是事物呈现的高潮。最后事物完全进入语言的转换在这里变得非常明显：由于它们自身失语、顽固、不可接触，它们必须通过一个人性化的过程暗中进入，它们必须使用那种绝对不是它们的语言（即意识的语言）来进行表达。这其中的关键论点并不是那种明显的拟人说的论点：

> 它们并不是**想要**存在，只是它们迫不得已，如此而已。所以，它们全都像平时那样继续默默地、毫无热情地行事；活力通过沟渠慢慢地、不甚情愿地升起，树根缓慢地扎进地下。但在每一个瞬间，它们仿佛都准备彻底放弃，停止生存。虽然又累又老，它们还是违背自己的意志继续生存，这完全因为它们软弱得死不了，因为对它们来说死亡只能来自外部。[12]

这里所说的客体事实上是活的有机体，因此归之于它们的感情沿着一条已经部分挖开的沟渠发展；但我们只能回忆《墙》里那些非有机的客体，它们似乎已经“退了回来，小心地保持它们的距离，像人们在灵床边谈话似的”，以便确保这种人性化不依靠事物本身任何类似生命的东西。 109

有时候，最微妙的阐发是最危险的：它们非常接近客体的本质，以至于我们把它们整个吞下，随之而来的是它们所包含的那种轻微的客体变形；但它们不是努力使树根的颜色逐渐改变，使它最终完全适合客体，并由此暗指诸如颜色之类的东西确实以一种纯自然状态存在。它们已经放弃了整个范畴。所以，这里事物的极端人性化是唯一不会歪曲它们的阐发：我们知道它们不是人性的，它们是绝对非人性的，而这种言过其实的情况足以使我们不会把它弄错。如果所有的语言都是对客体的设想，如果所有的语言都是一种人性化，那么唯一安全的阐述是那种把人性化推向荒诞的阐述，是那种标明并宣称自身是明显歪曲因而不可能造成伤害的阐述，而在它背后，在这种骇人、突兀的人类面具背后，非人事物的存在使它的存在能被感知。显然，这种文学的解决方法，这种对其反应的问题，都依赖世界分为两部分的基本分裂：只有在一个事物与意识和语言分离的世界上，才必须使事物突变为它们的对立面，然后才能被呈现出来；只有在一个语言必须把残酷的真实性人性化的世界上，那种真实性才会在对它过于人性的
110 的表达背后迂回地得到说明。

但同样明显的是，语言与意识本身有一种更特殊的关系，现在仍然有待于发现，语言对人类现实的描写是否能够更自然地发生，不受那种把事物置于范畴之外的神秘对立的影响。

[注释]

[1] *Situations I*, pp. 32-33.

[2] *Le Sursis*, p. 21.

[3] *Esquisse d'une théorie des émotions*, p. 41.

[4] *Le Sursis*, p. 21.

[5] Ibid., pp. 274-275.

[6] *Saint Genet*, pp. 249-250.

[7] *La Nausée*, pp. 163-164，167，169.

[8] Ibid.，p. 164.

[9] Ibid.，p. 165.

[10] *L'Etre et le néant*，p. 34.

[11] *La Nausée*，p. 162.

[12] Ibid.，p. 169.

第三部分　人类的现实

113 意识最特殊的表现形式是“我思”（cogito），它是那些少见的、专业化的思想之一，而且闻名遐迩。在我思里，意识仍然是**关于**某种外在于它的客体的意识，但同时也是关于它自身突然的、盲目的意识。因此，这是意识最接近自足、最接近与自身同一、最接近它存在状态的地方。我思是反省自身的思想，但它是一种纯粹的反思：我们的自我意识突然照亮我们思想中所有黑暗的角落，完全揭示我们所想的东西；它不像某些其他性质的反思，其他的反思旨在隐蔽它们背后未表达的某种意图，使我们认为某种动机本身是完整的，是我们整个的思想。因此我思是一种永远检查我们自己的可能性；萨特的哲学无疑是对海德格尔的回应和补充，是对他的矫正，没有他又无法想象（几乎所有哲学著作与它们最近过去的哲学都有这样一种关系），他的哲学不同于相当玄奥的前辈，他坚持把每一个个体的细节与意识相联系，坚持把这些细节置于我思的监视之下。事实上，我们的出发点必须是我们独特的、个人的、独立的意识；我们不可能跳跃到一种像世界那么大的思想，忘记这种巨大的存在是通过我们自己的主体性传递的。

但我思本身是一种可能性，其基础是我们意识的一种更深刻的结构；它发生的条件是，在所有的时间里，萨特所称的预先反
114 映的我思都发生作用，即一种自我意识总是能够通过正式的我思被反映出来并成为主题，但它本身并不是反映。这里的意思是，甚至在行为自身内部，在我们的意识与事物一致的某种计划当中，也仍然存在着一种自我意识，否则，在这些行为的时刻，我们会面对一种意识不到的意识。然而这种更基本的自我意识决不是真实反映所再现的那种行为的中止；也不是那种狡猾地分开的意识，即我们行动同时又从我们的眼角观察我们行动。我们总是意识到我们自己和我们的行为与意图，但我们并不总是**知道**它

们。主题化的知识是反映的结果，从我们自己的意识到我们自己的知识的转变并不总是确定的。我们总是意识到我们行为的潜在意图，但我们并不总是想对自己“承认”它们：当我们开始考虑它们、反映它们时，由于我们自己连续的意识已经同意，我们便不考虑那些部分；我们的反映是不纯的，我们欺骗了自己，虽然在这种奇怪的、隐蔽的意识里，我们总是意识到在那样做。正是通过意识的这种结构，萨特才能够说明精神分析的事实和发现，而无须诉诸不能承认的无意识的前提：前提再无必要，如果放弃它，也没有任何本质的东西被放弃。甚至把隐藏的动机和情结揭示出来的精神分析的做法，仍然是一个发现的过程；它是唯一漫长的努力：努力实现我思，努力找出我们一直暗中思考的究竟是什么，努力把我们行为的那些隐蔽的原因主题化，因为为了实现这些行为，我们必定已经以某种方式意识到它们。 115

这些意识形式不仅处于哲学研究一开始的出发点，不仅是所有更复杂的思想发展的基本结构，它们还处于语言本身的基本点。例如，我思就使一种复杂的命名辩证开始运作。它必须被命名，因为它并非真的具有内容，不可能被描述“我思故我在”这种程式，是某人企图把本身不是文字而是无言的“实现”的东西变成文字：它是我们自己一种突然的意识，非常直接，对文字太快，非常空洞（除了它每次出现时都发生变化的内容），没有可以让文字抓住的实质。换一种说法，比如“处于最纯粹状态的意识”，那就会重复命名而失去过程的本质，但正是过程把这个时刻与其他所有的时刻分开，并坚持自己绝对独特的特征。可是，有了名称，我思就变成了一种历史经验：某种笛卡尔有的东西，其他人也时时有过，这种东西拒斥文字，但却可以测定其时间。这种说法无助于我们，现在如果我思在我们头脑里发生，我们不可能肯定它真的就是某些时候在那些哲学家头脑里发生的相同经验。我们可以给它那个名字，但我们永远不能肯定我们指的是他人也有的相同的东西。或者，我们站在它之外，把它看作一种非常独特的、特殊化的经验，而我们意识不到自己在生活过程中可能每天都在做它。这种不可表达但可以命名的辩证似乎有些
116 夸张；然而事实仍然是，仅仅命了名的我思是萨特哲学中无言的、未经解释的核心，尽管在其他方面解释非常丰富，对文字的力量也极有信心。这种情况仿佛是那种出发点处于围绕它建构的语言结构之外。

更基本的自我意识依赖于更早的名字：它被称作“预先反映的我思”，而无言的中心依然存在。或者，通过它与非它的关系对它进行限定：它被称作一种“无立场的”、“无规定的”意识，以便区别它与假定自身是内容的意识，区别它与反映的意识。或者，在语言的最后摇摆中，它被称作“自我的意识”，以便区别它与本身就是反映的直接“**关于**自我的意识”。无能的语言受到语言外的标记的支持，这些标记就像标点，它们并不强调语言中已有的东西，而是力图以它为基础进行改进。那种试图直达这种意识深层结构的镜像，或表达“反映过的反映”（reflected-reflecting），只有在它放弃自己的情况下才能奏效。这种对意识性质的直接攻击最危险，因为它可能为我们提供一种稳定的形象，可能给我们留下一种关于意识“性质”的僵化“理念”，即它划分为两个相互影响的部分，这样就完全歪曲了它开始阐明的东西。因此，文字在这种境遇里是无用的，除非我们已经知道它们代表什么：它们不进行表达，它们只是**代表**或命名。

从这种辩证里，从无法表达的意识的性质里，产生出一种重要的哲学方法。我们给予意识的单纯名字，例如“我思”，并不是多么危险，因为它们被作为空洞的名字提供给我们：我们知道
117 我们必须进行某种跳跃才能进入它们内部，我们才能了解它们本

身是多么无能。除非我们必须已经以某种方式理解了它们，如果语言真正要表达意识，那就会出现危险，因为那时我们可能做出太多的结论，产生误解，并且假定既然意识“是”这个或那个，那么它就是“存在”。意识不可表达，因为它不是某种事物，因为我们关于它所说的一切都会造成它像是事物的结果；甚至把它称作“不存在”或“虚无”也会使它显得僵化。因此，我们可以从这种境遇得出一种否定的好处：一种批判的工具，用它来检验关于思想的阐述。意识或它的思想永远不是事物；这种对“事物化”（thingification）的禁止是萨特主要的批判武器。例如批判早期形象理论的《想象》一书，它自始至终都是检验不同的理论，看看它们是否把形象变成一种事物，一种“意识的内容”，或者任何情况下的一种意识的“事物化”。

但是，这种批判的工具不一定局限于哲学著作；它是一种使个体的细节突然与这个世界的核心问题发生关系的方式，而核心问题是事物与意识的绝对分裂。正如当我们审视事物时，人性化和非人客体之间的张力不可避免地迫使我们注意它一样，现在也正是“事物化”的程度，它的缺席或回避必定通过某种努力引导我们去发现人类现实如何进入这种语言。

第六章　思想的剖析

118 除了因某些受限制的形式，例如第一人称叙事，小说的现实不会与人类的现实（即它的主题）完全一致。小说的主人公行动、忍受、思考、感受；他总是处于某种境遇之中，但因为他处于**其中**，所以他不会把它体验为某种与他自己分离的东西。对他来说，境遇只是事物呈现的格局，它们的出现是为了迎合他走向它们。真正能够把境遇与其中的人分开的是我们，我们能够有选择地把内容视作一个人或者一种社会形态；然而我们自己的这种区分是抽象的，它不是我们阅读的部分现实，而是我们阅读之后才出现的现实。

因为在阅读期间我们也卷入细节，而正是这种差距使小说作为一种形式与史诗区分开来，例如，它的内容是简单的、静止的。史诗具有复杂的修饰，但我们认为那就是修饰，并且为了直
119 接面对叙事的主线我们不考虑这种修饰。在史诗里，境遇的理念，对于境遇的理念，它的观念，通过具体的境遇表明自身：我们不一定要经历一种充实连续的时间，而是要思考一些宏大的姿态，两个斗争的巨人，抚慰的庞大之手从宽大的衣袖里伸出，魔鬼撒旦在世界的边沿穿过黑暗逃跑。词语的顺序，以及随后互相补充的句子的时间，并非在真正的叙事时间中结束，而是在头脑所保持的形象里结束，因此史诗的愉悦是一种在视觉构思中获得的愉悦。

另一方面，那些因情节少见的完美或精巧而受到赞扬的小说，一般也是极其复杂的；但我们的赞扬却是因为深深地卷入了

一种导致几乎不曾期望共鸣的计谋，而且在作品的最后才发生。无论如何，这种情节与制作完美的戏剧相似，也是形式发展中的一些历史时刻，并不是小说家在任何时间都可能获得的。

因此，小说的作者不可能希望把他的连续性强加给一个中断的时刻，因为在那个时刻境遇本身可以得到理解；当他的人物退后反思自己的境遇时，这种反思本身变成了境遇的组成部分，本身就是细节和内容。尽管如此，经常有一些时刻让我们普遍觉得境遇是一个整体，不是用一种静止的、史诗的目光，例如，把境遇看作一个庞大松散的链条，一个从枷锁到自由的转变过程，而是用一种对境遇性质的敏感，一种对境遇的间接观念，通过某种独特的事物，以其被经历的方式反映出来。因此，当布鲁奈和维卡里奥从牢营逃跑时，他们没有时间停下来反思他们面对的问 120
题，但在行动当中他们经历了一种新的对世界的安排："有两个夜晚：一个在他们身后陷落，巨大狂暴的一群现在软弱无力，另一个优美、合作，在铁丝网的另一边刚刚开始，一片黑色的光明。"[1]这种对世界、对夜晚的感觉是其客观结构的一种观念，因为我们已经看到在对个体事物感知中的情形：通过对夜晚这种明显的审美理解，那两个人记录了他们离开的地方和外部世界的区分——他们离开的地方是其他囚犯的敌视，一种人际之间存在的敌意，甚至在其他人都熟睡时也不知不觉地出现；而外部世界是他们马上要面临一种新危险——一种客观的危险，这种危险在于他们把事物串起来的方式，包括跨越障碍，穿越非个人的危险区域。在这个新的世界里，黑暗本身发生了变化，变得不是充满危险，而是使他们可以躲避敌人，变成了一种在他们这边的黑暗。然而，所有这一切并不是以抽象的方式传递的，并不是说"铁丝网的另一面一切都不同"，而是以夜晚本身发生的事件传递的：复数形式把这种明显是无处不在的、不可能地方化的一天中的时间变成了一个单位，它不再是**夜晚**，而是**一个**夜晚，两个夜晚，两种不同类型的夜晚—事物。通过使一个与另一个对立，第二个夜晚不知不觉地变成了第一个的对立面：事物不再在夜晚被吞噬和消逝，如像在真实的黑暗中那样；它们在那里，道路、障碍，全都像在白天一样清楚，除了这灯光非常黑暗；夜晚已经变成一种看不见的白天。因此，通过揭示性质，境遇本身间接地得到了说明；不过，对性质的感知之所以可能，完全因为存在着两种性质，它们的对立使彼此成为焦点，而境遇—实体出现的这种少见的时刻，
121 只有在从一种境遇到另一种境遇的转换中才可能存在。只要主人公处于境遇之中，无论多么难以容忍，他们都过多地介入细节，过多地忙于对每一个个体现象做出反应，因而看不见境遇；但是，随着他们进入一个新的境遇，他们就能够暂时停下，转而测评马上要放弃的整个旧境遇。

在这种时刻，境遇被感到像是时间，像是可以从性质方面表示其特征的某种事物。它不是被看作一系列静止的问题，可以在其中选择一些排除另外一些，而是被看作具有某种感觉的连续性：彼此接续的时刻像快速跳动的心脏一样急切，或者这些客体本身长时间的毫无生气，世界像吸干了血的脸一样苍白，或者某种固体有待于塑形或打碎。事实上，时间是小说家运用的主要工具，他以此赋予境遇性质一种间接的感觉，取代他不敢直接描写的境遇特征。时间以某种方式高于叙事的内容，超越所有连续不断并一定构成它的细节变化；在某种意义上这就是作家的风格，通过某些时间变化的帮助和注意不同的时间节奏，我们已经能够抓住这部作品中某些经过特殊塑造的境遇。

但是，通过时间变化理解境遇变化，与从内部通过时间感的调停感受单独境遇的本质，这之间存在着很大的差异。在境遇内部，不再有任何对照发生作用，而时间可能失去它的超验性质，

变成关于它自己的内容：

> 奥黛特闭上她的双眼。在持久的炎热里，她躺在沙滩上：那是她童年的炎热，当时他闭上眼睛，躺在同样的沙滩上，假装是在一个大大的红蓝火苗里面的一条火蛇。同样的炎热，同样潮湿的泳装的抚摸；几乎像是在太阳下轻轻地蒸煮，脖子后面沙子的烧灼也和其他年份一样，她消逝在天空、大海、沙子里，她再分不出现在和过去。突然，她坐起来，睁大眼睛：今天，有一个真实的现在；她心里存在着那种焦虑。[2] 122

我们几乎难以辨认通常那种非常简单而熟悉的记忆过程；它通常在头脑里发生，但在这里，世界似乎在为奥黛特记忆：炎热突然和几年前一样，不仅仅像几年前，而是完全一样的炎热。人类的结构，时间的动物，突然表明了一种预想不到的柔韧适应：过去不再不可改变，动物的时间可以像钟表倒拨一样回置，奥黛特能够突然发现真的又回到她的童年，直到她重又发现自己“实际上”处于现在。然而，这种从过去觉醒进入现在，并不是从旧的境遇转换到新的境遇：对奥黛特的过去的坚持，她完全生活在现在的困难，本身就是她的境遇，但它不是通过对两种时间性质的敏感性表明，而是通过一个单独的、正好是暂时的事件来表明。这里时间不是变成所有事件相互关联和彼此接续的方式，而是一个特定事件的主体问题；一旦这种情形发生，时间一性质可能只是变成事物多种性质中的一种性质，一种少有而特殊的性 123
质，但它被迫服务于对事物的注意：

> 我手里拿着信封，不敢打开它；安妮没有改换她的信笺，我不知道她是否还从那个位于庇卡迪里的小纸店里购买。……信封挺重，里面至少有六张信纸。我以前的女房东

> 母鸡般的乱画横跨过这漂亮的手写体："普列塔尼亚旅馆——布维尔市"。那些小的字母毫无光彩。我打开信时，我的失望使我年轻了六岁："我不知道安妮如何能让她的信封膨胀成这样，它们里面从来没有任何东西。"[3]

这些突然出现的、过去的细节不只是生动的、偶然的记忆：过去突然在瞬间以它所需要的一切复活了，包括对安妮的爱，以及不再对当下世界适用的境遇。那种告诉我们这一切的单一句子的迂回，其实是一种优美。迫使事物展现主体性，并以一种其时已展开的独特论据表达它，这种力量是通过一张纸对时间的悖论效果突然获取的：它"突然使我年轻了六岁"，这种阐述是完整的，能够免除对渐进的逗号形式的使用。

既然时间有助于这种发展，已经陷入这种不断的客体化之中，那么它就不再进行抵制，最终自身也变成它先前所构成的境遇中的事物：

> 他们已经给家里写了信，于是两天以前城市的时间又开
> 124 始流动。当军事管制委员会要求他们把手表调到德国时间时，他们急忙顺从地做了，甚至自六月以来作为哀悼的标志而戴着不走的手表的人也做了：这种含糊的时间流逝曾经像野草一样茂盛，但现在被军事化了，他们被给予德国的时间，真正胜利者的时间，那种在但泽、在柏林流逝的时间：神圣的时间。[4]

但是，围绕时间—事物而画的这条线，因它所限定物质的流动性而呈现出它的深刻性：因为时间不是事物，不可能把时间想象成一种事物，而关于实际经历的时间的借予意象，在头脑里处处想着德国时间的耻辱意象，非常令人震惊。时间变得像东西一样可以被拥有，可以被它的拥有者标记和佩戴，就像清澈的液体突然

染上了颜色。

但我们现在在境遇之内，它的整体性已经失而不见。我们不再能表示它作为一个整体的特征，我们的注意力集中于构成境遇的所有细节。因此，现在我们必须开始审视在境遇中呈现人类现实所用的不同方式：那种更可能是小说内容的大量群集的思想和感情。但非常困难的是如何把这些大量独特的“精神”事件分类，把它们归入不同的范畴，并且不会把某种预设的“人性”强加给主体性。我们已经讨论过这样一种范畴，即“思想”的范畴，并且在这些作品里发现旧的范畴也得到保留，包括它的“他想”：目的是为了再现它的词语；但我们还发现，在灵巧的叙事 *125*
当中，思想范畴摆脱了它提出并作为事物对待的旧的心理学，因而它可以在世界上而不仅仅在头脑里产生某种一致的行为价值。然而这种“法定的”思想只是最明显、最容易在境遇里分离的观点，而境遇以更微妙的方式弥漫着主观的渗透。

1. 境遇的感受

“感情”范畴至少和思想范畴一样可疑：它强推一种完整心理学，把作品的现实归纳为一种印象主义，把我们对世界的观念推回到我们自己的头脑里。然而我们可能对“感情”的概念感到不满，因为它把“感情”用作分离的、传统的实体而又不完全放弃词语。动词“感觉”事实上对阅读的思想产生一种完全不同的效果。一种“感觉”是一种表示，一个熟悉的名字依附于它：愤怒、温柔、懒惰，以及与它们等同的形容词；它把人类现实归纳为所有普遍的经验，我们依次经历它们，并从它们那里得到不再独特的安慰。但动词直接把注意力吸引到它自身，而愤怒——如果感觉到——突然开始在时间里出现，像闪光，升起又消逝。下一步是让这种愤怒完全失去它的名字，让感觉到的东西被抓住，并作为完全是历史的事物被记录下来，而这种事物必根据它自己的情况进行再现，不需要借助以前那些不同的愤怒时刻，也不需要借助一般化术语的那种启示性。在萨特的作品里，对这些新要求的感觉并非绝对必要：许多时候旧的言语方式继续被使用，并且只有一种时间安排，如“他**突然**觉得羞惭”，吸引我们的注意，
126 使我们意识到人类现实正在以一种新的方式被描写。但是，在其他某些时刻，也有更惊人的事情出现：

> 他说过：我们；他已经接受了与这个小犹太人的某种共谋关系。我们。我们犹太人。可是他出于慈善才这么做。沙勒姆的眼睛盯着他，带有尊敬的坚持。他长得很小，瘦骨嶙峋，他们曾经打他，把他逐出了巴伐利亚，他现在就在那里，很可能睡在一个破旧肮脏的旅馆里，白天在咖啡馆里度过。他们用雪茄烫韦斯的堂弟。比尔内沙茨看看沙勒姆，感到很不自然。[5]

这里，对于不需要参与的“感觉”，对于揭示出隐蔽亲属关系的烦恼和厌恶，一种特殊化的情感——也许更应该称作感受——被呈现出来：某种纯属感觉的东西，直接由毛孔感觉到的肮脏和接触。然而这种不愉快的性质没有展开和详细阐述：显然它作为一种独特的经验本身没有什么意思。它只是被命了名，我们从它出现的境遇中解读它的意义。我们觉得它可能是一种速写，直接表明那样一种含义，使我们略去不必要的细节，例如“不需要参与”之类的词语；我们也可能觉得它是一个短暂中止和努力的场合，把意义用作一种工具激发感觉，赋予这些词以我们自己感觉的生命，使这段话产生一种词语本身无法达到的逼真感觉。这种在感觉和意义之间的往返穿梭，可以从哲学方面来理

解，因为对哲学来说，感觉、趣味或对性质的意识，这些都是对感受它们的主体性的深刻象征。在对事物的研究里，我们已经看
127
到我们的感知如何背离我们，我们对某些性质优先于其他性质的敏感性如何反映出最初对存在的选择。萨特本人对那种不自然性已经做了惊人的分析[6]，而那种不自然性也是他自己作品中最喜欢的感觉之一；他对这一现象的呈现是，小心地把感觉和精神的语言混合起来，让孤立的感觉通过它所表示的各种意义而变得丰富和生动。这种呈现是间接的：它不是我们期待的那种来自某些早期现代作家的直接抨击，这些作家对语言的深刻信念使他们只考虑感觉，完全根据它本身的情况体味它，并最终发明出永恒记录它的那些词语的结合。

然而，一般说，所有这种对感觉的直接探讨都是幻觉；因为，一方面感觉只是没有理性的心理体验，另一方面它只是个名称——黏的、甜的、绿的。我们知道这些名称代表什么，因为我们已经有过那种经验；但是文学被剥夺了使我们经历从未亲自经历过的事物的可能性，并且，如果我们不以自己身体的形式储存所有这种经历过和记住了的感觉，那些名称也将变得毫无用途。另外，真正文学作品的性质不是简单地依靠这种感觉的帮助，也不指望读者把词语复活，因为词语只是句子为了使它们对读者表达某种意义而对它们的命名。因此，在所有简单的命名性质里都有某种浅薄或无效：当比尔内沙茨觉得"不自然"时，我们无法知道他真正的感觉是什么；只有一片空洞的空间，暗示产生了一种感觉，我们注意到它，尽可能想象它，然后离开。

128
在这部作品中，如果个体感觉彼此绝对孤立地出现，那么所有这一切将是真实的；但是，事实上每一种感觉背后都存在另一种更罕见的感觉现象，一种对感知范围本身的体验，在其中某一点，这部作品的主体问题完全变成了新的。在某种意义上，这种

现象是在其背景上出现的所有独特感觉的对立面：它不是真正的感觉，但要使我们知道它的存在，它必须以某种方式使我们感觉到它。在对性质的意识里，这种极端之处是对乏味的感受，此时原始性质的内容消逝了，只留下某种感觉到的事物的纯粹的空洞形式，以及真正性质带着新的光辉出现所依托的空白：枯燥乏味或“fadeur”（淡而无味），这是萨特著作中最突出的词语之一，并以个性化语言的某种预言性和启示性反复出现。

然而这种新的性质甚至难以享有名称的好处，因为“枯燥乏味”这个词有些语言的偶然性，或者说独出心裁，它代表着……一无所有。其他性质的内容出现在对语言过于重视的地方；但这里，在事物本身的性质里，根本没有任何内容。然而，体味的**过程**，力图感觉的**过程**，甚至在没有内容时也会继续进行，它以一种纯粹的状态继续，就像一个不能着地的车轮无用地空转。只有感觉不到任何东西而又指向某种东西的状态，才可能明确地再现这种奇怪的缺乏感觉，而缺乏感觉本身就是一种感觉：

> 然而他的双手放在白色的栏杆上：他看它们时，它们像
> 129 青铜似的。但正是因为他可以看它们，它们不再属于他，它
> 们是某个别人的手，在外面，像树，像塞纳河里闪烁的倒
> 影，双手被砍掉了。他闭上眼睛，它们又变成了他的：扶在
> 温暖的石头上，只有一种淡淡的、熟悉的酸味，一种微弱
> 的、几乎可以忽略的蚂蚁味。我的手：难以察觉的距离向我
> 揭示事物并使我永远与它们分离。[7]

在那个空洞的区域即他的双手之外，在不是指向那个区域而是指向双手本身感觉的意识边沿，闪烁着对巴黎桥上那些石头的感觉，那些石头多孔，温暖而多刺，像是“石头化了的海绵”。这种多刺是内容，他站在那个地方把手放在那个特殊的客体上纯属

偶然，而他试图感受它们那种纯粹的感觉；但在感觉的性质里有一种有趣的对应。因为感觉一只手在空中自由挥舞，或一个分离的感觉器官无目的地飘动，可以说是一种令人茫然的预示，预示那种沉睡顽童手脚发麻的感觉，法国人把它描写成群集的蚂蚁——其本身就是一种刺激。这仿佛是在所有时间里，在我们的身体里，那种“沉睡”的感觉，手脚发麻的感觉，都处于潜在的休眠状态，只等着使人感觉到它，类似留声机的嗡嗡声，我们找不到它，但唱片停止时就可以听见它。我们自己的身体持续存在这种令人不快而非常明确的事实，萨特称之为恶心，并在一个已经讨论过的段落里表明，何以第二位更明显的恶心或身体疾病只是这种眩晕的强化，而不是一个试图以惊人方式体现它的隐喻的 130
具体术语；因此在某种意义上，对第一位的、基本的恶心的文学描写问题，同样是一个没有内容的状态问题——表面的内容，身体的病态，只是第一种状况的明显放大，即“意识不断意识到**乏味**的感受，一种没有距离的感受，甚至在我努力摆脱它时也伴随着我，而这就是**我的**感受”。在一种文学颠倒里，世俗的物质事实虽然无助于我们抓住更无实质的事实，但却必须**通过**它并以它为背景来理解无实质的事实。“乏味”这个词表明了两种经验的密切关系，在呈现那种无味的感受时，一种相似的解决办法便开始发生作用。

我们谈到手脚发麻的感觉，当其他感觉消失，当我们试图感觉那些器官——手和腿——“全凭自身”的感觉是什么样子时，那种手脚发麻的感觉就可能出现；但这种手脚发麻的感觉还不完全是内容，还不是一种凭自身的感觉。如果我们能长时间忍受它，让它强化，让它具有充分的、真正的感觉，那么我们会发现器官已经变得麻木。这种感觉毋宁说是初露端倪、即将形成的某种东西，某种关于我们的感觉局限的东西，而不是直接感觉到的任何东西。但在这段话里，马蒂厄突然体味到他自己手的味道，手脚发麻的感觉由于外部世界而加倍；因为他手外面的石头也是多刺的，轻微的毛刺是真实的，就在栏杆的表面上，而这种实在但被刻意忽视的对桥的感觉，把手本身内部最后残存的内容吸收到它自身之中。如果马蒂厄试图进行这种体验而不摸任何东西，那么针刺感就会对他所生存的身体的纯洁或虚无造成麻烦；但即
131 使如此，他也可以认为最后残存的感觉是由被忽视的石头造成的，而他的描述“一种淡淡的、熟悉的酸味，一种微弱的、几乎可以忽略的蚂蚁味”，所有感觉到的一切都是缩小的量，都是熟悉的；而枯燥乏味则被认为是纯洁的。手脚发麻的感觉是为了吸引我们注意持续感觉的事实，而不只是虚无：这样做了之后，它会消失并使我们直接面对**关于**虚无本身的感觉。

一旦枯燥乏味或淡而无味通过这么做可以被理解，那么它本身就可以在这部作品的典型转换中变成一个主题：可以觉得它是一种境遇，一种整个世界都进入的状态，而人物拼命想打碎它：

> 眼泪？我真希望他们回来，抓住我，打我，这样我就可以拒绝再次回答他们，嘲笑他们并威胁他们。这里的一切都枯燥乏味：等待，你的爱情，我膝盖上这脑袋的重压。我宁愿被痛苦毁灭，我宁愿燃烧，决不想说任何东西，看着他们凝视的眼睛。[8]

渴求极端境遇的激情在这种枯燥乏味的背景上出现，这是对时间本身的真实感受，因为没有受到任何行动或感情的妨碍，它继续不受干扰地发展，于是我们观察它的虚无性，但根本看不见任何东西。宁愿痛苦和受刑也不要这种厌倦，因为在痛苦和受刑当中至少发生了某种事情；但枯燥乏味是对真实构成的时间的否定，是对工作自由的否定（在工作中意识实现它作为纯粹行动的

性质），而这里枯燥乏味的主题不是强调被动的继续存在（不论我们是否喜欢）的必然性，而是突出所有那些超越我们的力量，它们把被动性强加给意识并构成它荒诞的存在。

但是，已经描述的枯燥乏味的存在，对于这个世界所有其他 132
更单调乏味的感受和性质也有含蓄的意义。性质的零点总是存在的，甚至感觉到某种别的东西时也存在，这种零点的性质意味着种种感觉不再是孤立的事件，不再是激动时才发作，偶尔才被注意。从这种观点出发，世界是一个漫长的、连续的感觉流，身体的生命是一个不间断的、不断变化的趣味。因此，比尔内沙茨那不自然的感觉一定不要解读成小的细节，以为作者认为它作为一个独立的事件很有意思，而要解读为只是对身体和意识无法逃避感觉的又一次突然调整。这个插曲太小，除了获取这种素材不会给我们任何东西；在其他插曲里，它浮出表面，并开始把其他一切都挤出叙述：

> 他痛苦地吞下他的唾液，唾液滑进他的嗓子，嗓子里有一种丝一般可怕的痒痒，而他口腔里乏味的唾液已经渗出，汲干，汲干，他的思想逃走了，什么都没留下，只有一种被放弃了的浓浓的甜味，一种促进有节奏地升起和下降的欲望，轻轻地呕吐，全身平伸，靠在枕头上，啊哦，啊哦，没有想法，被世界前后翻滚的巨大浪潮涌起；他在时间中抓住自己：你不会晕船的，除非你想。他完全恢复了自己，谨慎乏味，一个懦夫，一个被蔑视的情人，未来战争的死者之一，他又回到清醒而寒栗的恐惧……他举起一只手，在空中摇摆，略带严肃的文雅。优美的手势，我睫毛的优美颤动，我嗓子里的甜味，香甜的薰衣草的气味和牙膏的气味，船轻
> 轻地涌起，又轻轻地落下；他打了个呵欠，时间慢了下来， 133
> 甜美环绕着他；他唯一需要做的就是挺起身，转到舱外，呼

吸新鲜空气。但何必**麻烦**呢?[9]

真正生理疾病的方式强化了所有这些感觉，使它们可以更直接地被看见；但是，在感觉一词旧的、有限的意义上，它们当中几乎没有什么是真正的感觉。这段话在身体意识的两种组合、两个极端之间摇摆不定。意识支配着其中之一，身体在这里被控制，按照意识的命令退让。在另外一端，正是身体以它自己的感觉开始代替思想和决定；而意识屈从于身体，除了“甜美”（douceur）这个词隐含的文雅、优美，它不再是任何东西。作品的其他时刻表明了词的魅力，以及通过词命名的情况。对这个作家来说，对那种陷入身体之内即性欲的描写[10]，从一种状态到另一种状态被描写成沉睡或突然醒来的次数[11]，这些都表明失去意识的这种时刻对小说家具有至关重要的意义，因为他的主题就是意识。皮埃尔的手势及其身体不断增加的优美性，被认定为愉快的懒散亦即身体做出的选择，都是这种逐渐渗透到有机体最后清醒之处的被动性从内部感觉的方式。但词的用途是，它可以同时表示行动（身体激动中的优美性质）和状态，在另一个感知层面上，静止的甜味一直作为他的条件不变的征象。因此，“甜美”这个词甚至在它与其他感觉的关系发生作用之前，其本身就
134 已经获得了某种强烈的神秘感觉，这种感觉永远不可能再归纳为早期那种简朴单一的感觉：它是两种这样的感觉，是它们交叉创造的区域，对我们是确定和想象一种状态的原则，而这种状态将同时是甜味和优美，不会是其他。

然而，它在这里的存在是作为许多味道中的一种；它形成存在，尔后将被消除；因为它是在呕吐之前吃的甜东西的积滞造成的。不过，我们不断地意识到它所预示的疾病在各个方面都与之对立：呕吐既不美也不甜，相反正是痛苦，在痉挛中体验。比照这种未说出的对立，甜不再是一种日常现象，它在性质上与所有

日常的甜区分开来，如巧克力、橙子、葡萄酒，它变成了某种少见的东西，一般没有甜的性质，而是一种不能命名又非常特殊的普遍化感觉：一种具体的经验，但这种经验的名字很难充分确定，必须通过它的形成过程或它的对立面的存在才能对它限定。这是非常真实的，因此，在对立面——可能是酸味引起的呕吐——使它的存在被感觉到之前，那种感觉是无名的，甚至没有甜的名字：它只是“淡而无味的液体”。它好像是其未来的存在形式，但直到它能够对照否定它的感觉确定自身之前，味道的萌生令人迷茫，它们显示出一种存在，但不能说出那种存在是什么，就像在失去感官知觉的那些飞逝的瞬间，我们不可能判断某个东西是炽热的还是冰冷的。

比照这些，描写意识本身的词语使我们觉得更明显的是修辞手法，单靠自身，它们每一个都可能变成或多或少有些敷衍和没有色彩的言语方式：僵化、枯燥、冷淡。但是它们不可能持续它们的孤立：意识——随着它开始溜走而被明显感觉到——在它恢 135
复了自身时就再不可能停止感觉。枯燥性表明，意识突然摆脱了身体液体的溢出；它把甜味变成了某种湿的东西，就像冰冷把它变成某种肉感和温暖的东西，但是反过来它又受到某种物质的影响和决定。僵化不只是表示身体受到控制的一种方式：它变成了整个身体的感觉，与消化器官即疾病突然变成首位相对。另外，这些聚集在意识一极周围的感觉彼此互相影响：它们限定一种独特的存在状态，这种状态同时被感到僵化、枯燥，被某种持久静止的恐惧弄得冷若冰霜。于是词语也倾向于失去它们作为名称所隐含的质朴性；它们不再是**一般性的**，而按照通常的用法，这种表示性质的词语必须是**一般性的**。它们共生存，每一个不是限定状态本身而是限定一种局限，因此对我们来说它们是一种生动性的标志，是实际经历的、超越任何名称的严密性；而多种性质的呈现克服了每种单一单独呈现中的单薄性和一般性，并通过语言工具本身的虚弱性，转换成了描写人类现实某个维度的一种方式。

现在，把感觉变为独特状态的这种强化一旦完成，那么这些感觉就变成叙述本身素材的组成部分，不仅可以被用于它们自身和它们自己内在的意义，而且可以用于与它们不同的事件的利益。开始时，性质只是把境遇的意义转变为更感性的新条件：比尔内沙茨的痛苦与境遇并不矛盾，但这种痛苦最终是他对境遇的预感，也是境遇的本质。然而现在，由于性质是独特状态，它可
136 能看似与境遇冲突，而这种不和谐可能被认为是对叙事时间的一种集中安排。例如，当马蒂厄看着德国士兵接近他的塔楼时，它的感觉的流动有一种“不适当性”，而这正是典型的萨特式风格，同时也是技巧高超的讲述故事的风格：

> 吱的一声刹车，车门砰地关上。马蒂厄听到说话声和脚步声：他陷入晕眩状态，有些像睡觉：他不得不尽力睁开眼睛……他陷入一种甜美；他爱每一个人，法国人，德国人，希特勒。在沉睡的梦里，他听到喊叫声，接着是强烈的爆炸和玻璃震碎的声响，然后嗒嗒声又开始。他紧紧抓住步枪，唯恐它掉下来。“手榴弹不多了。”克拉波咬着牙说。[12]

这种现在熟悉的、陷入困倦甜美的身体状况肯定有境遇方面的意义：它是弗洛伊德所称的死亡愿望，即生命体在极端紧张的时刻毁灭自己的本能，或退缩到无意识之内而不是睁开眼睛直面危险的本能。然而在另一种意义上，它只是描写所有性质与之明显对立的外在声音和暴力的方式：外部世界的力量根据这种对它的生理反应进行衡量；而通过这种奇怪的、甜蜜的懒散而听到的爆炸、机枪的快速火力和喊叫声，如果它们没有穿透任何东西，

如果叙述只是努力直接描写它们，通过它们内在的结构限定它们，那么它们远比可能的情况更加真实。

最后，针对既固定它们又使它们过于一般的名字，这种独特性质的斗争走完了它的全部行程；名称不是以多种性质彼此定义 137
和彼此限定，像前面描述的那种观念失效的情形，名称和一种感觉的特点通过错误依附于另一种感觉，孤立的感觉也完全能够由自身而变成晦涩的：

> 达尼埃尔贪婪地看着她的肩膀和脖子。那种愚蠢的顽固使他烦躁；他想打破它。他难以摆脱强烈的、耻辱的欲望：强奸这种意识，和它一起陷入谦卑的深渊。但它不是施虐狂：它是更多的摸索，更多的湿润，更多的肉感。它是善意。[13]

这种惊人的颠倒表明了达尼埃尔和他自己构建的邪恶世界的特征，其中有一些关于所有"肯定的"感觉的令人厌恶的东西。但是，作为后果，这种不知自己为何物的慈善具有纯粹否定或邪恶的力量和暴力，它失去了它枯燥乏味的道德情味，变成了一种本能，带有身体的一切本能的实在性。在这种依托读者发生作用的想象困惑里，其过程与前面看到的相对立：这里，感觉的强度和现实首先得到确立，然后被惊人地命名；此后，虚弱的、缺少启示性的性质名称结合为一种更有力、更神秘的实体。但是，感觉总是倾向于一种生理学的强度：一方面，它脱离主观性，脱离意义和象征的透明性；另一方面，它脱离意图模式的性质，即我们期望在自由哲学的语境里发现的模式，而在这种哲学语境里，感情是行动的方式，是体验世界的方式，也是选择的方式。然
而，这些晦涩难解的感觉的沉重氛围，同样也远离从感觉到纯粹 138
事物的转变：我们阅读的部分代价是努力在两个形容词之间发现

中心项，不是把它冻结成无效的认同，一种纯粹的命名，而是以我们自己生活的实质、我们自己的感情使它们获得生命和逼真性。

2. 发现意义的位置

思想变得像手势一样实在，感觉强化得像密集的大气，尽管事物被凝视时可以揭示出主体性，但它们也在某种顽固的敌对或不可归并的合谋中联合起来：这个世界上的一切事物似乎都朝着严密的存在发展，它们可能挤满虚弱的抽象语言以及由此产生的简单理解。然而它们仍然以某种方式在继续：我们已经注意到，一切旧的、普通的价值判断，所有早期的、在高压地区应该毁灭的道德智慧的词汇，都奇怪地残存下来。

有一些把这些词语偷偷带进叙述的方式：

> “我说了，你想喝多少就可以喝多少，”马蒂厄喊道，“我根本不在乎。”他想：“我现在唯一要做的就是离开这里。”可是他拿不定主意。他俯下身，呼吸着他们醉酒和忧伤散发出的浓重甜味；他想：“我能去哪里呢？”他觉得头晕。他不怕他们——这些失败者把他们的失败喝得一干二净。[14]

这段话充满活力的核心是醉酒和忧伤的统一。一些少有的修
139 辞——马蒂厄的头晕（它像单独的感觉，可能变成抽象的）和“失败的渣滓”的形象——被纳入叙述，并在那种统一被确定时变得明确。因为忧伤不只是这种醉酒狂欢的原因和意义：当马蒂厄从他们的呼吸中闻到酒味时，那不单单是一种味道，而是他所理解的忧伤，就像有时候瞥见一个特别肮脏的房间，虽然什么都

没想，但我们也会立刻感觉非常不愉快。那些人的不幸不是一种孤立的存在，而是必须在整个拥挤的境遇中被置于某个地方的一种解释：它是境遇的情调，较长时间分离出来是为了获得一个抽象的名称，但它仍然保持着与感觉的现实的具体联系。

这种抽象和感觉的事实之间联系的可见迹象，通过语言把彼此很难形成任何有机关系的两种存在联结起来的结合，都是明喻性的修辞。但是，在这种明喻的现代复活中存在着一种暴力：不像古代明喻那样，它不允许每一种存在发展自己独立的生命，它只是增加一个不同性质的第二项而不承认第一项的发展，只是简单的句子。“他站起来，走过去挨着她坐下，抓住她的手。一只柔软发热像是信任的手：他握着那只手，没有说话。”[15]达尼埃尔和马塞尔之间的整个场景是一种交换，一种对信心的缓慢激发，默默交谈的亲近感逐渐在房间里积聚，并在此刻开始强化：马塞尔就要放弃他的抵御，秘密马上就要被揭示出来。感觉手上的温度同样具有意义，那是一个明确的表达，就像某个人脸上踌躇的神色一样。温暖和柔软不再只是境遇的附属物，或者只是必 *140*
须填充现实的细节，它们有些含混，可能是房间的温度引起的，也可能是马塞尔的身体条件造成的：明喻修辞限制了它们的意义，同时也赋予它们某些在戏剧中逐渐确立的那种手势的力量。然而，如果从抽象项的观点出发回顾这种含混的存在，那么对于这个时刻，对于在那个特定时刻抽象应该停止、表明那种特定的感觉、使自己依附于这里的事实，仍然有某种说不清的东西。

正是在《苍蝇》的语言里，我们发现这种明喻修辞明显地增多，但它们当中许多只是想表明剧本的史诗性质：“她的脸像是被闪电和冰雹蹂躏过的田地。”[16]这种空洞、修饰性的明喻传递某种确定的庄严风格，而其古老的声调确认了我们关于这种表达方式基本过时的印象，亦即任何对明喻的现代用法都可能以古老的表象不成比例地掩盖某种意图。在《苍蝇》里，一种不同性质的现实不断从旧形式下面出现：“这种脸色烙在你的心里，看不见，非常纯洁，比记忆的脸色更加持久不变。”[17]在这种描写鬼魂对阿尔戈号上的人们的影响当中，有一种摇摆不定令人惊奇的同义反复。因为鬼魂并不存在，它们被活人赋予生命，并用不可改变的、全都仍然是关于死者的记忆抚育它们。其中以比较（“更加持久不变”）所做的掩饰推迟了明晰性的突然出现，因为阿尔戈号上的人们觉得那种脸色对他们**就是**一种脸色的记忆；使
141 活人良知不安的那种充满责备的凝视，通过奇怪的仪式获得生命，从记忆中投射到现实世界，并以它所有的原始力量被重新接受。实行比较方法的成效是使作者以两种迥然不同的方式阐述他的现实：因为鬼魂并不存在，现代读者得到的是一种对现象（“对脸色的记忆”）更明确、更满意的把握，而它在舞台上对人们呈现的神秘外貌仍然伴随着它，其权威性没有任何削弱。

因此，明喻形式的出现只是一种掩蔽动词“to be”（“是”）的力量的外表：“他疲劳又不安，在黑暗的屋子里，他总是看见面前一只打开的箱子，箱子里柔软的钞票散发着香气；它像是悔恨。”[18]比较中的第一项的不确定性——是箱子像是悔恨还是看见这个迷人形象的整个过程像是悔恨——再次遮蔽了同义反复，再次推迟了以**像是**悔恨的陈述代替**是**悔恨的断言的时刻。我们已经看到，这种观念的发展通过动词“to be”达成阐述的高潮如何具有哲学著作的特点：动词“to be”对推理具有一种修辞印记的功能，而推理似乎并不适宜叙述。然而，无论它是什么形式，这种一个客体对一个抽象意义的等式，在现象学分析的世界里都变成了自发的和自然的，其中现象是可以理解的，对客体的分析不会对客体增加任何东西，只是说明并阐发客体对意识一直具有的潜在意义。这种哲学不依靠证明但依靠认识：它的语言试图尽可

能精确地记录事物本身发出的微弱震颤，记录正常的耳朵模糊地 *142*
意识到但又立刻忘记或忽视的声音。这种对事物和对将会固定它们意义的语言的关注，变成了哲学和文学共享的基础。

因此，旨在联结意义与其客体的动词方法，只是对事物及其可理解性的整体态度最明显的征象，有时还是最尴尬的征象；在一个事物本身是一种可理解的语言的世界上，少数分散的抽象词语并没有失去它们的地位。

3. 精神内部

近些年来，作为一种理想，小说的结构已经接近完全的行为主义：抽象的思想或意义或关系（“他对她的爱有这种奇怪的特点，即他一直努力”等等）被认为只是方案，是工作的原则，本身不再是充分的。带着对具体的、存在的、不可简化的事物的激情，小说家极力撇清这种明显的评论，而在一种独特的姿态或一种独特地说出的句子背后把它表现出来。这可以说是写作史上的进步，可能是过去的文学和过去的阅读使现代读者感到疲劳的重压造成的，现代读者需要更充分实现的、尖锐的和具体的句子。

另一方面，非常明显的是，意识仍然是作家必写的最有意思的东西，而呈现的姿态，听到的言语及其确切的语调，并没有穷尽人类现实的戏剧。在单纯的感觉所及之外，仍然有一些“精神
事件”。思想是一种精神事件，但它只是多种精神事件之一；有 *143*
时候，某种意识还没有达到一种完整的思想状况，其中未被确定的东西使它的存在于舞台上显得并不比精神本身重大：“在我面前，有一种丰富、乏味的理念显得有些松散。我不知道它究竟是什么，但我不能看它，它使我觉得非常恶心。所有那一切在我的头脑里与梅西埃胡子的香气不知怎的混合在一起了。”[19]对于这

种奇怪的观看和相当普通的感觉，任何可以设想的阐述至少包含一种潜在的分裂，把思想分裂成一些部分："某种催促我注意的东西"把分裂凝结成平凡的事物，一种说话的方式，它微妙地把你的注意力从独立精神作用的概念移开，而精神作用仍然持久地存在于句子的架构之中。但这里的过程处于开放状态，它不会停止，而是继续朝着某种阐述发展，哪怕是更加具体："那种想法又回到我面前，等待着。它蜷缩起来，坐在那里像只大鼠：不解释任何东西，也不激动，只是说不。"[20]这种想法，这种对不存在任何"冒险"之类事物的认识，罗冈丹暗中早已知道，但没有对他自己承认这点。不过，随着他越来越接近承认它，他思想中的客体也越来越"具体化"，并且使它的存在被更加强烈地感到像是某种事物的存在。他刚一**知道**，拟人化就消解了，再没有拟人化的理由，精神与它的思想相一致；但直到那时，这种奇怪寓言的实质仍然是一种提示，它提醒我们：我们可以知道但不会真正知道；有一个意识层面，它没有被主题化，也没有直接进入反
144 映的精神。这种解决办法对我们并不陌生：从基本相异的方面表现出来的经验，其表现方式过于夸张，以至于我们不可能被它吸引，事实上，与我们已经提出作为替代的那种有约束的、暗示的阐述相比，我们更不可能被这种把思想作为一种事物的粗糙处理方式所误导。

但是，这段话里拟人化的力量并不太依赖于它对待思想的方式，而是依赖于在思想—事物和直接了解的透明性之间确立的对照：拟人化的效果并不稳定，它通过过渡的发展产生，通过完全可以在相反方向运作的两极之间的对照产生：

> 伊维克仍然什么都没说。
>
> "她在评判我。"马蒂厄恼怒地想。
>
> 他躬身向前；为了惩罚她，他来回移动紧闭着嘴的双

> 唇；他非常固执；伊维克依然什么都没说……“那好，”马蒂厄想，“无可挽救。”他拱起背，希望他能够消失。一个警察举起警棍，出租车停了下来。马蒂厄直视前方，可是他看不见树林；他在看他的情人。
>
> 这就是爱情。**现在**这就是爱情。马蒂厄想：“我做什么啦？”五分钟前这种爱情还不存在；他们之间有一种罕见的、珍奇的感觉，某种不可名状的东西，手势也不能表达。他走过去做了个手势，一种他从不该做的手势——无论如何他都不想做的，可恰恰做了。一个单独的手势，这种爱在他面前便具体化了，像是一个已经变得相当俗气的、巨大而令人不安的物体。[21]

这种感知靠的是语言，它使两人之间某种心照不宣、无形的关系突然凝结成一种东西，一个马蒂厄的眼睛盲目地朝前看时可以注视的物体。感知不同于“陷入爱情”，甚至不同于认识到一个人正在恋爱，突然发现了“爱情”这个词来表达他的感觉，相反，它是从马蒂厄和伊维克之间一种罕见的、完全个体化的感觉转变成一种早已标准化的状态：它的陈词滥调和老生常谈，它那种说明行为的名称像是动机，它提出参与某种事物的感觉非常普通。把感觉拟人化成一个名字与这种转变成一种日常事物的情形是一样的。 *145*

如果我们可以把这种新的寓言归之于精神分析著作所用的精神分裂——其本身就是复杂的寓言片段——那么它会以某种方式成为对称的；毫无疑问，精神分析发现的现实也是创造这种新语言的部分原因。我们刚刚看到，在深刻的、未被主题化的意识与关于我们“真正”想什么的反映意识之间，其区分如何能通过拟人化表达自身。然而，精神分析的寓言旨在用作科学的前提，作为新的认知范畴和新的事实；这些叙述的寓言具有不同的功能：

> 他握紧拳头，在他的思想里，他以一个成年人、一个中产阶级成员、一个有尊严的社会成员和一家之长的严肃性，说出了这样的话："我希望和马塞尔结婚。"废话！只不过说
> 146 说，完全是徒劳幼稚的想法。"那只是，"他想，"又一个谎言：我不需要任何意志的力量去娶她；我唯一要做的就是顺其自然。"他合上电话本，沮丧地凝视着他被打碎了的尊严。突然，他觉得他可以**看见**自己的自由。它在他所及之外，残忍，年轻，像优美似的变幻莫测：它命令他明确地抛弃马塞尔。它只持续了一瞬间；他只是尽力瞥见了这种莫名其妙的像是犯罪的自由：它使他害怕，然后它又远去。他仍然死死地停在自己这种过于人性的决定上面，停在过于人性的话语上面："我要和她结婚。"[22]

在这个时刻，似乎出现了一种看不见的界线，一个人在使自己做他认为是他想做的事情的节点冲破了界线，出了一身冷汗。这个时刻是看见说"不"的"我们那个部分"的特殊机会，是感到我们最初选择的范围的特殊机会，或者，如果人们愿意，也是感觉无意识的深刻抵抗的特殊机会。正如价值在它消失的时刻证明最可能被直接理解一样，这里的选择最终也成为最容易根据其范围来衡量的某种东西。但是，对意识的这种理解本身就是意识；它不只是对那种情况的理性解决，因为我们不可能使自己实施以上所说的那种行为，那种行为一定有关于我们整个生活和个性的深刻象征意义：那将是一种对现象非常间接的解读和解释。不过，这段话提供了一种意识的直接经验，突然扯开面纱让我们看见我们一向知道的东西，使我们不仅认识到我们不会做它，而且认识到我们一向知道我们不会做它。

因此，这段话中的自由一事物不是一种封闭的、死的实体，
147 像在精神分析的象征主义中的无意识 X 那样。它呈现为非人的东

西，远离马蒂厄决定中人性的东西，某种使他感到害怕的非个人的东西。但是，这一实体只是构成这段话所涉及的多项中的一项；我们不能自由地单独从中抽取含义，而无视它与其他构成经验的因素相互作用的方式。因为我们甚至不能辨认经验，它不会对我们变成活生生的或者有机的，除非在对它的阅读中我们从这种自由—事物返回到意识本身的现实；除非我们把这种拟人化重新转变成意识的实质，并且不把它看作一种独立的实质，而是看作一种微妙的、间接的方式，马蒂厄现有的复杂经验必须以这种方式加以呈现。拟人化允许记录经验，但唯一的条件是我们在阅读中消除它：精神变成片段和事物，完全是为了把它更确定地作为精神、作为个体意识固定下来。

4. 问题—词语

但还有其他的抽象，它们既不表示人类现实中发生的精神事件，也不表示从外部和上面看到的境遇的意义：它们不是小说言语的内容，而是小说中人物的言语及其反映的内容。人物并不总是谈论和思考战争、生活、和平和自由；但如果他们这么做，那么小说就面临一系列特殊的问题。这类词语以及它们产生的思 148
想，具有与叙述不同的结构；叙事的细腻肌质很容易被笨拙的反映和“思想”的段落破坏，或者具体的行动可能被归纳到说明或作为例子确认一种思想的地位。这里更奇怪的是，既然有哲学家的小说，而他可能以自己哲学著作推理的严密结构反对速写式的相似，怎么会有这种孤立的“思想”点缀所谓的哲学小说？这些“问题”的真正名称几乎是一种妥协：它们本身表示问题—单位和思想，而后者又是对它们的解决方法，或以一种对真实思想的双重标准而存在的庸俗化；它们与旧的道德判断（例如勇气）相联系，并与在一种基本上已经抛开它们的作品中继续存在的旧的道德问题相联系。

真正的孤立，或这些问题以大写的名称所要求的那种真正的自足性，暗示着一种与直率思想有些不同的发展：

> 一个生命。他看看所有那些绯红的面孔，那些正在滑过软软云彩的发红的月亮："它们全都有生命。每一个都有。每一个都有自己的生命。它们展开，穿过夜总会的墙壁，穿过巴黎的街道，穿过法兰西，它们跨越、交叉，它们全都保持着充沛的个性，就像一把牙刷，一个刮脸刀，那种你不会外借的个人效果。我知道那种情形。我知道它们每一个都有自己的生命。我不知道的是自己也有生命。"[23]

既然生命是一种观念，不是某种直接感觉到的东西，而是人们通过观察他者的生命和认识自己明显无限的主体性也有某种外
149 表所形成的一个概念，一个可以贴上标签并加以描绘的现象，那么这种唯一可以间接接触的生命—观念直接有助于作为事物的描写。这里对意识的事实没有实施任何暴力，因为不涉及任何暴力：观念只是滑下把它与形象分开的狭窄坡道。因为生命是意识的外部形态，它在意识本身消失之后仍然可以存在：

> 她死了。她失去了意识。但不是她的生命。在被长期居住在它内部的那个温柔的动物抛弃之后，被抛弃的生命只是停了下来，它四处飘荡，不断呐喊而没有回应，充满徒劳的希望，忧郁的闪光，过时的面貌和气息，它飘到世界边沿的某个地方，在插曲之间，难以忘怀且非常确定，比矿石还难以毁坏，什么都不能阻止它曾经的**存在**，它刚刚进入最后的转变：它的未来凝固了。[24]

这里，生命—事物的简单概念，把它与时间和具体内容连接

在一起的纽带松开了。在逗号形式的循环运动里，它开始独立、快速地发展一种不断成长的自足的形象，而这种形象对应于一种重要的哲学发展[25]：那种死后仍然是人类现实的观念，只不过是我们对其他人的存在。这种对其他人的存在曾经是我们生命的一个维度，现在它是唯一留下来的维度，我们永远处于它们的掌握之中。从那种形象当中，作为它的部分含义，产生出萨特的幽灵，《禁闭》和《赌注已下》的幽灵。这里的超自然性有一种奇怪纤弱的肌质，它可以通过与激发它的观念的关系加以说明。因为幽灵保留着一种实用观念的印迹，它们不是令人费解的存在主义境遇（例如像在真正“鬼怪故事”里那样），每一个作品都可 150
以概括为一个单独的句子，表示需要探讨的奇想。在这些作品中发生的是，我们的“为他人存在”变成了自治的，并被在演员个人身上完全看得见的人类存在取而代之。于是它们被迫服从变迁，而分析已经向我们表明，“为他人存在”也服从这种变迁。但是，整个人类存在很难符合一种荣誉的地位，于是发明了第二种超自然的情形，以此为第一个戏剧的发生制造一个平台，并填补境遇中的裂缝；如此我们就有了剧中的旅馆—医院—监狱和影片中真正的法国官僚机制，这些在性质上明显不同于鬼怪自身的特殊主题，不同于为他人存在的问题，当我们对境遇里稍微脱节的事物的模糊感觉表现出来时，鬼怪明显被叠加到对它们的修饰上面，就像一张修改过的照片上的一个形象。

但这决不是运用生命—事物所采取的唯一导向：

> 阿尔芒·维居埃仍然静静地仰面躺着，孤独一人在他的房间里，他发黄的手搁在被子上，瘦骨嶙峋的脑袋向后垂着，灰色的胡子挺硬，眼睛深陷，他依稀地微笑着……他死了。床头柜上，有人把他的夹鼻眼镜放在上面，还有他的假牙，放在一个水杯里。死了。他的生命在那里，在任何地

> 方，感触不到，结束了，像鸡蛋一样坚实丰满，非常严密地包装起来，世界上所有的力量都不能把另一个原子打到它里
> 151 面，空隙很多，巴黎和整个世界都穿过它，分散到法兰西的各个角落，在空间的每一个地点彻底凝固：巨大的兴奋和静止的狂欢；呼喊声在那里，笑声，机车的鸣笛声和榴霰弹的爆炸声，1917 年 5 月 6 日，当他跌落在两个战壕之间时，他的脑袋在流血和嗡嗡，嘈杂声在那里，冰冷，聆听的护士什么都没听见，只听见她裙子下面的瑟瑟声。她站起身，出于对死者的尊重没有拉拉链，她回来坐在阿尔芒床边，穿过那片总是照亮女人脸庞的巨大不动的阳光，在大腕岛，1900 年 7 月 20 日，在划艇上。阿尔芒·维居埃死了，他的生命飘荡，封闭在不变的痛苦里，一个巨大的条纹正好穿过 1922 年的整个三月，他肋骨间的痛苦，不可毁坏的小珠宝，一个星期六傍晚贝尔西码头上的彩虹，下雨了，人行道很滑，两个骑自行车的人笑着路过，沉闷的三月下午阳台上的雨声，使他流泪的吉卜赛的音调，草上闪烁的露珠，圣马可广场一群鸽子飞过。[26]

这种死的生命，充满明亮、沉默现实的气泡（现实像抽象拼贴画似的相互交叉），是艺术作品本身的一种形象：无声叫喊的书页，永远在我们面前固定的运动。为了被视为一个单位，它被从外部看见，就像劳拉的死亡生命那样：它自由飘荡，没有居所，整个被缩小到一个单独的点；它的内容是冲突的复性，呐喊和沉默，光的迸发，但仍然被归纳，以便缩小到足可以作为一个
152 单独整体的因素被保留在头脑里，并为了在其内部获得某种地位而反对其他同样无地位的因素。然而此时某种新的事物产生了：这些归纳开始分解成它们所代表的个体事件，生命—事物失去其奇怪单一的性质，变成更容易辨识的、我们通常认为是生命的那

种独特的个体细节的序列。但是那种像气泡似的统一仍被不断肯定："阿尔芒·维居埃死了，他的生命飘荡"，以此避免在时间序列的压力下突然爆破。画面闪来闪去的快速交替像是一部影片，它神秘无声地投射出强烈的、明亮的、不同性质的特写：它们不再从外部指涉生命一事物的内容，说明这种生命内在的性质，它们突然变成了内容本身；现在，一种新的对立取代了画面和单一生命之间的往返穿梭，而从空荡荡黑暗房屋的卫生间回来的活着的护士，无意间走过一片永恒的光，1900 年 7 月 20 日的太阳，永远在那里照在某个人的脸上，一种谁都不再看见的光亮，它仍然存在，超越时间和空间，但**就在那里**；两种不同的现实，护士和现在没有居所的记忆，一时间不知不觉地互相交叉，然后又互相分开。在《理性年代》的世界里，这样一个时刻显然是不可能的，而前面关于劳拉生命的那段话就出自这部作品：它依赖于一种流动的观点，这种观点可以记录那些瞬间，其时，在拥挤的世界上，两种生命，两个不同的世界，彼此毫无意识地相互交叉而后又分开：《缓期》的真实主题。这是一个实例，说明应不断要求艺术作品的个体因素尽量交叉，容纳多种多样的相互关系。但这个时刻是真实的：它不只是两个世界相遇的参照，也不只是那 *153*
种交叉修辞的参照（如我们自己对它的描述）；然而由于偶然事件或突然爆发的现实，这个难以确定的联系时刻已经被看到。

刚刚讨论过的这段不像前面那段，它与其主要"感悟"处于一种不同的关系之中，然而它们有许多相同的主题。在前面的时刻，生命一事物的概念被发展为一种形象：独特的生命内容没有得到坚持，唯恐这种内容的历史性质会妨碍把历史凝固成物质客体。思想观念在这种发展中依然存在，其本身就是这段的主题；但是在后来的时刻，这种观念不见了，它不是变成了一种内容，而是变成了处理内容的一种原则，不是变成了一种有待发展的形象，而是变成了以某种方式表现生命的一种要求。于是，这里出现了独特的、有区别的细节，以此充实生命—事物，使它变得具体；只是这些细节永远不会独立自治，它们总是作为一个实例，这种例子类似生命—统一体的关系，而它们自身也是其组成部分。生命—观念的存在是在这种真正的破碎性里发现的，是在实例的片段性质里发现的；因为它们越具体，我们就越看不见整体。如果一部传记从这种时刻开始，因其固有的兴趣和发展，我们会完全忘记那种充实到取代它的生命—事物。

这是对大词问题的典型解决办法。在最初倾向于变成事物和形象之后，词语开放了，它们最终成为它们所包括的一切事物的
154 总和，而不是分离的独立实体。和平是在和平时期发生的所有事物的目录[27]，而在试图理解战争时，马蒂厄得出的结论是："你必须同时在各个地方。"[28]这些词语确认了粗俗的感觉，我们在它们当中看到粗俗是由于抛开了词语，由于它们突然爆破成上千碎片，而思想因这些词语提出的看似真实的问题被引向歧途，突然发现它自己直接面对的不再是真正**所想**的东西，这种东西非常接近感觉的观念，以至于它最终会成为不可能的、无法想象的——在抽象思想不确定的、无限的框架之内，一种保持感觉细节的徒劳努力：

> 一个庞大的躯体，一颗行星，在万亿维度的空间里；三维存在甚至不可能想象。然而每个维度都是独立的意识。如果你要直接观看行星，它可能破裂成碎片，只留下意识。万亿个自由意识，每一个都看见了墙、发红的雪茄头、熟悉的面孔，每一个都构建它自己的命运并单独对它负责。不过，如果你**是**那些意识中的一个，你可以根据微妙的接触和感觉不到的变化，说明你是一个巨大的、看不见的群体附着基的组成部分。战争：每个人都是自由的，然而也是下了赌注的

> 赌博。它就在那里，在每一个地方，它是我思想的总体，是希特勒话语的总体，是戈麦兹行为的总体：但没有任何人总合它。它只为上帝存在。但上帝并不存在。然而战争却存在。[29]

这里，在个体意识里，思想观念突然停止：它仍然是一种有待于转变成上万亿独特个体细节的原则，就像对劳拉的生命的描写（“不断呐喊而没有回应，充满徒劳的希望”）未能发展到超越图 155
示形象的阶段一样。但是，正如后来在作品里另一种死亡—生命尽量变成具体的一样，同样马蒂厄看见的这个形象也变成了看不见的、巨大的物质化中心，亦即《缓期》整个小说的中心，也就是使世界马上走向战争的所有生活碎片的总和。

在小说里，甚至自由本身也放弃了自己；与哲学里间接而详尽地阐发自由不同，使马蒂厄迷恋的自由一词仿佛是指向有待发现的事物的一个标示，它似乎在许诺某种发现。他这样表示：

> 外面。一切都在外面：码头上的树木，桥上的两座房子，黄昏里染成了玫瑰红色，我头顶是亨利四世骑马疾驰的雕像：一切都有重量。里面，一无所有，甚至没有一缕轻烟，**里面**什么都没有，空空如也。我自己：一无所有。我是自由的，他想，他口干舌燥。在第九座桥中间，他停下来，开始发笑：我一直在这种奇怪的地方寻找自由；它这么近，我却看不见它，我摸不到它，而它只是我自己。我就是我的自由。[30]

这个过程与前面段落里发生的等同过程是一样的；但在这里，不再有可以形成总和的细节，而是只有马蒂厄的意识，自由—存在消逝到这种意识之中，直至两者成为一体。同样，动词“to be”把抽象消融到实在的、叙述的现实之中：抽象仿佛是分离的事物，那只是表象，它再次消融到一直存在的事物之中。

在这些段落里，思想有一个奇怪的终结。我们的印象是，抽
156 象的动机是为了把我们从具体现实拉回来，使它净化，以便我们可以区别它的方法和形式而又不迷失于它的直接存在；但在思想发展这一最深奥的节点，原始的思想再次出现。目的不是为了保持那些艰难获取的本质，那些细心构建的抽象：由于已经形成，它们立刻消融到感觉的现实（实现它们的基础），正如整个境遇的概念不断返回境遇自身的现实一样。因此，所有的发现，对重大问题的最后理解，终将是虚无：注意力被唤醒了，一切事物经过抽象之后都被改变了，然而同样的具体事物像以前一样继续存在；抽象似乎在许诺某种事件，而实际上提供了它自己的事件——一种它迅速掠过头顶并烧尽它自己时短暂闪耀的辉光，它再次使我们单独面对事物。

[注释]

[1] "Drôle d'amitié," p. 1036.

[2] *Le Sursis*, p. 22.

[3] *La Nauseé*, p. 82.

[4] *La Mort dans l'âme*, p. 254.

[5] *Le Sursis*, p. 82.

[6] See *L'Etre et le néant*, p. 695 ff.

[7] *Le Sursis*, p. 285.

[8] *Theatre*, p. 231.

[9] *Le Sursis*, pp. 212-122.

[10] See *L'Etre et le néant*, p. 457.

[11] 例子可参见前面第三章 50 页（原文页码）和第六章 136 页（原文页码）。

[12] *La Mort dans l'âme*, pp. 184-185.

［13］*L'Age de raison*，p. 168.

［14］*La Mort dans l'âme*，p. 108.

［15］*L'Age de raison*，p. 164.

［16］*Theatre*，p. 34.

［17］Ibid.，p. 48.

［18］*L'Age de raison*，p. 254.

［19］*La Nausée*，p. 17.

［20］Ibid.，p. 54.

［21］*L'Age de raison*，p. 70.

［22］Ibid.，p. 225.

［23］Ibid.，pp. 193−194.

［24］Ibid.，p. 216.

［25］See *L'Etre et le néant*，p. 626 ff.

［26］*Le Sursis*，pp. 52−53.

［27］See *Le Sursis*，p. 41.

［28］Ibid.，p. 255.

［29］Ibid.，pp. 257−258.

［30］Ibid.，p. 285.

第七章　人的剖析

157　人类现实分外部和内部，坚实可见的物质外壳似乎更接近事物世界，而意识的事实则不然，它们完全不同。但是，不知怎的我们永远不会弄错，我们总是以某种特殊的方式对待这些本是他人的“事物”：

> 他人身体的存在对我是一种综合的整体。意思是：(1) 我永远不可能理解他人的身体，除非以表示它的整个境遇为背景；(2) 我永远不可能以一种孤立的状态察觉他人特定的身体器官，每个单独的器官都依靠**肉体**或**生命**总体的背景对我显示。因此我对他人身体的察觉根本不同于我对事物的察觉。[1]

客体可以无限分割，它们可以从多种不同的角度观察，可以使它们与多种不同的事物并置，可以使它们**发生变化**。但是，如果我们不知道移过窗台的一系列戴着帽子的脑袋是什么，我们不会有任何危险；虽然我们立刻就知道它们是我们看不见的人的身体的组成部分。

158　对于艺术作品，这种对观察分析的含义现在明显不同于过去的含义。这是因为我们有两只眼睛，它们彼此有一定距离，我们看到三个维度。文艺复兴时期的艺术家对这种观察性质的发现感到激动，他们模仿这种观察的结果，把绘画放在一起，莫名其妙地与人类现实对世界形成的视角重合：获得的视角被固定在帆布上，甚至无人在那里时它也会延续到未来。在接近它的观赏者的三维视觉里，它不再是一个被动的、孤立的因素，不再服从于视觉内的某个定位，处于其四边内部的绘画，呈现出第二个模仿的深度，这个深度吸引目光，使目光深入其中。

现代艺术更有效果。观看者的感觉器官和观念构成随着他一起带到绘画。但为什么事先就想补充它呢？设想一下，只要思想自动记录身体的组成部分，把它们作为一个整体的部分，那么我们就使思想只具有那个部分，并让它以那个单独的事实发挥其一般功能，而不会建构表示它之外整体的维度："他的眼睛没有神采，我从他嘴上看到一种阴郁的、玫瑰色的、密集的激动。"[2]名字，"舌头"一词，将把自身包括在我们想避免的维度之内，因为它不仅为孤立的器官命名，而且为它与身体的联系命名；"舌头"不只是指一个特殊的物体，而且指身体的一部分。句子只是注意到观察的素材，而让我们对看到的东西进行判断。

然而实际上没有人这样看事物。艺术家不是在做最容易的事情，记下最直接的观察：他在打碎整个直接的观察，把它们分割 159
成碎片，而这些碎片对他和对我们一样陌生。毫无疑问，某些促成因素来自电影。早期的摄影和导演，不论因为精明还是粗笨，都不太注意他们观众的观察习惯。转换的突兀，没有道理的细节镜头，例如手的移动或嘴唇的颤抖，这些象征一个破碎的世界，远非我们在日常生活中所看到的东西。但这些快速闪动的视觉片段，在启示性方面明显不同于文字引发的启示。在幕布上的碎片中，各种肢体、嘴、眼睛清晰地从我们面前飘过：我们不怀疑它们是什么，不怀疑它们属于身体。我们在这些奇异的碎片里感觉到某种暴力，感觉到媒介对其材料的自治性，感觉到导演的分割意志，以及他对故事和物质本身居高临下地操作的自由。

由于摄像机直接对眼睛说话，文字和命名的整个维度不复存在；我们发现，前面所引用句子的某些奇特性依赖于对名字的抑制。摄像机不可能记录名字不受约束的时刻：

> 房间的门半开着；他推了推。空气令人窒息。整天的热气积聚在房间里面，像垃圾似的。一个女人坐在床上，看着他微笑，那是马塞尔。[3]

在这种分裂的瞬间，非常熟悉的面孔无法辨认，习惯的结构
160 突然消解，使我们暂时失去过去或记忆。这种瞬间依赖于文字，文字表明转回到熟悉性，转回到突然涌现又放弃新颖性的名字。

尽管摄像机无法记录这种时刻，但有时它却可以引发它们：

> 我听得见急促的呼吸，有时，从我的眼角，我看见白毛下面发红的闪光。[4]

每个人在电影院都有过一两次突然迷惑的经历，它或者因距离幕布太近而引起，或者因形象的突然快速转换而引起，或者因特写镜头太大、太出乎意料而引起，在这种情形下我们意识不到任何东西，只有幕布上大团的光亮和黑暗：它们是什么？眼睛拒绝聚焦；这是对特技风景掩盖下的巨大面孔无法确定而感到愤怒。然后，突然之间，认出来了：

> 那是一只手。

与这些模糊时刻——提供了所有细节而只有名字被阻止的时刻——对等的文字，在散文当中像某种细小形式似的发生作用：建构张力，混乱，奇异，思想围绕困惑摇摆，然后名字的释放停止并满足我们的预期。在讨论冒号时我们已经描述过这种形式和它象征的意义：它可能使现实（以及揭示现实的叙事的速度）放慢，变得可以分割，可以与自身短暂地分离，直到被阻止的因素最终回归原位，再次把总体性留给我们。

然而，在现实被分割成的部分和碎片以及由它们构成的整体

之间，存在着一种明显的性质上的差别：在其赤裸裸的状态下，这种碎片通常是观察不到的，它们以一种奇特的感觉方式是抽象 161
的，简单说，它们是真实性，我们身体的真实性，我们永远需要设想这种真实性，并通过不断把这种感觉的事实转变成可理解的整体进行模仿。恰如我们想理解的压力可以用来使精神过程的拟人化充满生气，使它们再次成为纯粹的意识，同样这里我们总在做的那种对真实性的设想，也阻止这些人类现实的标志凝固成纯粹事物的碎片。正是我们把人类当作事物对待的不可能性，才使艺术家以那种方式把它们实在地记录下来。

但是，因为我们使自己局限于那些身体的部分，而它们是静止的，只是被看见而后才被认识，所以我们夸大了这种时刻中类似困惑的性质。甚至当我们已经知道我们看见的是什么，当我们直接得到名字时，也可能出现某种碎片化的情形："听到最后的话，她的嘴紧闭起来：油光的嘴闪着紫红色，一条猩红的虫子忙于吞食这张灰白的脸。"[5]这种比较把嘴孤立出来，像是一个特写镜头，然后由它形成一条虫子的统一体。虽然我们知道我们看见的是什么，但仍然有一种需要解决的混乱：我们已经有明确标示的部分——嘴、紧闭的嘴唇、口红在灰白面孔的衬托下像条虫子，但我们必须以某种方式把它们具体化。这里的碎片化不是击打身体孤立的部分，而是抓住身体那部分介入的行为；在已经提供了所有必要的信息之后，它要求我们尽量看到嘴上的表达。

这一具体化的过程不一定包含对解释它的名称的发现，例如愤怒。抽象的词本身是对某种自足事物的速写。正如我们不需要停下来判断孤立的器官与身体的关系，同样我们也不会观察某人 162
姿态的所有细节，仔细思考它们，然后决定这些细节表达的是什么：身体本身就有直接的意义：

> 那种皱起眉头，脸红，结巴，手的稍微颤抖，那些既像

> 是胆怯又像是威胁的不确定的面部表情，并不**表示**愤怒，它们**就是**愤怒。但对此必须有清晰的理解：就其本身而言，握紧的拳头什么都不是，也不表示任何东西。然而我们不会确实看到一个握紧的拳头：我们看到的是一个人在某种境遇里握紧他的拳头。正是这种有意义的行为才是愤怒，但对这种行为的理解必须考虑它与过去的关系和可能性，并依托合成整体的“境遇里的身体”的背景。……因此，为了说明我们**理解**表达行为这一事实，不需要诉诸习惯或通过类比的推演：这种表达行为源自可理解的被观察之器官本身；它的意义是它自身存在的一部分，就像纸的颜色是纸的存在之一部分一样。[6]

身体姿态和表情或其行为的这种直接的可理解性，使它们既可以用作出发点也可以用作终点。现在最复杂的姿态可以被打成碎片并被固定于语言，而我们的思想对它们发生作用，并突然觉得理解可用作对作品的检验：

> 在对面的人行道上，一位绅士挽着妻子的胳膊，刚刚在
> 163 她耳边低语了几句，然后开始微笑。她油光的脸上各种表情立刻全都消失，她茫然地前行几步，仿佛是个瞎子。这是不可能误解的表示：他们将互致问候。可以肯定，片刻之后，那个男人会在空中挥动他的手。当他的手指接近他的帽子时，它们犹豫了一下，然后故意落在帽檐上。他轻轻地把它举起，微微低下头摘了下来，而他妻子轻轻跳了一下，脸上露出一种青春的微笑。一个影子经过他们，弯了弯身：但他们二人的笑容并未立刻消失：它们以一种残存的效果仍然停在嘴唇上。当这对夫妻经过我时，他们又变得毫无表情，但他们嘴边仍有高兴的痕迹。[7]

这些细腻的表示，需要在我们的阅读思想方面进行某种配合：它们不是某种温柔的、已经想象过的东西，我们不可能舒适地陷入其中。这种配合不是要求我们思维敏捷，像智力测验的难题那样，而是要求我们具有想象力。萨特曾经谈到读者选择作品的方式，读者与作者一起创作作品的方式——即读者使作品和他一起具有生命，或者由于他不够注意而使作品回到纯粹的印刷物——以及因为读者在思想上强烈地塑造作品人物而受影响的方式。[8]这里，这种分析仿佛不再是对我们通常如何阅读的简单描述，不像是阅读被迫服务于某种目的；读者方面正常的创造行为，由于是第二次的、提高的创造，因而是双重的，其中读者并非只是再创造，他自己还必须完全由暗示创造出行为。这种创造 *164*
是互相妥协，因为它同时也是一种判断：如果从这些荒诞的姿态中我们能把人们互致问候的普通场景形象化，那么我们就已经承认这种场景是荒诞的。

碎片，我们构建场景的素材，不仅与可认识的场景本身相关，而且它们彼此相关。它们通过语言的连续性提供给我们，而这种强加的连续性可能分散它们，以不同的方式安排它们，把它们错误地重组在一起：

> 他看见梅纳尔德，双腿下垂，坐在一个小衣箱上面，在夕阳的红霞中摆动着他的靴子。他是唱歌的那个人；他的眼睛睁开，充满喜悦，在张着的嘴的上方转动；他的声音自然而放荡，像一个生活在他身上的巨大寄生虫吸干他的脏腑和血液，把它们转变成歌曲；他的双臂毫无生气地随意垂着，他麻木地注视着这种害虫从他的嘴里出来。[9]

这里细节是主要的，每一个碎片都经过某种独立的处理以便使它们尽可能生动，而这种处理可以依靠行为的一致性来运作。

因此，这里梅纳尔德的眼睛在转动，脑海里陶醉放荡。它们没有变化，但在声音像寄生的实体出现之后，一种对这些眼睛更生动的新表述进入状态：眼白的展示，围着眼眶的转动，这些通过惊讶的修辞显得更令人难忘，他好像凝视着魔怪似的声音。这种惊
165 讶只是一种幻象：眼睛完全是它们被描写成“睁开，充满喜悦”时的样子，但是新的表述在帮助我们更集中地看到细节时，也可能使我们越来越远地离开它也是一部分的整个情境，并有可能使我们永远陷入歧途的危险。

混淆是难免的：人的脸只能扭曲成有限的一些表情；但在具体境遇中我们很少弄错，我们知道这种歇斯底里的欢乐表象实际上是悲伤痛苦，因为我们知道它发生的语境。可是，如果语境破坏了，事物便开始彼此相似：“马蒂厄注意到她的脸变得灰白。气氛是粉色和甜蜜的，他们在陶醉并迷恋于粉色：随后出现了这灰白的脸色，这一固定的面容，你会认为她在忍着不要咳嗽。”[10]这种新的混淆消除了作品中拼图游戏性质的最后痕迹：现在它不必再把分离的片段组合在一起。比较的方式要求我们做一种纯粹的具体化；我们必须确切地看到人们在忍着不咳嗽时所具有的那种面容，并且这种面容必须以正确的方式个体化来适合新的语境。一旦它具体化了，旧的名字和解释就被丢弃，具体的境遇便呈现在我们面前。

这里，“仿佛”表示一种更新了的视觉描述，然而更新来自一种预想不到的方面。因为它也有我们在明喻中发现的那种重复的特点：脸上的表情变成它本来的样子，除非对表情的感觉不同，或者感觉被误解或不够恰当。因此“仿佛”并不代表对境遇增加了任何一个有力的隐喻，而是再现了主体性的创造力在给定
166 的境遇里的运作，它把境遇打成碎片，然后以自己的方式重新组合在一起。因为它不仅是碎片化的标志，而且也是融合的标志：

它是一种阅读的思想原则，要求使大量视觉材料重获生命，把提供的感觉回归到描写的人类现实的地位。因此，这种人类存在的碎片化只是部分地反映了萨特式"面貌"的破坏和否定的维度，那种意识模式存在的真正理由是某种意义上的报复，是使其他那些人中立化，而那些人突然出现在我们的世界则变成了一种基本的、永恒的创伤。这种否定力量也有一种内在的调整，像任何导致积极结果的破坏一样。萨特的世界仍然是一个人类的世界。因为这些面部表情并不是非个人化的怨恨，就像世界真是那样随它而去，而是一种人的姿态：作家的姿态，他的判断，在某种意义上也是我们自己的姿态。因为风格并不对我们表明它自身是完美的，无视我们的阅读；相反，它只在我们阅读的时刻存在，它需要我们参与，而在与作者的关系中，这种对我们作为人的尊重产生出审视作品内容里某些类型的人的严肃性。讽刺不再源于某种超越人性脱离现实的观点，而是源于现实中的作者，在于他的具体境遇；它不允许我们作为读者无忧无虑地享受，而是使我们目睹对人类现实的处理，因为不论作者还是读者都无法摆脱这种现实。

正如独特的感觉与它的一般名称之间对立的情形，这些对人类外部的描写已经变得非常确切，但并不是因为注意指向表情的单个的词（**愤怒**的面孔，**颤抖**的嘴唇，等等），而是通过在两种 *167*
一般表情中间确定一种独特的面部表情，迫使读者发现其准确的交叉点，由此再发现具体的表情本身。然而，面部表情在这个世界里并不完全相同，并非同样由外力促成并因此缺少自足性。正如某些感情，由于它们特别强烈，可能在作品里变成基础感情，不断被用于激发和加强其他更弱的感情，同样这里我们也时不时地会偶然发现在整个作品里产生反响的面部表情，它不只是局限于它做出反应并被赋予意义的境遇，而是作为一种一般化的气氛在作品里飘动，对面孔突然着迷地观看，离开句子之后还持续很久，使我们觉得它是这个世界一种特殊的载体，某种“典型的”萨特的东西。

这种基础表达将开始自动地服务于更弱的表达，它将变成“仿佛”分句的加强项，从而使它们更充分地进入思想。因此，绝非偶然，在前面考察的那段话里，梅纳尔德的眼睛被从**惊讶**的方面来描写。至关重要的是，凝视的惊讶面孔根据第二次的表情来描写，但其中没有任何东西支配这种特殊的比较项；一看到歹徒声音的形象，我们可能也对其他的感到满意，例如恐惧。然而在逐渐增加对萨特著作的阅读中，惊讶的表达逐渐增加了特殊
168 的、迷恋的、个人的联想，就像诗歌里的主题词，每一次念到它们，它们便在周围扩展它们的意义范围，超出它们在书本上孤立出现的意思，这似乎已经得到证实。在这一点上，不可能再通过表示它们的那种特殊语言来说明重复表达的力量；相反，它本身就是构成语言效果的因素之一，它的召唤性质必须追溯到这个世界结构中的某种怪异性，追溯到主题和内容而不是能够记录它们的文字。然而这关系到一种特殊类型的内容：意识积极活跃，作品充满各种影响世界的方式，包括动机、价值观、它考虑的各种思想、它行事的方式，以及它对行为或“正在发生的事物”的真实感觉，亦即所有我们能够在其他地方考察的现象。但是，人与世界的关系在惊讶中明显有一个停顿，它是判断这种关系和感觉其周围事物的方式，超出了引起惊讶的那种独特且具体的原因，以一种突然对世界本身的麻木而结束。或者，对关联“世界”范畴的人类现实感到麻木。

这种情形仿佛是类似碎片化的事物偶然在人类现实中发生，因此我们对自己的意识显得踌躇，并以同样的实验性探索我们对其他人脸部的观察，打破自我意识的权威性，使我们以误解外部

世界其他人的同样方式误解自己的姿态。我们对出现错误、对能够出现错误感到惊讶。例如，我们突然忘记了某个词："如果它不是一个**概要说明**的问题……"

> "概要说明。"皮埃尔的脸上突然显出一种愚蠢的表情，冗长苍白的词不经意间从他嘴里说出。皮埃尔惊讶地注视着前面，仿佛他看见那个词而不认识它；他的嘴张着，很难看；某种东西好像在他身体里被打碎了。[11] 169

这种对精神崩溃的描写，比它直接而有限的主题具有更广泛的含义；因为精神错乱只能对已经在意识里出现的倾向发生作用，改变或夸大它们，而人类现实打成碎片的可能性，或随着其自动的词打碎而进入惊讶地注视的思想的可能性，不知何故永远存在。活动的身体是自发的、完整的；我们甚至意识不到它是一个身体，因为在那个时刻我们只是意识到我们在靠它工作。但是，当某种东西干扰并打破这种一致性时，当反思在自发性当中出现时，直接放大的笨拙的手就会被看作一只手，我们的存在被分裂成具有目的的思想和徒劳地力求实现它们的身体—工具。我们的惊讶是受到冲击的认识，因为我们认为，这只毫不费力地干扰获取思想的手，这些在头脑里还暖着、几乎来不及构想就说出的破碎的词语，再也不是我们的组成部分，而是在我们的主体性之外，在世界上莫名其妙地与我们分离的东西。

这同样也是我们感情世界的情形。在这部作品里，感情不是一个孤立的不断以惊讶抓住意识精神的非理性领域，而是一种完全自由选择的意识方式，然而人物的感情并不透明或明显具有意 170
义。在早期的分析小说里，被叙述意识特别注意的感情，似乎在强烈期待下很容易充分绽放；它有时可能令人惊讶——尤其在对爱情的分析里——但它的意义和真实性却在于它的深度和坚持，它的模糊存在总是允许判断进一步深入而不至于动摇或突然消逝。萨特作品的感情缺少这种多孔的回响，它只是一种爆发，但爆发显然与精神意识有一些交叉的目的。正如在这个世界的事件中有一种不连贯的性质，例如事件和时间的片段突兀地前后往返，同样感情也容易造成预想不到的现象，它们可能突然出现并全力冲击我们，然后在我们适应它们之前又同样预想不到地消失：

> 他递给我们英国香烟和雪茄，但我们拒绝了。我看着他的眼睛，他显得有些不安。我说："你不是出于同情来这里的。不管怎样，我认识你。我被俘那天，在营房的院子里我看见你和一伙法西斯分子。"我准备继续下去，但突然之间，一件令我惊讶的事发生了：我突然对这个医生的出现失去了兴趣。通常，如果我追逐一个人，我不会放过他。然而我再没有说话的冲动；我耸耸肩，把目光移开。[12]

这种时刻似乎相信意识是感情猛烈穿过的空场，或者是带有感情的人们混杂的舞台，有时舞台上又空无一人，如同一个人从
171 短暂的焦虑不安中彻底放松一样。如果不直接聚焦于这种现象，动词就会提醒我们在经过这种必需的突然性时感觉到了什么：感情**涌起**，**泯灭**，**侵入**意识，再次迅速从意识里**消逝**。如果不能以更强烈的词汇代替更平静的动词，副词就会继续强调感情的发生是如何"出乎意料"、"突然"和"没有预示"。这些通常我们可能看作强化平淡句子的表现方法，在这里变成了一般感情观念可以看见的标志，因为它以惊讶抓住了人类现实。

也许并非那么不可理解的是，自由哲学应该迷恋看似与它对立的东西，应该直接抓住看似对它造成最大困难的问题。就作品具有次生的争论目的而言，亦即在使我们直接面对自身问题的情

况下，明显享有自由并公开掌握自己命运的人物还不如**看似**受到某种限制的人有用，不论这种限制是性功能障碍、精神错乱、懦夫或合作者的“第二属性”，或感觉到的强制，还是像马蒂厄之类的人在强加给他们的历史力量面前完全无能为力和无所作为。自由理论视之为选择的这种命运，提出了既是文学的也是哲学的问题：感觉到的决定论或宿命论，必须像对它负责的自由和选择一样呈现出来。因此，类似《房间》的故事，并不是从外部对神经错乱进行医学研究，而是表现神经病古怪的外部表象的一种方式，同时也是表现自我欺骗、慢慢从难以容忍的现实退缩的一种方式，也就是对它的选择。我们已经看到，萨特对“无意识”的 *172*
阐发如何依赖于对反映和非反映的自发意识的区分。正是在意识的这第二层次上才发生我们的选择，而反映的思想把它体验为某种强加的东西。但是，叙述必须能够提供被动地承受命运的感觉，同时也提供它已经被选择的意义，否则，对经验明显不真实的形象——例如某人决定发疯——将显现出来。

同样，感觉动词的强烈，坚持情感的突发性或惊讶，维护了生活经历中的真实性。情感是被选择的，但不是根据某种庸俗化的权力意志的哲学：我们不会决定感觉到某种情感，而是使我们处于某种被动状态，在这种状态下，我们觉得情感能抓住我们，情感能够存在。[13]情感必然被感到是给予或经历的某种东西；它有一种必然是其特征的实际经历的深度，而为了“选择”情感我们必定会被它打晕和压垮。我们的惊讶是对感情那部分的承认，即它是真实的，是不可减少的赤裸裸的内容。这就是为什么这个自由世界的人物永远不能成为某种意义或某种选择的明确象征，如像他们在马尔罗的作品里倾向于象征那样：他们每个人都有自己的选择，自己的戏剧，也就是他的意义，他们每个人都感觉到情感，情感本身就是在特定境遇里的行为方式，并因此具有意图性的意义，但这种意义仍然是抽象的，是通过不可预见的丰富生活经历的调解衍生的。

因此，这些惊讶时刻可以追溯到碎片化的类型，但在对现实
的理解中它们都有一个突然的转向：通常习惯的现实在我们眼前
173 突然变成碎片，变成了不真实的，而又没有被更稳定的现实替
代；由于失去了现实，整个现实的概念证明它并不比习惯更加确
定。正因为如此，某种更深刻的惊讶戏剧开始出现，而惊讶的对
立面也逐渐进入角色，但不是毫不激动或沉着冷静，而是茫然
地、梦游似地理解世界。在《理性年代》里，当马蒂厄不确切知
道他在做什么的情况下向前吻了伊维克之后，他立刻后悔不迭，
对这种自发的举止感到惊诧，而这对他们之间的感情在时间和作
决定方面都带来不均衡的结果，于是突然提示出一件逸事：

> 他想起曾经在穆菲达大街看见一个男人的举止。那人穿着考究，但整个脸色灰白。那人走到一个食品摊儿，长时间地盯着盘子里展示的一片冷肉，然后他伸出手，拿起那片肉；他似乎觉得那一切都十分平常，他也一定觉得自己自由。摊主人喊了起来，一个警察把这个人带走，而他显得非常惊讶。[14]

这个小故事太完整了，不会只是对马蒂厄感情的一对一评
论：它具有任何完整逸事而非其部分的独立性；它说明某种东
西，作为说明也适合叙述，但作为单凭自身的叙述它又是具体
的，它所引发的魅力像任何事实一样不能缩减。这故事是关于整
个社会生活以及在其中异化了的个体寓言。主人公，那个衣着体
174 面但在路上有些异常的男人，甚至不再理解最基本的社会标志。
我们觉得习以为常的财产概念，本身就刻写在物品上面，不需要
标签或警示来引起我们注意，但现在它已经变得完全不可理解。

那个男人走路经过其他人的财物时，不是按照严格限定的权利和约束，不是按照他口袋里钱币的特权，也不及时对物品与非卖品区分，而是只在分离的物品当中徘徊，感觉的材料没有任何范畴把它们彼此联系起来。店主的脸慢慢转向他，满腹疑问，同时，根据对卖主的满不在乎，以及根据衣服的质量和个人卫生状况，迅速地衡量那个男人的社会地位——这张脸与他面前那块陈腐的肉毫不相干，没有任何逻辑关系，两者只是画面，是同时可以看见的分开的东西。肉在那里，他拿起来；他不是疯子，完全处于自然状态，而他的惊讶是对久已忘记的社会现实的一种觉醒。

男孩与他周围的世界有一种类似的、梦一般的关系（萨特对热奈第一次偷窃，即他的原始创伤的描述，与前面的小故事非常相似）。因为男孩世界的重心在他之外，在成人之中：他对价值的第一个意识是区分什么是“严肃的”，什么是他自己正当的、被允许的活动范围。如果这些发生混淆，那么世界之光就会波动，变得令人生疑：

> 每个星期六在这家吃午餐的教区牧师问他，他是否爱他的妈妈。吕西安崇拜他漂亮的妈妈和强壮善良的爸爸。他回
> 答说：“是的。”他神色有点骄傲地看着牧师的眼睛，那神色 175
> 引得每个人都笑了……牧师说这很好，并说他应该永远爱他妈妈；然后他问吕西安他最爱谁，他妈妈还是上帝。吕西安马上猜不出答案，他开始摇摆他的头发，在空中踢打他的双脚，哭喊着“塔拉布迪亚”，而成人们重又开始他们的交谈，仿佛他并不存在。[15]

在成年人看来，这种自负的问答谈话只不过是预料中的牧师职业的标志，他利用那种对话主题成了他的特性，而对吕西安来说，这种问答谈话是那些特殊的时刻之一，此时成年人会转而注

意他，而孤独孩子那种游戏似的行为突然获得了真正的严肃性，孩子在他这种新品质里突然预示了成年人的行为。但这种境遇存在局限：吕西安非常清楚自己只是被当作“仿佛”是个成年人，他必须以“仿佛”回答；他的回答必须合适，必须是成年人想要听到的，他不得不**猜想**正确的回答。第二个问题有点尴尬，使他在两种诚实和两个不同人之间犹豫不定：这个人或那个人必定会愤怒——他母亲，或者牧师，牧师好像法定地偏爱上帝。孩子在犹豫中选择了放弃他的新地位，回归到幼儿的行为，然后出现了异乎寻常的事情。我们可以设想，这些只是尽可能记录吕西安所看见的世界的句子，并没有放弃选取境遇中更微妙的现实：他母
176 亲的蒙羞，牧师的窘迫，其他某个人为了掩饰事态又开始了流畅的交谈。吕西安忙于摇摆他的脑袋，踢打他的双脚，没有注意到这一切，因此他觉得这种转换就像是梦里的转换一样突然：就在他玩耍之前，成年人的对话他只是模糊地听着，有一刻是围绕他展开的，然后又停了，不留任何痕迹。吕西安对谈话这种突然的自治性并不感到惊讶——谈话好像把成年人聚集在谈话本身之内，使他们暂时平静，然后又催促他们继续；他没有理由比较，他所在世界的法则就是不真实，新的不真实性并不会令人吃惊。但是我们作为读者却对这种情形感到惊讶，这个看上去稳定的世界竟能在没有任何警示的情况下变成空洞的、二维度的，这种社交聚会竟能突然消逝成某种遥远的事物，在风格上像是芭蕾舞剧。

对正常人来说，这些起伏跌宕的现实时刻，以我们描述的转换形式表达它们自己，在这一点上，再不能通过观察者境遇的奇异性来解释，例如他处于像孩子那样的社会边缘，或者他完全孤立。这些时刻之所以出现，说明人类现实本身一定有某种更基本的、错误的东西：

> “你想为苏台德人去死吗？”蓄着胡子的男人问。“闭嘴。”毛里斯说。蓄着胡子的男人带着不友好而犹豫的表情看着他，仿佛他努力想记起某件事情。突然之间，他喊道：“打倒战争！……打倒战争！打倒战争！”

这里是那种现在已经熟悉的萨特式环境结构：像是其他某种东西的表情，仿佛自动爆发的喊叫的突然性，在我们对时代的描 177
述里从形式方面所分析的突兀波动的性质。但是该场景突然发生了某种事情：

> 蓄着胡子的男人继续喊叫，带有疲倦的、城市的声音——一种富人的声音；毛里斯忽然有一种不愉快的感觉，觉得整个场面受到了操控。他看看四周，他的喜悦消失了：这是其他人的错误，他们没有做他们该做的事情。在聚会上，如果某人开始喊着说许多无聊的废话，人群就会对他行动，把他清除，你看见手臂一瞬间在空中挥舞，然后一切都消失了。但与此不同，其他人后退了，他们在蓄着胡子的男人周围留下了一个无人的空间。[16]

事件单凭自身显得不够有力：它全在那里，它是严肃的，然而不知怎的，在一种“存在的内出血”当中，它的真实性被吸干了。没有人相信它，甚至那个蓄着胡子的男人，他好像只是经过为他准备好的空间安排，但不确信。单是事件的外部也不够：仿佛我们在玻璃后面观察一场神秘无声的斗争，它把一切暴力变成看得见的东西，变成一系列没有意义的动作，或某种奇怪的运动模式。但这不是唯一影响观察者的东西：每一个行动者，在举起拳头的时刻，或者呼喊或后退的时刻，都会暗中觉得他在参与这种活动尔后又突然不再参与，他的整个感觉似乎都是自发出现的。虚弱不再在于境遇，而是在于意识自身内部缺乏现实：

178 以这个服务员为例。他的举止又快又讲究，有点过于精确、过于迅速，他快步来到顾客面前，有点过于轻快地弯弯腰，他的声音、他的眼睛表现出急切渴望顾客点菜的意思，然后他又回到这里，行走时尽力模仿某种自动的严格规范，他像踩钢丝似的大胆地端着盘子，常常使它摇摆不稳，而随着他的胳膊和手的稍微一动，瞬间又恢复了平衡。我们觉得他的整个行为像是游戏。他忙于把他的动作连接起来，仿佛它们是使每个动作发生作用机器，他的模仿和他的声音本身也像机器；他模仿事物的活跃性和迅速性。他在游戏，愉悦自己。但他游戏什么呢？你不必观察多久就会明白：他在游戏**当了个服务员**。[17]

把我们的存在分解为“内部”和“外部”，最终从意识中排除了一切对我们而言不是行为的东西，排除了一切我们觉得自己所属的名称和品质。地位，“是”服务员的职业，“是”犹太人的事实[18]，“是”一个小偷的事实，所有这些词我们永远不能从内部体验。我们经过它们要求的活动，做出适合这种条件的举止，但我们停下的时刻，不活动，试图体验“是”这个或那个的感受时，它消逝了，我们又一次只是纯粹的意识。我们前面已经看到，这是精神形容词的情况，如勇敢与懦弱、善与恶。现在已经
179 明显的是，意识与假定它所是的东西之间的这种距离，并不只局限于对品质和名称的静态描写：它甚至存在于行为的核心，阻碍我们真正的表达和行为成为对我们存在的直接、自发的揭示，甚至在行为完成之前使行为与我们分离，变成不真实的、不可辨识的、缺乏严肃性的一种游戏或梦一般的性质。只要曾经有过被人观察的经历就够了，因为我们永远不能摆脱对我们个人的某种展现，哪怕是完全孤独一人；最强烈的感情，尽管周围无人注意，也仍然带有某种窘迫的色彩，因为我们决不会非常被动地忍受它

们，我们总是急于把它们表现出来，甚至当我们想完全被它们淹没时也是如此。我们已经提到的惊讶是意识对这种缺乏真实性的持久反映，它在我们所做的一切事物的核心等待时机。奇异性，身体的自治，没有计划的行为突然出现，对我们此前强烈信赖的境遇失去信任，清醒生活的真实性消逝——所有这些都是可以有自己独特原因的时刻，它们在个体戏剧方面的意义通过它们以及它们出现的社会得到体现；但是，它们凸现在所有意识内部的差距上面，这种差距阻止意识与自己重合。

我们前面考察过这些时刻，通过它们对句子所提的要求进行探讨，也通过形式创新来探讨，而形式创新必须用以使它们得到理解和阐发；我们说明了新戏剧那种不充分的道德名称和描述，以及它需要不断设想或提出的行为；我们也说明了小说里新的叙 *180*
述类型何以讲述事件故事的篇幅太少，需要主体性汇聚的力量把它们集中。这些最初是形式问题。但是现在，在经过事物世界漫长的迂回之后，这种形式的奇特性——无法获取事物的景象，不断被怀疑的、不稳定的、不能存在的意识——通过形成它们的世界，通过意识本身的性质证明是有道理的。

［注释］

［1］ *L'Etre et le néant*，p. 412.

［2］ *La Nausée*，p. 33.

［3］ *L'Age de raison*，p. 284.

［4］ *La Nausée*，p. 33.

［5］ *L'Age de raison*，p. 20.

［6］ *L'Etre et le néant*，pp. 413－414.

［7］ *La Nausée*，pp. 64－65.

［8］ *Situations* Ⅱ，p. 95 ff.

［9］ *La Mort dans l'âme*，p. 106.

[10] *L'Age de raison*， p. 19.

[11] *Le Mur*， pp. 67－68.

[12] Ibid. ， p. 17.

[13] See *Esquisse d'une théorie des emotions*.

[14] *L'Age de raison*， p. 70.

[15] *Le Mur*， p. 141.

[16] *Le Sursis*， pp. 163－164.

[17] *L'Etre et le néant*， pp. 98－99.

[18] See *Réflexions sur la question juive*.

结　论

非常明显，我们一直在考虑的文学效果不会发生，甚至在各 181
种作品、各种风格里都不可能出现：它们不是“技巧”，而是一个不可分割的整体的组成部分，即语言反映主题，它们也是语言自身已有东西的物质化。试图确定一个产生这些事物的单一核心更加危险：一种原始选择没有地理或历史定位，但在发展背后构成最后不可缩减的真实，而彼此的关系先是回归于它，然后又离它而去。在形式方面显而易见的是事物根据人类条件进入语言的必然性，以及人类现实需要“事物化”以保持人性的方式，两者都依赖对世界的想象，即把它看作存在与生存之间、客体与主体性之间的一种对立。没有这第一个前提，两者之间的辩证关系就会消失，而对素材（假定它能够生存）的呈现会变得无法认识。这似乎是把丰富的作品归纳为一种非常贫乏的观点；但它贫乏的唯一理由是：它是必需的，唯此才能使主要选择得到它所需要的发展，才能以存在主义精神分析的方式把它置于萨特自己的具体生活之中：我们别无办法。我们唯一能做的是，对于我们正在考 182
虑的作品，指出坚持这种抽象的出发点有什么意义。

在《存在与虚无》里，这种对立呈现的形式我会称作受抑制的辩证，或对辩证的模仿。不论何时出现对立，它们都进入一种辩证的彼此关系，这就是这本书里的情形，只是书里对条件的限定非常明确，因此它们的实质在于不能以任何方式彼此融合。它们只能相互作用：世界和人类的经验，正是这样相互作用。但它们当中唯一的意识却依赖于他者：纯粹的存在很容易不需要意识。同时，那种想取消未参与的辩证项——非人类项——的企图，早在唯心主义中就曾徒劳地出现过。正如我们看到的，在意识围绕自身生成的人性化世界里，正是真实性的理念确保了对非理性存在的坚持；但是，除了以一种经验主义、一种粗浅的常识中断辩证，在允许它提出问题之后，这种理念究竟是什么呢？辩证仿佛在提出问题、作为展开它的框架方面是有用的；一旦问题得到了表达，则这种表达便具有对它回答的性质：困境得到认可，读者对它的**承认**便是揭示的目的。明显的辩证机制不可凭借自己的力量继续，创造一种综合或一种解决的幻觉；它把问题弹射到我们思想的屏幕上，然后便停止。例如，在对《同在》的讨论里可以看到这种过程，在讨论一种意识与另一种意识的关系
183 里，每一种形式方法都指出第一人称复数主体的可能性，其中会有意识的参与……除非它并不存在，而不同人们之间的关系，虽然充满冲突，但在爱、恨、虐待狂、受虐狂等形式下，从经验方面得到了恢复。当然，对于萨特最近的马克思主义辩证著作，这些全都是不真实的，那种著作有着完全不同的根据。但它也不应该被理解为对没有保持辩证法而感到遗憾。这里使我们感兴趣的是，正如我们在叙述中所看到的，这种哲学著作运用一种继承的结构表现其新的概念，因此有可能想象一种新的哲学发展，以这种发展为出发点并保持那种内容，我们便可以比在任何现代体系里更充分地认识自己，同时抛弃围绕存在与意识之分裂的物质形式和安排。通过彼此非常不同的作品，相似现实的这种进展就成为自从笛卡尔以来哲学历史的特点。

在小说和剧作里，读者经历了两者之间的综合，这种综合是我们熟悉的，因为我们正是以这种综合开始的：在所谓的“主观事件”里，主观这个词以及它所暗示的，只是表明我们为了揭示的目的而过早地把对立引入到一种先于它并压制它的现象之中。

因为事实上，所有的行为，世界上所有人类的经验，都先于把世界分成两个静止项的分裂。当我们在某个指向未来的计划中使用工具时，我们便与物合为一体，甚至这样表示也是不够的，因为没有任何纯粹的物，甚至没有知道与物相分离的意识，唯一存在 184
的是一种发展自身的人类计划。语言是中断这种不可分割的现象的时刻，语言与现象之间的距离使它分裂成看似分离的实体，而这些实体彼此形成转瞬即逝的联系；需要指出的是人称代词和对事物及背景的命名，这也是在其方法范围之内努力恢复某种统一性的地方。只有在语言现象的这个时刻之后，事件才呈现为纯主观的幻觉，与我们毫不怀疑地接受的其他东西形成对照，因此，正是在这里，客观和主观之间、存在和意识之间的词语对立才出现：正是一直在语言中，在继承的句法中，关于西方哲学漫长发展中的部分残余，我们不可能不予考虑或突然视而不见，而这种倾向在一个异化的世界里更加强烈，以便区分人类个体和他觉得一直在周围存在的事物，并通过他的意识，把对世界的理解完全归纳为形象和心理上的"主观"反应。我们看到，这部作品不是用某种乌托邦诗歌阻止这种区分，而是把它推向极致。综合是叙述本身的内容：虽然它是人类生活的经验，但仍然在那里，在内容之中；而表达它的语言，在它无法取消的两项之间来回摇摆。正是在这一点上，我们必须抓住这种事件与其语言之间的关系，以及它所采取的主要形式。

毫无疑问，《恶心》是萨特最完美的小说，它采取了日记的形式：它的优势是保持罗冈丹的孤独，每一个句子都隐含着读者，只是后来一切过后才模糊地作为一种历史事件。日记可以使 185
孤立的日常经验消除连续性的偏见；而回忆录或者章节小说常常自动地强加这种连续性。小说的碎片化，它的纯经验序列，恰恰是那种"在夜里漫步，没有任何先兆，黑夜给他［主人公］提供了单调的财富，没有任何选择”。他确实在这些财富中间做了选择，但我们注视着选择的进行，我们亲眼看见这种观念的工具——恶心的概念——逐渐发展，恶心使他表现它们，允许它们强化并充分揭示自己。

因此，作品的统一性依靠它所描写的这种累积的经验结构，或者依靠理解经验所用的观念结构；这部作品和其他内容与“观念”相关的作品之间的差距，是一种独特的经验或“观念”的形态的作用，它本身在性质上就不同于所有其他观念。下面莫里斯·布朗绍的句子强调了这部作品少见的发展过程：

> 当罗冈丹最终面对面地与存在相遇时，当他看到它、理解它并描述它时，真正发生的是没有任何新东西发生，没有任何变化，发现并没有给他启发，因为它从未停止对他呈现，并且它没有结束任何东西，因为它在感觉的手指和观看的眼睛里，就是说，不断被经历它的他的存在吸收。[1]

作为一部伟大的小说，《恶心》中奇怪的孤独，我们无视自身所产生的那种力量旅行的感觉，那种绝对独特的场景（不是指
186 其成功之处很容易融入形式历史的作品）的感觉，也许是一种视觉的幻觉，而由于这种幻觉，我们既把作品理解为一部“理念小说”，又把它理解为一种独特理念的小说，没有任何其他理念能够像它那样“运作”。这种感觉对应于某种真实的东西，因为，对罗冈丹自己的个体生存而言，虽然这里的生存理念与其独特的历史内容绝对一致，但由于坚持作为抽象的词这一事实，它仍然是某种可以把自身转变成任何其他生命的东西，具有自己特殊的内容并与新的生命一致。因此，作品同时是一个自我确证的整体和一个不可确证的、偶然的内容文本：罗冈丹生活的真实性是揭示存在的最佳方式，任何其他生活都不可与之相比，但是，一旦

我们穿过作品的框架，一旦处于这种生活当中，我们的注意力就会转向它即将经历的戏剧，矛盾的感觉变弱，因为矛盾的一个方面已被接受，看不见了。这种真实性的呈现在某种意义上也是其他小说的形式问题。

在《恶心》这一特例之后，后来的小说又是在形式空白中的一个新的开始。它们所描写并出现在标题中的自由观念，其与内容的关系不同于早期作品中存在的观念与内容的关系。它常常包含自由本身的对立面，或某种不自由的条件，使它具有一种辩证的运动，从而可能把早期没有任何新东西的发现变成一种真正的揭示，一个真正的真理时刻或者一种“理念”出现的时刻；由于这些作品是一系列的戏剧，而不是单独一部作品，自由的问题可
能把自身归纳为单独一个人物的偏见，且不比其他人物相当不同 187
的偏见更加特殊。正如在《恶心》里观念形态支配着它的形式，同样这里每一部小说对不同性质历史时刻的召唤也凝聚成一种彼此各不相同的形式：《理性年代》渐进的戏剧性组织安排，《缓期》的形式创新，以及《心灵之死》混乱而松散的结尾——最后在集中营的故事里分解成简单的线性叙事。

《缓期》是一种巨大的延伸，试图包罗各种事物，也是小说雄心的扩展，直到它们达到艺术作品与世界本身等同的程度：在时间的这个时刻，欧洲的一切都被假定在这里留下了痕迹，因为危机的时刻不仅关系到那些直接与之相关的演员，而且还受到刻意无视战争危险并继续对它无动于衷的所有个人戏剧的深刻影响。正如整个个体生活事件或者和平时期发生的事情充斥着**生活**与**和平**两个抽象的词，同样《缓期》是以可靠的细节挖掘马蒂厄对难以想象的、充满自治意识的世界所产生的抽象看法。然而，正如出版的作品那样，其勃勃雄心在于它不可能实现的本质：**一切**都不能适合作品，而由于它刻意在各种事物和尽力形成存在的

东西之间进行比较，个体的插曲变成了一种难以实现的总体性样板和实例。没有任何东西支配细节的选择；在这一切过去之后，插曲和人物都变成了自身充满意义的历史时刻，但当它继续进行
188 时，没有理由说明为什么此刻应该转向某种戏剧：即使正好在作品出版之前，戏剧被某个完全不同的插曲取代，戏剧本身也不会消失；它的存在只能通过它**存在**的事实来解释。然而这些松散的结尾本身就是作品计划的一部分。它们无须各自独立——在某种程度上这是必然的，因为作品并不想构成一个固定的场所，从中可以看见世界“真正的样子”，它不是要用以“客观”方式所看到的人际关系现实代替我们个人的孤立，相反，它要在超越个体意识的世界内部保持个体意识的优先性，而这种个体意识只能对世界产生最破碎的观念。在某种意义上，作品围绕着一种抽象的理念进行组织，但这种理念与小说的关系不同于存在的理念与《恶心》的关系：这是一种同时性意识的概念，个体意识知道它的个人世界有一个无法企及的外部，它的时间与数不清的其他意识的时间是同时的，它只能抽象地知道其他意识，或者在另一种意义上，我们参与历史（或社会）的感觉远比我们的存在大得多，但我们只能看到我们的生活所引发的有限的回响，只能看到它朝向我们孤立存在的有限一面。[2]这种同时性虽然看不见，却像一种原则那样充斥着小说：细节和插曲，必须绝对是具体的和个体的，与同时期其他人生活的所有那些方面一样不可预见，这使我们感到震惊，因为永远不能把它们归纳为我们最初围绕它们所形成的那种观念。对我们来说，其他人生活的内容不如它们绝对的真实性重要：发现我们自身之外世界的那种惊讶，比那个世
189 界是什么样子更加重要；因此，恰恰是这种使事物绝对独特的必然性，在艺术作品的组织方面阻挠它们成为绝对的必然。

正是在《理性年代》里，真实性与不可避免的艺术性之间的

矛盾最容易被接受。该书按照一部精制的戏剧组织，以一种戏剧的冲突收尾，它突然之间满足了所有的期待，解开了情节剧的谜团。这样一种高潮一般会回到前面所有的插曲，通过把它们变成必然发展中的节点来加以证实：这是一个剧作家的小说，只是在剧作里，正如我们看到的那样，只有情节剧的表象，它们可能得到的满足不在于客观地聚合起来的境遇，而在于词和言语，在于把境遇转换成语言。此外，这种“戏剧性的”组织在性质上非常不同于我们所说的“主观事件”的真实性：戏剧冲突是境遇本身对其部分的自主性。在它发展到一定程度之后，境遇转而呈现自己的力量，并且不可抗拒地迅速向着高潮进展。素材或非理性的内容形成自身的运动：它必定出现，人物对它做不了什么，它不依靠任何观念的性质，此时观念只是固定模式的刺绣部分，或实施的细节；当人物与发生的事件产生某种自由的关系时，灾难性的高潮返回到它们，把它们转变成“人物”或心理的命运。作为一种形式，情节剧的空洞恰恰是这种幻觉，即破碎和爆炸的事件**内在地**有趣，自我满足并单凭自身使观看者满足：如果谋杀本身是一个永远使人着迷的现象，那么谋杀的故事并不一定要得到证 *190*
实。另一方面，主观事件依赖于某种被动性的材料，总是可能使意识从事物制造它的事件，不论“内在地”多么平庸或乏味——事实上，意识必须对它视为事件并认为值得讲述的东西承担责任。

因此，扣人心弦的戏剧冲突已经过时，就像问题一词或像懦弱和英勇的道德问题一样过时。在新的萨特世界的氛围里，这种模式似乎幸存下来；然而它们必须接受与新观念的某种有机关系。萨特经常坚持“极端境遇”的重要性，他的大部分作品都围绕着一些特殊的时刻组织，在这些时刻，面对意识的问题通过死亡的危机而得到强化、净化并变得更加真实。《理性年代》的戏剧冲突是从一个不存在死亡的境遇演变成一个极端境遇的方式：这种方式是把一种连续渐进的时间强加给一系列可能是自足的“主观事件”、观念，以及转变的时刻（只有通过这种时刻本身隐蔽的自治性，我们才能对这种时刻进行分析）。在两种时间（个体事件的时间，作品的时间）之间，或者说在柯勒律治所说的幻想力和想象力、作品的细节描写和最初的一般观念之间，在作品的风格和作品的“理念”之间，存在着某种矛盾。只有在《恶心》里，萨特才可能让特殊化的观念把自己组织起来，没有强加的框架，也没有“情节”。然而，极端境遇并非只是一个新异的框架，那会破坏作品的真实性：我们记得，在主观事件自身内
191 部，例如在转变当中，有一种嵌入的规定性力量；转变必须是“真正的”，事物必须成为“它们本来的样子”，事件必须使其必然的真实性被回忆、被坚持，从而避免陷入最纯粹的主观性和审美游戏。坚持极端境遇对整个事件也施加类似的规定作用：在危险中体验的观念肯定是更“真实”的观念，当困难的境遇使观念真正发生作用时，通过对世界的观察，我们自己妥协，我们选择并信奉这种观念，而且这种情形会加倍和强化。极端境遇是对我们日常生活、日常假想的一种总体强化，其情形与雨果的寓言通过自身象征地反映出行为结构相同。

这种奇怪的加倍，这种新旧的叠加，在人们自己的处理中是更基本层面上的重复。以前小说的基本范畴是“人物”；这个词不仅表示小说或剧本构建的基础是对人的再现，而且也表示它们与人类的一种特殊关系。“人物”是从纯美学观点出发，拉开距离审视的某个人。喜剧的效果反映了这种距离；独特风格的奇怪混合构成“人物”，他一般要通过逗乐来理解。但人的古怪只是他引人注意、与众不同的功能，事实是他已经脱离了抽象的、“一般的”人的概念，脱离了固定的、永恒的“人的本性”。我们

与他的差距是社会内部分裂和产生阶级的结果：我们自己被我们所属的阶级或地位分离和庇护，因此在“人物”文学里，我们能够保持自己，安全地从外部观察人类，仿佛一种奇怪的芭蕾，它确认我们处于特殊的地位，除非那种地位由于偶然事件成为另一个阶级嘲笑的对象。这种文学因其本质而丰富多产：有许许多多主题，许许多多小说，就像一群人或一个城市里有许许多多人物；一个类似巴尔扎克那样的作家，只要在街上看见一个蹒跚着经过他的老人的脸，就可能产生一部作品。 192

意识文学反映一种对世界完全不同的处理。意识是纯粹的，非个人的；甚至有某种个性的感觉也是外在于它，是一种幻觉，当我们直接卷入我们的设想时，这种幻觉完全消失，而当它停下来享受对自己的沉思时，它又重新出现在我们意识的视域。对于这种意识，再没有任何保护其与他者距离的可能性。对他者的理解曾经包括他们的整个面孔、他们的身体以及所有保证个人独特风格的东西，但这种理解萎缩了，缩减到仅剩它们的眼睛；眼睛是抽象的，它们只表示我们在其他意识面前的脆弱性；而眼睛所属于的面孔、个性，还不如被看见的事实本身更真实。正是当奇形怪状的人——“人物”——转而开始观看我们时，人物文学就完了：在这种我们不能隐蔽的新型社会里，群体或阶级太软弱，再也不能保护我们，而每一种意识变成了独特的、特权性的、危险的。

这本书是研究意识文学的著作。没有任何段落要求我们必须
根据其中行为者的“个性”来解释，没有任何观念必须转变成某 193
个人物的现象才能理解。个性的概念在这里被原始选择的观念取而代之，但由于那种选择总是一种存在的选择，所以不论其形式多么反常，当它的发展完成时，它总能被理解：我们不会只是从外部“理解”达尔贝达夫人的贪吃，我们的直接感觉是它像是人

类可能的特点之一，我们**承认**它，我们在实际阅读中不得不短暂地选择它，这种承认使我们妥协并接受所有其他的人类现实，甚至承认我们想与之拉开距离的东西，把它们当作我们自己的现实，而这正是这种文学的目的。

实际上，这些作品里也有旧的意义上的人物。马蒂厄是一种与自由问题相左的意识：由于是非个人的和抽象的，他观察的东西是一种最终的现实。在他的观念背后，事物再没有其他真理，除非我们跳到第二种意识，以及这种意识的真理及其世界，他意识中的现实只有通过其他现实来限制，没有什么特殊的地方可以使这些世界最终相遇并互相纠正，从而形成一个单独的、客观的真实世界。马蒂厄**就是**他的境遇，他的现实是一种持续呈现的发展自身；但与此同时，在那种呈现的地方，我们发现以往反复出现的人物问题的痕迹，在我们对当下的注意再次清除它们之前，它们使我们想到它们的存在，而且后来作为作品计划之内但却被忘记的因素又会出现。马蒂厄的“个性问题”是他与人们的距离，这是一种通过理解他们来接近他们的努力，但不断带有说教
194 或居高临下姿态的危险。《理性年代》一开始就申明了这种主题：马蒂厄拒绝了一次相遇的机会，拒绝了对另一种意识的揭示，他事后感到后悔。主题在这里能够如此赤裸裸地表明自身，仿佛只是因为呈现意识的连续性还没有时间以充分的力量展开。马蒂厄对西班牙内战的遗憾是这种困难的另一次反映；1940 年的战争插曲是又一次；在作品最后马蒂厄出现的地方，从炮楼上射击的时刻，它再次出现：“这里是所有那些家伙的代表，他们当中最后的每一个人，我都觉得憎恨，然而又想尽力理解他们。”[3]

这不是一个孤立的例子：例如，鲍里斯对代际之间的差距倍感兴趣；不论在社会生活还是性生活方面，他故意让比他年长的人围着他。甚至罗冈丹——一部几乎完全是纯意识的、没有什么

谋划的小说的主人公，也有他的“个性”：他常常感到恶心，因为他是喜欢**触摸**东西的“某个人”。[4]这些“问题”从来不会受到冲击，它们会像在“心理小说”里那样展开：我们很难同时聚焦于它们并保持对意识的描写，因此只有当我们从句子后退，我们对阅读意识的介入中断时，我们才可能注意它们。我们认为它们是对小说额外补充的东西，我们不会看不到它们，它们反映了一种残存的完整呈现人物的旧概念。

因此，这些个性既是海市蜃楼似的独立存在，同时也是意识所意识到的素材。马蒂厄在焦虑中经历博爱的问题，从另一个视
角看，他“是”与其他人“有”某种距离问题的人。在某些节点 195
他最初选择的主题，仅仅凝结成人物的一些方面，即他的主要品质。这种重叠，这种新表现方式被旧方式的异化，在一种意义上反映了所有意识的真实性：它必然总是处于“境遇之中”，使身体在某个独特的地方陷入特定的时刻，带着一些问题——绝对个体化的、不可缩减的、偶然的、某种意识的事实，它也是纯粹的、非个人的。因此，马蒂厄是意识，但他也必须“是”某个人，而他正好是一所公立中学的教师，他住在某个公寓里，认识一群特定的人并与他们为伴，他还对某种秩序抱有一种偏见；这些是无法确证的事实，是艺术作品自身内部的机缘或偶然性的核心，它们无法被同化为某种清晰的“纯”艺术形式。

有一种观点认为，所有这一切毫无疑问都非常明显：作品必须是**关于**某种事物的，它们的人物至少不比我们实际遇到的人更偶然，而且根据常识，当我们在这种特定作品里偶然遇到有机会的地方，我们可以说出一切小说都说的东西。但按照这种观点，偶然性本身便不可理解；反过来，只有在偶然性的观念使它的存在被感知之前，常识的观点本身才可能出现。当然，没有什么理由说明为什么会觉得世界是“荒诞的”、非自我确证的，实质上

有些过分，除非依托某种理性的标准对世界进行衡量，按照这种标准世界变成了荒诞的。在中世纪时期，这种标准是上帝完美无缺的观念，而正是在这个时刻，世界的偶然性第一次得到理解和阐发。在我们自己这个时期，这种经验的重新出现是一种不同智
196 性的结果：在工业化时期，世界大规模的人性化，以及看见世界完全人性化的可能性，这些使世界当前的偶然性再次痛苦而清晰地呈现出来。在那些把艺术视为绝对的现代艺术家的问题和志向里，对这种经验的反映最容易理解：马拉美讨厌偶然性，他极力消除它，使艺术作品纯化到可以自行运转，与世界没有任何关系。这就是十二音调体系存在的理由，它对偶然性或外来的法则不留任何音调，但延伸到决定作品的每一个最后因素，包括乔伊斯那种精心制作的计划和过分的决定，其中事实并未被清除，而是通过整体系统得到更充分的承认，然后按照它们本来的面目和出现的时刻加以证实。正是根据真实性和艺术必然性的共同问题的这些绝对解决方式，萨特的作品在这方面呈现出它的意义。

这些作品的形式并非“天真的”、无争议的美学产物，它不是意识不到问题的存在，简单地放弃对偶然性的处理，而且，当它最终只是运用一种现成的、继承的语言时，它认为是在按照事物的原样描写事物。但另一方面，作品呈现的问题不是试图整个解决的目标，像上一代作家那样；它只是在故意不完善的作品结构内部保留的一种困境，因此不再以作品的完善与世界较量，或
197 找出它们在世界上的地位，直接影响读者。萨特经常说，小说像一架对读者工作的机器；他的小说的创始常常是描写的内容突然变成整个作品动因的结果。例如，在那些时刻，人物开始感到看不见的其他人同时存在，他试图以自己的想象在地球表面从远点确定他周围未知的区域，但只有痛苦地承认他自己的孤立、自己

在真实而无法认识的世界里的渺小地位才可能成功：这种时刻是最初的插曲、内容和主观事件。然而，根据这种情况，《缓期》的起源和目的都突然变得明显：作品旨在从**书里**人物的头脑中提取经验，使它对真实世界里的读者发生，使想象的东西突然出现。同样，《理性年代》也有其主体的焦虑：人物经历这种焦虑，它也被描写出来；但焦虑不是能从外部以审美的方式沉思的东西，作品的设计是使它完全成为一个在我们身上释放焦虑的机器，使我们突然与我们的自由直面相对。只有通过我们审视的作品内部真实性的结构，这种效果才可能实现：它不是先前理论家发明的那种“移情作用”的产物，那种移情作用旨在解释阅读过程中我们如何惊人地回避单一性。因为马蒂厄介入的境遇显然非常不同于我们自己的境遇，它是陌生的、奇怪的，尽管在文化上认同一致。我们与他的生活仍然相距甚远；但马蒂厄的焦虑也正是**他自己**与那些事实的差距。在这个时刻，一种纯粹的意识忽然意识到自己的真实性，认识到它有“一种”生命，“一个”人物， *198*
它承认那是它自己的，不可避免地与它相关，然而又莫名其妙地与它不同。因此，作为读者——纯意识同时又是独特的境遇——我们并不比马蒂厄距离那种作为巴黎一所特定中学教师的命运更远：我们在纯意识、纯焦虑的层面上遇到他，他生活中的偶然性内容并不比其真实性受到怀疑的事实更重要，而伴随着这种怀疑，我们自己生活的真实性也受到怀疑。因此，小说作为一种主要形式的效果本身依赖于它们内在的矛盾，依赖于意识与真实性之间那种综合的匮乏，在关于主观事件的文学内部残存着旧的文学性质，我们把它看作世界在存在与虚无之间分裂的结果，或所谓受到掌控的辩证结果。而在形式的更大维度上发生的东西，必然在语言自身的微观世界里得到反映和重复。

在哲学著作里，这种故意不完善的形式在语言里常常可以理解为一种文字游戏：动词“to be”（是、成为、存在，等等）变成一种词语魔术的工具，在预想不到的语言层面上产生出一些解决问题的公式。因此，举例说，在时间问题里，过去的性质问题，它与现在的关系问题，完全是一个发现正确的词汇来说明这种人人必定已经知道的人类经验现象的问题。人们发现，先前的理论可以说明过去现实中某些不被怀疑的方面，但在那些方面之外却难以进一步**包含**更多的东西。它们的词语要么强烈地坚持我们的过去与我们是分开的，无法再与我们的现在相联系，要么过多地强调过去与现在的连续性，以至于难以看出两者之间有什么
199 差别。过去的这两个孪生方面都必须保持，以便公正地说明我们实际经历的过去的经验；但是，一旦我们在分析中达到这一点，对于所有的意图和目的问题便都已经解决。我们已经发现，我们经历的过去的经验在于：过去既与我们现在分离又与现在连续，我们**承认**这一现象。因此，当严肃的阐述出现时——过去作为我们既“是”又“不是”的某种东西，暂时性作为“可以是它不是的东西”和“不是它是的东西”的存在的唯一可能的结构——这种程式有一种预想不到的自明之理的冲击，因为我们在等待不同性质的语言，我们在等待这一现象转变成哲学术语，类似柏格森的“期限”术语。我们没有意识到真正的哲学著作已经结束，这种程式的设计不是为了以语言记录那种现象，而只是用作一种适宜的抓手，把在文字背后看到的现实抓住。哲学只有一个体系的外表：它不会在达成的术语中实现自己，一旦现象的真实性被文字引出，它反而会遮蔽自身，但这种文字的效果非常短暂，一旦完成他们的使命便会消逝。

这种哲学的呈现依赖于动词“to be”的独特境遇，而它之所以可能则是因为意识与事物之间的关系，或毋宁说因为它们的分离需要一种新的关系来解决。在这种新的（即动词）“to be”的

关系里，动词的意义本身在其结构方面受到否定的影响，而在这种否定里它常常被应召发生作用。当它是个有力的动词，力图以一种新的同一性代替更多的分裂关系（颤抖不是表达愤怒，不是 200
它的象征，不仅仅反映它，它**就是**愤怒）来保持人类现实的统一性时，实际上没有任何新的东西，两方面只是回到它们在实际经历中原有的统一性，但由于它们彼此短暂的分离而得到了丰富。两种现象之可能等同，完全是因为我们确信它们明显不同，否则它们就已经消逝在彼此之内，甚至连做出判断都不可能。如果动词“to be”是否定性的，那么对意识与事物关系的说明就是一种像同一性那样强烈的关系，因为意识若没有它所意识的事物就根本不可能存在。动词“to be”本身就是一种主观事件，其中有某种东西发生而又什么都没发生；这是语言徒劳地错过事物的地方，它总是说出它的意思的反面，隐含它试图区分的统一性，与它力求相结合的东西分离。但是，这也是纠正那种事物的可能性，因为在它自身之内，它既有力又脆弱，既能够表达某种新的东西，又能够通过它的平淡无奇说明不期待任何新的东西，并且它背后的现实可以直接理解，作为实际经历的经验而无视作品本身的不完善。

我们已经看到这一过程在小说语言里运作的情形：事物与主体性的肯定统一如何使我们抓住事物非人的真实性，人类现实明显的“事物化”如何成为让我们接触那种现实而不破坏它的唯一方式。这种通过伪同一性的游戏来恢复经验一致性的企图，显然
排除了精制的、持久语言的美学特征，而语言等同于它所描写的 201
事物。在这样一种美学里，艺术作品是客体，由熟练的工匠费力地整合在一起，句子获得独立自治的内容：珍奇的东西，实际上不再必须阅读它们，它们会继续存在，不论是否以尊重的方式思考它们，任何阅读都不足以使它们像主观性那样透明，它们总是

有部分难以触及，受到事物本身的某些抵制。但是，在这部作品里，有一种对隐在世界的介入，所有后来更明显的“介入”都发生在这个隐在的世界：读者被建构到风格里，故意不完善的句子要求读者的思想对它们纠正，以便使它们表达现实。句子与其意义之间的差距必须填充读者自己的主体性，就像在意识和真实性之间的那种形式吸引读者合谋，使他接受并经历那种真实性，而不是通过某种有组织的独特看法消除那种真实性。

因此，非常明显，萨特的作品面对着同样的境遇，同样的一些美学问题，老一代的现代人曾试图以一种不同的方式解决它们：艺术作品中机遇和真实性的地位；单独文学语言的崩溃；一种时代的风格，或一种相对同类的表达，变成了许多个人风格，变成了一个分裂社会里孤立的节点。他们还与先前的实验共有一种临时的、非正式的性质，甚至某些“经典”地位的可能性也消失，对于这种情形罗兰·巴特作了如下描述：

> 我们发现小说里存在着既破坏同时又恢复的机制，这对所有现代艺术都是奇特的。不得不破坏的是时间的过渡，不
> 202 可言喻的存在的连续性：秩序——不论是诗歌连续统一体的秩序，还是小说符号的秩序——总是一种意图的谋杀。但时间的过渡对作家坚持肯定它自己，因为如果没有精心设想的确定的艺术，一种反过来必定遭到破坏的新秩序，就不可能在时间里展开否定。因此，最伟大的现代作品在**文学**的门口尽可能长久地停顿，提供一种超自然的悬念，处于一种等候的境遇，那里有紧密的生活并在我们面前延伸，但还没有因确认文学符号的秩序而遭到破坏：因此，举例说，普鲁斯特的第一人称，他的所有作用就是沿着**文学**的方向努力拖延和推迟。[5]

然而，那种在法定**文学**面前故意的突然停止，那种对走向完整表达和自我确证的语言（在可能的情况下，语言立刻会变成**文学**）努力的否定，其实现的方式或“风格”在性质上完全不同于前代。这一代的存在本身，其探索的多种新路径，以及明显穷尽的直接实验的可能性，为它之后的作家建构了一种新的境遇：许多萨特同时代的作家都对这种境遇进行了回应，他们试图复活旧的古老形式——在萨特的作品里，我们已经看到这些形式如何倾向于幸存下来并与真正新的因素共存。但是，在萨特的作品里，真正独特的是它们根本不应该存在，它们出现在使它们不可能出现的地方。它们不是**自然的**作品；在它们背后，我们感到一种巨大强烈的动力使它们形成存在，并且只有对个人世界独特性的这种感觉推进和延伸，直到它变成作品，直到它从自身产生出叙 *203*
事，通过叙事它能够达成表达。在我看来，这种创作意志的特征是把描写转变成观念，扭曲一整套固定的“条件”直至它产生出暂时的自身表达，以及允许把静止的困境转变成寓言和行动。在《存在与虚无》结尾那些未回答的著名问题里，这种意志是显而易见的，其中哲学家暗指可能真实的意识，不断意识到我们自己是自由的，转变成一种新的生活方式，一种新的道德、价值和行动。在文学作品本身的真实抱负里，这种意志也是显而易见的；在本书的论述过程中，我们见到许多这样的时刻，包括其他意识和其他世界单纯的同时性经验——最初是简单的内容——变成了整个小说存在的理由；对焦虑的简单分析变成了在我们身上引发焦虑的意图，而对自由的描写变成了把我们自己的自由意识强加给我们的那种辩证的目的；对客体运用的关注变成了一个新的时刻，此时作家匆忙地以尽可能多的不同方式同时“运用”他的客体；我们纯粹为他人存在的概念从自身生发出萨特式幽灵的整个构架和内容；或者，抽象的生命概念变成了一种形象，然后变成了一种新的文学发展规则。在这些非常不同的例子里，自始至终可以感到一只独特的手的压力，一种持续存在的独特的行事风格，以及沿着同样特征的方向穿越所有它们的意志力量。

这种意志甚至存在于语言本身之中，存在于可以表明内容的
204 声音本身的可能性之中。因为我们已经看到，产生所有更进步的内容的世界观，即存在和意识的分裂，似乎使语言变得软弱无力。语言是事物和意识最基本的综合之一，如果它们被彻底分开，语言在它们之间就失去作用。然而，一种语言被迫在真正的沉默中形成存在，它应该获得它的地位，语言的不完善不会激发纠正它的努力，也不会变成彻底失败、放弃任何言语和沉默的基础，而是成为一种真正的说话工具：事物的非人性通过人性化的语言被揭示，意识的纯洁性在把意识作为事物对待这种殊难容忍的时刻才显示出来。于是，在作品的主题内容里，在阐发内容的作品本身里，都坚决地在看似不可能行动的境遇里采取行动；而作品不完善本身只不过是大量作品的另一副面孔，即否定的方面；因为，当一切形式都不可能时，任何一种单独形式都不比其他任何形式更不可能，它们突然之间全都变成了存在——全都可能——变成了批评和戏剧、哲学、小说，以及政治的、历史的、传记的分析，它们使我们直接面对意识的形象并因此可以理解各种事物，直接面对不受威胁的语言形象并因此没有不可说的东西。

［注释］

［1］Maurice Blanchot，*La Part de feu*（Paris，Gallimard，1949），p. 200.

［2］作为例子，见 *La Nausée*，pp. 75-76。在那个地方，这种同时性在小说**内部**作为内容发生作用。

[3] *La Mort dans L'âme*, p. 193.

[4] See *La Nausée*, p. 22.

[5] Roland Barthes, *Le Degré zéro de l'écriture* (Paris, Editions du Seuil, 1953), pp. 58-59.

后　记

205 不论成就如何，本书都有创新的意图——不仅以美学的视角从形式上分析萨特的作品，而且最主要的是恢复萨特在文学史上的地位。我觉着，二十多年前我所做的阅读和分析仍然合乎道理（也不需要根据萨特在这期间写的两三个“文学的”或讲故事的作品进行修改）。但我觉得今天我可以更好地解释那些发现，就是说，不像当时所做的那样，我可以较少以印象主义或本能的方式连接萨特的历史时刻，虽然当时我也相当准确地抓住了问题，把它理解为现代主义传统与萨特的叙事风格或文体程序之间的一种对抗，或至少理解为一种张力。因此，我想以今天更适宜的术语再来谈谈这段往事。

作为一个历史兴趣的问题，我应该补充的是，在 20 世纪 50 代后期，当我研究这些文本时，那种被称作理论的东西（或许我应该限定为法国理论，因为我是以法语论述的）还不存在。那个
206 时期，先进文学批评的利刃仍然是让-皮埃尔·理查德的现象学著作（不过，我自己关于风格研究的构想主要源自斯皮泽和我的老师埃里希·奥尔巴赫，以及萨特自己早期的批评作品——收在《境遇》第一卷里）。或者毋宁说，理论是存在的，而且确实是一个令人兴奋的理性时期，但那种概念几乎无一例外地源自萨特的存在主义，而它的语言表达也构成了本书的主题。（萨特的著作也包括一种关于它自身的理论，这在前面的章节里已经讲得非常清楚。）我自己参照了那些年鲜见的理论著作——巴特的《零度写作》（1953）和阿多诺的《现代音乐哲学》（1958）——它们已

经是成熟之作；而对更合适的相关著作——沃尔特·本雅明的文章（最初收在1955年出版的两卷本文集），却没有怎么参照，但现在可以重新加以介绍。

因为，本书的基本构想围绕着叙事的问题，更确切地说，围绕着叙事和叙事封闭的关系，讲故事的可能性，以及各种经验——社会的和存在的——在特定社会的构成中可以从结构上了解。当然，这是本雅明的宏大主题——形式的展开或讲故事的崩溃作为对农村社会、大工业城市和媒体世界的分别反映。

然而，这样一种盖然性立刻提出了它自身的理论准备的困难。显然，我们这里必须考虑马克思主义的传统，它被不严密地说成是基础和上层建筑之间的关系，具体社会关系和它们的文化形式之间的关系。本雅明本人告诉我们，“上层建筑**表达**基 207
础”[1]；但是对表达一词的强调只能强化已经存在的巨大历史差距，即本雅明（和萨特自己）的思想与我们“后结构主义”时期的思想之间的那种差距，对后结构主义思想而言，表达或表现性的概念是过去思想中最坏的意识形态残余。（对阿尔都塞之类的人来说，“表达”的范畴是黑格尔的范畴，而不同层面之间的关系——例如社会组织和文化生产之间的关系——永远不会以相似或相同的方式来理解，而应根据明确的差距**和**差异来理解，每一个层面的发展都有自己的发展速度，都有自己特定的力量和逻辑，或者，如他们常说的那样，是**半自治的**。）

在一种颇有影响的非马克思主义表达观的框架里，也可以引发这种盖然性的局限。这种表达观就是所谓的萨皮尔—沃尔夫假想，即认为特定语言的结构限制操那种语言者利用思想的种种可能。这种看法（产生于对非欧洲语言的考察，更具体地说是对美洲印第安语言的考察）只是许多具有历史意义的尝试之一，它力图打破西方从亚里士多德到波特—罗亚尔传统的逻辑范畴与印欧

语言范畴的认同，但它仍然预设了语言与思想之间相结合的区分
与重新协同，表明了“表达”概念的一般特征；然而无论如何不
可能证实（换言之，它构成了科林伍德所称的“绝对的预设”，
208 而不是可试验的预设）。本雅明的盖然性（也是本书所强调的）
等于把语言学的概念推演到更大的叙事领域：语言/思想的对立
在这里变成了**讲故事**和**经验**之间的对立。这种看法使人觉得好像
隐在于萨特对讲故事的主要分析里（在《恶心》里，前面 22～25
页有引用），即使萨特的揭示修改了更简单的语言学主张，提出
了一种关于两个层面的本体论的解释：此时语言和讲故事的层面
将被看作一种幻影和一种非真实性的形式，而经验将证明可以更
真实、更可靠地看见那种无意义和纯附加的人类时间的性质。通
过与本雅明的各种方式进行比较，这里缺少的是历史本身，即对
对立本身的社会相对性的某种认识，以及随后出现的对萨特讨论
的历史性的反省，而对于这些，人们至少要说那是关于讲故事或
逸事模式影响的奇异的现代经验。在引自《恶心》的这一大段
里，其他不一致性也已经变得明确：这就是（除非人们要把这段
说成是“哲学话语”，认为它根本不同于“叙事话语”），对叙事
的攻击是由叙事方式导致的，用的是讲故事的设备和工具，这可
以说是探讨萨特语言乐观主义的初步方式，而语言乐观主义也是
本书无处不在的主题。萨特对语言更一般的看法，与萨皮尔、沃
尔夫或本雅明的那些看法同样是传统的和“表达性的”（它本质
209 上是一种示意的语言观念，包括语境或“境遇”的概念，并预设
我们会以移情的方式投射到说话者或“发送者”的立场之中）；
但通过对语言绝对灵活性的感觉进行了实质修改，因为这种灵活
性能够不断地再次吸收它所面对的（事实上是它自己设定的）限
制（语法的或语义的）。因此，在特定语言能够意识到并能够记
录它自己构成的局限（它不能说的东西：英语无法表达霍皮族人

的时间或空间，霍皮族人不能掌握西方人的时间和空间概念）的时刻，这些局限便不再像以往那样具有约束力。语言总是一种认同并同时超越它自己构成的局限的问题（就此而言，萨特的语言观念与马克思在《政治经济学批判大纲》里对资本力量的解释出奇地相似）；语言自我超越的这种永久的可能性，与当代德里达或德曼关于意识形态封闭或类似物质的转义结构限制的囚禁概念形成了鲜明的对照。（可能并非偶然的是，在我写的关于作家温德姆·路易斯的专著里，也表现出语言乐观主义或灵活性的特征。[2]）

但是今天，我想通过与萨特方法中更狭隘的本体论框架的对比，强调本雅明的历史主义的优点。乍看起来，这些优点也许太容易被理解为意识形态上的软弱性，或像通常理解的那样，被当作历史主义不可避免的怀旧特征的伤疤。因为本雅明的“阶段理论”似乎表明，不是所有的讲故事都是对某种更基本的经验（也 210
许不应该再用那个名称，因为它只是一种无意义的“经验”和虚空时间的经验，一种不真实的“本质”被强加到“存在”上面）之人造的、虚幻的记录，相反，很久以前，在遥远的前资本主义的过去，真实地讲故事是可能的，因为在这种社会构成中存在着种种可能的实际“经验”。因此，对黄金时期的叙事的指责虽然有效，但我认为最初它决不是那么有害。这里我不可能建议，通过将其重新置于真正马克思主义的**多种**生产方式的框架之内，本雅明的社会和美学形式的“线性”叙事方式便可以被打开。只要注意到下面的情况就够了：当我们把它理解为一种否定的、批判的分析工具时，甚至这种对三个基本历史阶段[3]的简单看法也会改变事态。这里的危险不是关于讲故事是什么的某种充分的和确定的概念，而是探索和连接我们后来称之为精神病理学的叙事所用的方法：人为的封闭，叙事的障碍，它的扭曲和形式补偿，叙事功能的分离或分裂，包括对其中一些的压制，等等。因此，它本质上是一种工具，用于分析判断各种现代主义，分析判断在旧式讲故事的可能性发生危机之后出现的那些形式，正是作为这种工具，本雅明的反省才对我们有用。

由此我们发现自己面对着美学现代主义性质的核心问题，所以在我对萨特的讨论里处处想到这个主题，但并未直接进行探讨
211 （过了很久才说明这种缺失是因为本书在**解释**方面——与它的**分析**方面相对——容量有限）。因为，如果萨特的独特叙事和风格特征要在现代主义霸权的境遇里来理解，那么显然我们需要清楚地认识现代主义是什么，它如何历史地形成，对此我现在想在两个孪生的标题下说明，一个是可叙述经验的社会危机，一个是叙事范式的符号危机。

其中第一个——取消传统的讲故事和取消传统的经验叙事范畴——自相矛盾的是，尽管有我刚才使用的语言，但这种发展决不能只是被看作失败、丧失、灾变和贫困，还应该赞扬它是一种非常容易感知的解放。如果对它本质的**矛盾心理**（有准备的读者立刻会联想到马克思对资本主义矛盾心理的解释——同时否定和肯定，对人类同时解放和异化的一种史无前例的力量）没有强烈而连贯的意识，我们就不会公正地对待这种巨大的历史变革。然而，毫无疑问，一个民族如果没有故事，它就处于那种不值得羡慕的、什么都没有发生的地位；这怎么能理解（更不用说赞扬）为一件高兴的事情呢？

我遵循本雅明（他沿着整个德国传统对小说进行反思）的方法，在两种意义上把故事看作对**独特性**的纪念：一种是在暂时不可避免的意义上，一种是在不习惯的、未曾预料的、无先例的、
212 不论好坏的命运冲击的意义上（讲故事一般都受命运或天意范畴的支配，相对而言它更不在意这些力量是慈善还是邪恶：这些范

畴的历史消亡伴随着讲故事本身的消亡)。死亡只是这种与命运最相关、最典型的事件，对它的理解必须依托重复性或周期性的社会生活背景，根据新推断的本雅明对波德莱尔的论述，这种社会生活只能适当地在旧的乡村文化里留下疤痕，我们可以说，那种被称作经验的东西，是一个吸收并消除新奇性冲击的复杂过程，而发明的那些伟大的叙事范畴和抽象的事物——冒险、高雅、命运、超越死亡的爱、报应——可以用来消除不可预见的刺激，即使不是对卷入其中的人，至少对聆听故事的那些旁观者是如此。因为这些是不可逆转的事物，一旦发生就彻底了结，永远标志着它们的受害者：不论在船长的胜利中——商贩走了鸿运，他的船带着希望之外的赠礼从东方返回——还是在轮回的痛苦中，抑或在处死或判决为奴的灾难中。这种事件，这种命运在两方面的惊人颠倒，应该在与传统等级社会秩序的古老模式的鲜明对比中来理解，在那种社会秩序里，你的生活道路由社会等级、地位或先辈的职业事先设定，那是流动的巨大冰块，但在资本温暖的力量下将以雷霆之势分裂和破碎，释放出满足生存的新财富，而这些再不能以讲故事的范畴进行组织。

你已经发生了某种事情，你“有”一个要讲的故事——托多 213
罗夫称旧小说的主人公是“讲述的人”，叙事的身体，故事的人[4]——这种叙事的标记或疤痕的特征，对当代人并不一定是有吸引力的命运，对他们来说，命运的缺失本身意味着持久的可能，灵活易变，自由，没有最终的限定。在那种意义上，亨利·詹姆斯的寓言《丛林中的野兽》也许跨过了分界线，同时构成了传统的故事和第一个反叙事：它令人惊讶地发现，你独特的命运就是没有什么命运，对你——而且只对你——注定发生的事情，就是根本没有任何事情注定要对你发生。现在，关于这部本来严酷的中篇小说，某种看上去安全乐观的东西从我们的感觉中跳了出来，我们觉得那种故事（及结局）不可救药，如果你“有”这样一个故事，你必须与它一起度过你的余生。医药的指涉也不是无缘无故的，简单说，至少原则上，一切都被假定是可以治愈的（除了死亡）。由此出现了老汤普森小姐（在保罗·马歇尔的《褐色姑娘，褐色石头》里）对虚弱的恐惧——别人称作她“生命的痛苦”，而这是你在余下的世俗生存中注定要忍受的东西。我们在这种不可逆转的形式面前的恐惧，可以比作侏儒领域里贵族的恐惧：侏儒公主未来的新郎可以期望长寿，不做事情，拥有各种可以想象的财富和特权，但有一个小的条件——它要允许自己被可怕地断肢，以便（摆脱孤独）变成像他的主人一样难看。但
214 是，为什么某种东西——一种贫困的漫游生活——更加可取？为什么我们祈求得到改变我们命运，使我们成为某个真实故事主人公机遇的妙药？

在这种境遇里，萨特的人物反应是一个范例：在世代轮回造成的恐惧面前逃跑，马蒂厄可能消失在芸芸众生之中；每个地方普遍的感觉是，任何确定的行动方式都像一个球和链条，在你的余生你必须到处拖着它（甚至写作——尤其是写作——也可以变成改变并限定你未来的“意识形态的兴趣”[5]，因此如果你必须写它们，最好不完成或不完善，就像萨特整个一生常做的那样）。萨特的正式主题根据“自由”的概念和蛮横地脱离自由来论述这一切，它把自由作为没有标志、没有承诺、永远“没有秩序”，就像选择生命的痛苦和伤疤那样。但是，在我们当前的语境里，所有这一切突然呈现为一种不同的现象：选择，自由行为，现在等于承担一种结局或命运，就是说，等于获得一个“故事”。就其害怕这种叙事的自我限定而言，萨特的人物是现代的；然而，各种事物都促使他们敢于再次变成传统故事的主人公。他们是命定地要**变成**“讲述者”的人物；萨特的作品总是在那种大山

的边缘结束，在即将变成一个故事的节点结束。这是一种奇怪的颠倒，其中现代主义变成了反对传统讲故事的封闭性；现代化的境遇及其困境在故事和难以形成存在的命运的名义下被否定了。

这些是现代时期叙事危机的社会存在的决定因素，也是萨特对这种危机奇异怪诞反应的社会存在的决定因素。当然，还有其 215
他方式说明这种资本主义下的“自由领域”，这种传统叙事命运负担的解除：因为从另一种视角看，我们可能从个人生理生命的时间引发出对叙事时间的压制。现代性形成的资本节奏，实际上是康德拉捷夫长波图示中的50年大周期。这些大的格局是历史叙事可理解的基础，也是“科学地”重构历史的可能性的基础；然而，这种长波周期明显与更短的时期是不同步的，而个人主体在短时期内经历他或她的“存在的”经验。因此在现代性里，在“存在”与叙事的可理解性之间，逐渐出现了一种绝对的分裂，而这只能使传统的人类故事失去意义。所谓现代主义的危机，正是在时间层面上这种结构分裂的结果（同时某种类似的东西开始在空间层面上出现，一个全球性的世界体系与个人经历他们直接命运的狭小空间越来越大的分离）。这里我们不可能进一步展开对现代主义的分析，但应该纠正这样的印象：前面引述的种种自由的幻觉充分说明了资本主义社会人类生活的故事。

因此，我们现在转向现代性叙事危机的其他决定因素，这些因素与叙事范式自身的内在危机相关，并与更一般的叙事形式的内在危机相关，它们都处于符号危机之中。最方便的是[6]，根据其三个基本构成因素日益扩大的分裂来模仿符号的分裂：能指、 216
所指和指涉。在这种意义上，人们可以假定某种初始阶段，其时符号作为一个整体是“自然的”（就是说，它与指涉的关系还没有受到质疑）。接下来是第二个阶段——即真正的现代主义——其时日益成为哲学怀疑对象的指涉关系减少，以至于现在构成了符号与其各种指涉之间最低限度的联系。在这一点上，符号领域已经获得了一种自由流动的自治性（古典美学指定其为文化领域）。于是，我们称作传统的讲故事，显然与第一个不被怀疑的符号"自然性"的阶段相一致；但同样清晰的是，旧的精英文化中更传统的范式也属于这种"语言的"，如同卢卡奇仍然能够称作"伟大的现实主义作家"的小说一样。对叙事及其与现实关系的质疑（很快我们会看到，这是它的认识论价值的问题）是下一个阶段的戏剧，而正是在这种意义上，现代主义一般被确定为资本主义本身的文化，它"有机的"文化在历史上对这种特定的生产方式是新的也是特有的。（最后，我们必须注意隐含在符号模式里第三阶段的可能性：即把符号与其指涉分开的力量也能够穿透符号自身结构并把能指与所指分开的那种更合乎逻辑的可能性。在我看来，这实际上是表示后来称作"后现代主义"特征的
217 东西，某种只能作为整个新的文化逻辑才能看见的东西。第三个阶段在这里值得注意，即使只是因为萨特的作品——与现代运动的策略和解决办法明显存在着张力和对抗——也明显与后现代主义的风格和解决方法有着鲜明的区分，后现代主义变成了文化的主要因素，带有制度化和霸权的性质，其方式与萨特奇异的姿态迥然不同。）

对于叙事范式日益增加的人造性的感觉，适宜的理解是把它整个进行一次转换，在这种转换中，美学价值和灵感被转移到瞬间、启发、顿悟上面，先是在那种令人惊讶地突然出现在被称作浪漫主义的新抒情诗里，只是后来才在小说里发生（在小说里，逐渐感到欲望和成果的商品化污染着精制的情节，一方面谴责现在的现代主义小说家是反小说的，另一方面又说是抒情的或无情节的小说）。但是，这种新形成的瞬间真实性，要求强加某些相对是外部或外在的总体统一的形式，以此阻止作品变成纯粹的碎

片：这些外在形式最经常地诉诸“神话”，如在乔伊斯的《尤利西斯》里，但不是神话的意识形态，如在劳伦斯的生机论里。同时，这种间断的真实性需要诉诸某种新的权威，这种权威将主要从灵感、天才和后来的无意识方面呈现出来（当然，它们对诗人或大作家将产生一系列新的作用）。

萨特自己美学姿态的奇异性，也许根据上述最后的特征可以得到最直接地理解。萨特的存在哲学可以视为哲学本身现代主义 *218*
的一个顶点，而这只能强化这位作家在美学史里奇怪而不定的地位，在美学史里，从现代化价值的有利地位出发，很容易把那些叙事或戏剧作品污蔑为主题戏剧和纯观念小说。前面我试图表明这种特征的表述是适当的，但条件是要通过与旧的哲学命题的对比，我们承认这种“观念”不同寻常的结构：那些诸如“自由”或存在的“概念”可以视为类似空洞的形式，它们不再具有传统哲学概念的内容，因为它们进一步向下发展。[7]然而，萨特的叙事里有一种严厉的工具性，一种表明论点和“说出”某种东西的急切冲动，它压制了现代主义对灵感的屈从；萨特作品里的“实验”时刻，与现代主义拼命设计新形式几乎没有任何共同之处——在印象主义的层面上，所有这一切看来都非常确切。《恶心》在塞利纳的名下搬上舞台，然而没有人会把后来的文本读作后塞利纳的作品。《缓期》的剪切也是如此，尽管它深受多斯·帕索斯和美国小说的影响，它给人的印象仿佛是美国的“原创”小说。但是，萨特与超现实主义的关系才是说明所有这一切的地方；正如人们经常注意到的，在伟大的超现实主义运动当中，萨
特是他同时代被提及最少或最不确定的作家之一。这里，亦如在 *219*
他与弗洛伊德的精神分析以及他与真正无意识概念的矛盾关系当中，萨特针对各种现代主义更多被动接受的倾向，坚持实践、意图和能动性的价值——这一点是非常清楚的。

然而，我认为，这并不是旧式的回到前现代的理性概念，因为经验的预期和预示只能根据后现代时期来连接。随着现代主义的经典化和制度化，这是对现代主义文化物化的一种日益增加的、令人窒息的感觉。对年轻作家的双重约束（它们因此在某一点觉得自己是追随者或模仿者）在于两种情形之间的矛盾：一种是现代主义无意识过程中强大的非物化冲动，另一种是现代主义倾向于固定的刻板不变的形式。指明走出这种困境之路的不是萨特，而是后现代主义；然而在其早期阶段，萨特的审美唯意志论也被认为是一种受欢迎的，实际上是一种解放的、反传统的姿态，尽管在 1961 年我仍然称作“意识文学”的东西是个尚未实现的计划，萨特自己关于“实践文学”（在《什么是文学?》的结尾提出）的乌托邦理想亦是如此。

说过这点之后，前面高度现代主义所引发的其他特征——针对旧的叙事范式或情节，瞬间的重要性日益增加——给人的印象是，它与本书所提供的萨特的叙事描写令人不安地相似，这点现在必须加以纠正，除非萨特不是毫无痕迹地迂回到现代主义美
220 学。萨特的“顿悟”或瞬间概念，一般通过对释义的明显选择区别于高度现代主义：似乎有两种可选用的迥异话语，一种是叙事或美学话语，另一种是哲学的、推论的或最终是**现象学的**话语或记录。命题或宣传艺术——这些说法被用于萨特——的意思，显然可用于任何拟以抽象的哲学形式记录的给定叙事时刻。经常以迂回方式进行同样的指责也没有关系，因为从技术哲学的立场出发，现象学话语的弱点经常被确定为它隐秘的“文学”倾向，以及它暗中掩盖的叙事过程。但至少可以确定的是，现代主义因其发现自己在语言中体现，所以它提出只有那种独特的风格——神奇地产生于最绝对和最压制的沉默——可以使事物找到自己的言语。（现代的意识形态——最著名的是美国的新批评，在它们对

科学语言和诗歌语言的区分里，在它们对释义和翻译的污蔑里，再三地推行这种主张。）

我认为，现代主义的瞬间与萨特的瞬间或片刻之根本区别，应该在另外的地方寻找，在这些不同语言各自承载的**内容**类型中寻找。但是，在指出这种萨特的“内容”独特性的新特征之前，值得注意的是，两种审美范式也必须按照它们各自在最后的有机作品形式中**重新统一**其不连续时刻的方式来进行明确区分。这 221
里，把萨特与另一个经常被纳入现代主义范式的作家——弗拉基米尔·纳博科夫——并置，虽然有些矛盾，但可能有所帮助。在纳博科夫的作品里，人们也觉得有瞬间的观念，只是后来在建构的第二时刻，这些观念才以无缝的叙事形式被整合在一起。实际上，在两个作家的作品里——亦如在路易斯的作品里，至少按照我对他的阅读理解——我们看到，远比在此后经典现代主义著作里更富戏剧性的是，那种在横向和纵向之间、在共时性和历时性之间、在语言时间和叙事时间之间、在顿悟和故事之间的奇怪分裂，柯勒律治在现代时期刚开始就认为，这种情况是在幻想和想象之间或者装饰和建筑之间的一种干预。在萨特和纳博科夫的作品里，这种张力更加明显，因为张力的“解决”——故意把碎片重新统一起来——不像在高度现代主义里那样，它不是诉诸神话的意识形态，而是掌握死的、前在的、异质的、明显从外部强加的范式：萨特的作品大部分“整合”了情节剧、街边戏和“惊人的戏剧技巧”（最明显的是《理性年代》结尾处的“戏剧性”时刻，其时马蒂厄拿着偷来的钱再次进入房间［或舞台］），而纳博科夫则挪用侦探故事的布局，把它用于虽不令人信服但却引人兴趣的形而上的再辨识和预想不到的活扣儿。对这种技巧虚饰地运用使萨特可以从哲学的立场随意消除讲故事的幻觉（再次参见前面提到的从《恶心》引用的那一段），而现代作家——他们**相信** 222

自己的传统做法——被迫以各自的方式发展完整的世界观来证实他们对形式的解决。

这是可能的，因为高度现代主义的“瞬间”仿佛是一种新东西的出现及其引发的激动——在大转型时期到处都希望这种新的东西——它要改变周围的一切——自身和世界，身体和城市空间——把它们转变成一个难以想象的乌托邦的新世界。没有这种对即将发生变革充满激情的感觉，这种对更新的政治期待和渴望，现代主义最终是不可理解的。萨特的瞬间概念给人的印象不仅是这些乌托邦预兆的消失（在萨特的经验里，历史前景的伟大时刻——解放和1968年5月——仍然是死的文字）；甚至更自相矛盾的是，在**计划**和**实践**的哲学家的作品里，还有静止的、回想的、不变的等充满这种空洞幻想的人物。因此，人们很容易把这种明显的叙事瘫痪与萨特关键的**境遇**概念的范畴相联系——这种范畴的严格限制与它引发的观念力量本身是一致的。

实际上，境遇观念的伟大之处几乎完全适用于回溯和历史解释的领域。它允许人们切断命定论和个人意志之间的无效对立：例如，某些地方的意识形态，某种整个“时期”的风格，如果发现它们存在于一系列不同背景的人里，那么这种情形就不会再通
223 过诉诸时代精神来解释，也不会通过诉诸某种个人影响的错误看法来解释，而是通过重构一种共同的社会和历史境遇来解释，因为同代人的姿态、行为和文本必定都是对这种境遇诸多（不同的）象征的反应。[8]但是，对萨特来说，在我们觉着是他的基本冲力之一（即传记）的激情里，历史编写似乎总是一个附属领域。从罗冈丹对档案的兴趣，通过各种“存在主义精神分析”的版本，一直到充分展现传记努力的《家里的白痴》，根据大量踪迹把死亡生活重构成一系列新的**境遇中**的行为，其实是萨特非常喜欢的一种运作方式，它也许可以更充分地解释为什么他赞同

“我思故我在”，以及一生在意识形态方面依恋个体意识的框架（甚至在《批判》里）。然而在当前这个时期，当后结构主义知识分子的气候仍然敌视上一代萨特和现象学的遗产时（当拉康早期明显受到萨特的影响这一事实仍未得到探讨时），这里值得重申本书强烈提出的论点之一，即按照萨特的理解，“意识”远不是自我、个性、人物之类的问题。这些我们通常与“个人主体”相联系的特征、品质和经验，全都是对**境遇**的多种不同的反应和反映，而在萨特的技巧意义上，对境遇的“意识”只是严格**非**个人的关联物。（同时，虽然萨特对精神分析理论很少同情，但他对那种理论奇妙的模仿和创新性误用，在这里也应该理解为丰富境遇概念的方式，并扩大到包括童年本身和家庭的空间。）因此， *224*
有许多途径引向这一有代表性的主要概念。

实际上，在《词》里所展现的对“回顾的幻觉”强力攻击之后，我们似乎可以不再那么自相矛盾地宣称，萨特的境遇概念深受黑格尔历史观念的影响，也是对必然性的回溯重构：“猫头鹰只在黄昏飞起。”这种情形对传记的计划更适宜，萨特自己常常喜欢引用马拉美的著名诗行来表示传记追溯的幻景特征：“为什么你自己最后总是变化……”因此，萨特伟大瞬间的真理时刻，正如前面展现的那样，决不是一个自我意识的问题，更不用说从根本上转化为某种新的、充满活力的可能的未来：它是对境遇自身限制的赤裸裸的揭示，其空间类似物从房间直到死牢（我们现在知道，扣押远非一个适宜的哲学象征，在萨特本人看来，它更像是迷恋生命和病态行为的一种模式）。于是，在这一点上，“自知之明”不再是一个主体的问题，我们不再清醒地意识到自己的“性格”或心理习惯，甚或我们自己的“欲望”或对未来和变化的幻想：它化解成与境遇本身在结构上的明显对立，因为后者组织童年的经验，并继续主宰成人的行为和选择。在这种意义上，

境遇变成了与更广泛的意识形态封闭概念相连的所在，而由于这
225 种差异，那种“境遇”还是一种奇怪的历时性和辩证的概念，从中我们也可以理解那些意识形态冲动和实践的形成过程。因此，境遇的概念既可以恢复个人象征行为的透明性，也可以恢复其不透明性：它可以说明在我们思考和改变世界的努力中一切被异化和物化的东西，同时它也揭开这种努力在早期阶段如何是新鲜的、具有内在意义的姿态。

因此，这一概念的充分展开一直是看不见的，直到 1960 年在《辩证理性批判》里，萨特才命名并详细说明这一自发性和物化的戏剧是“实践—惰性”（practice-inert）[9]：由此可理解的行为过程，通过其成功地改变世界（以及“当前的”境遇），以客观的、继承的、制度化的踪迹等形式幸存下来，这些踪迹现在以难以理解的惰性抵制人们在事物新阶段的活动。于是实践—惰性的概念表明，境遇的概念奇怪地包括自身在时间中消解的时刻，以及一种关于时间顺序的看法，按照这种看法，已改变的境遇的时间顺序与更持久的熟悉的习惯相冲突，这些习惯被组织起来应对那些消解的时刻，而那些时刻现在却不复存在。因此，人们也许应该考虑境遇本身的内向融合，它先是客观地呈现，作为组织我们新遇到的问题、困境或矛盾等事态的方式，然后被吸收到它所引起的主观过程和选择，现在它作为一个早已死亡但仍在我们
226 心里存在的世界的精神图示继续生存。伴随着自由的概念（很快我们会再谈），还有一种彻底摆脱这种境遇限制的假定的方式，即萨特关于根本转化的概念，它至少为叙事问题提供了一种可行的解决办法，因为它构成的瞬间时刻（例如马蒂厄在第九座桥上的“光明”）可以读作一整套叙事发展的高潮。但是，这种意义上的“转化”是一种空洞的、纯形式的经验（因为新选择的内容被忽略了，或至少还没有连接）：它使人觉得只不过是境遇概念

本身的其他方面。换言之，如果境遇既是封闭的又是不连续的，那么结果必然是在“境遇”之间出现断裂和间隙，而萨特正是由于这些才发明了“转化”一词并把它保留下来。（这里概念上的困境与编史工作中时期不连续的问题相似，不论在马克思对生产方式的争论里，还是在福柯写的那些历史里，都是如此，于是从不连续性想象出一种“断裂”的幻景，而它本身只不过是“整个体系”自身范畴的正面和补整。）因此，在萨特的作品里，转换时刻只是萨特的一般瞬间的极端情形；它们最多可以为结束作品提供某种形式的借口（不过，我们已经看到，它们很少真正完成或结束），但可能从叙事中完全消失，例如热奈或福楼拜展现心理的那些叙事，其中事件的连续统一体太强大，使暂停的时刻难以重新显得合理。

因此，转换现在倾向于在作品之外，要么采取自杀的形式，如在《阿尔托纳的隐士》的结尾；要么像《词》的结尾那样保持莫名其妙的沉默，它使我们明白那部作品中的童年萨特今天已经完全消逝。实际上，人们很想追寻本书所探讨的“能指符号的逻辑”（冒号、逗号和各种印刷的中断），以便表明萨特的封闭效果很可能是这种意义上素材断裂的投射，而不是相反（在可选择的方案里，物质符号和断裂可以理解为更多非物质形式的表达，但这种方案也仍然在前面的文本里发生作用）。 227

不过，对于萨特叙事中“境遇”的形式功能，在其最后扩展的叙事里，即在其三千页未完成的关于福楼拜的心理传记里，人们可以更具体地看到它如何发生作用。正如萨特喜欢指出的那样，它是“一部真正的小说”，而且它确实讲述一个故事，并最终达到一个令人震惊的高潮，只是不一定在人们最初期待的地方（当戈达尔被问到他的电影是否有“开始、中间和结尾”时，他回答说，确实有，但不一定是那种顺序）。因为《家里的白痴》

将沿着巨大的螺旋和环形展开，它们可能概括不同层面上的相似运动，从福楼拜童年在家里的境遇到他在 19 世纪中叶知识分子中的地位，后浪漫主义意识形态的性质，语言和形式的历史，等等。在论热奈的作品里，相对而言这些螺旋仍然遵循黑格尔式建
228 构，在热奈的精神生涯里，每一个阶段都在明显“更高的”的层面上概括了前面的阶段——因此，唯美主义者的才能将吸纳并超越小偷的才能，作家的使命将“实现”那种唯美主义者的使命，如此等等：这里，在从一个层面到另一个层面的运动中，一种象征的“升华”清晰可见。

在福楼拜的叙事里，各种螺旋式展开的相互关系更多共时性，这是一个多种决定因素的问题，阿尔都塞学派喜欢称之为“多因素决定论”。有组织的对立大致仍是主体和客体的那些对立，但这种改变不太受黑格尔那种本体论预设的支配，而是受存在的迥异**方法**支配：最主要的是精神分析——按照萨特现在对它的理解——以及阶级或意识形态分析（尤其因为它把这一时期整个资产阶级意识形态矛盾中相关而又不同的客体与那个阶级审美意识形态中的困境分离开来；后者一般被作为 19 世纪艺术的地位问题来观察）。

由于这些区分，叙事发展的目标提前出现；它将导向各种迂回或不同层面的汇聚点，就是说，以一种统一的象征行为，导向创作出《包法利夫人》的时刻。此时，承载这一名称的行为（人们必须把它与公众后来在完全不同的社会历史条件下对小说的阅读或物化区分开），是“古斯塔夫”的个性和天才等主体决定因素与阶级意识形态和审美可能性等客观因素结合在一起——它是各种决定因素汇聚和结合的故事，本来准备在尚未写出的《家里
229 的白痴》的第四卷讲述的（萨特计划把它作为对《包法利夫人》的“结构分析”）：这是一个可理解的清晰时刻，其时“福楼拜”

的多种“境遇”——包括客观的和主观的——正好适合它们产生一种复杂而有意义的行为。关于这种象征行为是否构成对那些境遇的超越，抑或只是对它们的**表达**，把它们转换成不同的、更有活力的主题，这是一个理论问题，现在肯定不可能提出，更谈不上解决；但那种准备把《包法利夫人》重写进去的象征行为，显然必须通过对此前福楼拜境遇的精心重构进行理解和阅读。如果你喜欢，这就是那个时刻，类似境遇戏剧的“美好结局”，它把后者的强制性化解成新姿态的创造性生产，无论这种生产要付出什么代价（“神经病”，萨特曾说，是“孩子快要憋死时发明的一种原始的解决办法”）。

但是，叙事——尽管缩短了——有另外的叙事高潮，在当前的语境里它同样具有启示意义；只是它们缓慢的曲线必须按照庞大的规模划分，大的上百页的部分用作构建巨大能量的材料，读者需要改变新旧更替的方式才能以肉眼抓住它们。如果这种调整可能——对其中令人恼怒的啰唆和常常使人厌烦的离题都保持正确的观察——那么福楼拜童年的各种“主题”，通过两百多页的描写，在那种通常称作“蓬莱维克危机”大变动的个人创伤里，可以说汇聚了在一起。

此时古斯塔夫 21 岁：他在巴黎学习法律，在假期回家的路 *230*
上，他的神秘的发作并没有造成特别残缺的后果。然而福楼拜博士还是认为，他的第二个儿子永远不能积极主动地生活，应该继续受家庭的照顾。此后不久，父亲的死亡给古斯塔夫留下了足够的物质财富；“克瓦赛的隐士”诞生了，福楼拜的小说现在可以被写出来了。

对古斯塔夫的痉挛有各种不同的诊断（根据最不足信的证据），最常见的是诊断为癫痫：传记作者认为那是个小插曲，对古斯塔夫后来的文学生涯至多是个障碍。但萨特认为，那是福楼拜生活中的主要事件，是他的文学使命的一个部分。自由论的哲学家把这种身体的创伤重新解释为一种意图行为，对它的理解大大超越了“因心理而引起的疾病”。在世俗的商业社会里，面对“真实生活”难以忍受的前景，古斯塔夫现在被看作以自己的身体作途径，为不可能解决的困境发明一种最终解决办法：因此蓬莱维克的“危机”是一种自杀未遂的情形。在那以后，古斯塔夫能够过一种“死后”的生活（很明显，这与萨特在《词》里对自己童年幻想的描写相似）——对世界、对资产阶级野心、对金钱和职业，尤其对他所厌恶憎恨的**自我**，他死了。那么，这种个人的或心理的“解决办法”，与集体意识形态更“客观的”解决办法——批判的否定，厌世，没有阶级的理想（那是特殊的理想），维护知识分子的自治性（现在被“错译”成为艺术而艺术），以及相信世界虚无和生命空空的准宗教信念——如何形成一种绝妙
231 的“先在的和谐”，即那种心理或主观形式与意识形态和社会—历史内容之间惊人的相互“配合”，将在《家里的白痴》的第三卷展开，这里只能简单地勾勒一个概要，但也要以集体境遇的语言为基础。

因此，作为艺术家，福楼拜更客观的困境同时是中产阶级作家的危机，他们在市场体制中面临着公众的消失；法国资产阶级的意识形态矛盾是，它在大革命时期发明了一种普遍人性的概念，作为反对旧制度贵族文化和价值观的有力武器，而在1848年的革命中却发现自己面对着一个新的无产阶级，但它不愿意承认这个下等阶级也是普遍人性的组成部分。福楼拜时期的法国资产阶级通过变成“维多利亚时期的人”来解决这一新的意识形态问题，压制它与无产阶级共有的那种身体上的动物“天性”，把它早期的人文主义变成一种愤世嫉俗的实证主义。

于是，萨特宏伟叙事中这最后也是最广泛的部分继续指向境

遇本身最大的范畴，不论这是以身体崩溃的形式否定它，还是以生产出《包法利夫人》的象征行为肯定它。在萨特从亨利·列斐伏尔借鉴的著名的“进—退法”（progressive-regressive method）里，本质上仍然是回顾的东西就是这种精心设计的重构过程，通过这个过程，看似自由的行为、计划、对新出现的未来的信念都要立即重新阅读，并把它们转变成过去的胜利，转变成无所不在的冰封的矛盾。

因此，远非消解或超越各种现代主义的停滞，这种独特的萨 232
特叙事必须被看作类似“否定之否定”的性质，在这个时刻，叙事视角和目光的巨大转换可以使瘫痪的事件和行为彻底改变，主动地以编史或传记的重构形式体验它们。那么，这是不是说，萨特其他著名的主题，如计划、行为、实践、不断超越现在和过去走向未来等，只是对境遇限制这种具体但固定不变的看法在形式上的空洞补偿？

确实如此，因为，如果新的时刻与旧的境遇及其多种决定因素构成一种基本断裂，那么诉诸计划和诉诸对行为与实践的创造性革新就必须保持开放并不做特别限定。然而，那些主题，尽管它们仍是纯形式的，也必须纳入对萨特的时刻，即萨特的矛盾的解释。在他的晚年，围绕在他周围的毛主义者们不赞成这种对资产阶级神经衰弱详尽的、无止境的剖析，但他自愿并顽固地坚持这样做，颇像是自我惩罚和毫无意义的训练，为了在晚年确证自己而与自己较量；他们常常喜欢建议他写一部无产阶级小说，认为那样他会做得更好。然而，回顾起来，萨特一生的著作可以看作在两种大的主题之间转换：一种是实践的，一种是想象的。它们非现实化的被动方式，以及把世界转变成单纯形象的方式，最初在他早期的哲学著作中曾有分析，但只有在对福楼拜的阐述中 233
才达到顶点。这些独特和对立的方式不仅是根本不同的体验世界的方式，它们还投射出不可兼容的两种类型的文化和文学产品：不论在《什么是文学?》的结尾所解释的“实践的文学”在萨特自己的作品里是否能够实现。因为这些现存的写作方式最后都明显地以阶级术语统合起来：静止瞬间的审美化，未来和行动的消失，或**事件**以及它以**想象**方式的奇怪表达的消失，变成了毫无生气的资产阶级文化风格，而以未来为导向对实践的信奉则表示某种根本不同的文化类型，它只能由活跃的产业工人构成的新阶级完成，因为这个阶级把世界看作生产和人类改造的空间。这第二种文化显然会一直执著于超越现代主义困境，过渡到某种新的领域，在这种新的领域，传统事件和现代主义瞬间都将被行动本身取代：这是一种预言性的看法，它与本雅明在其对机械艺术作品解释中同样是想象的姿态有许多共同之处。以这种更大的乌托邦的历史投射为背景来理解萨特叙事的静态性，就是要把它的“真理时刻”恢复到萨特自己的历史境遇，否则在今天看来，这一定显得非常遥远，在文学史和美学史上是一种奇怪的逆流。

[注释]

[1] Walter Benjamin, *Passagenwerk* (Frankfurt: Suhckamp, 1983), p. 495.

[2] *Fables of Aggression: Wyndham Lewis, the Modernist as Fascist* (Berkeley: University of California Press, 1979)；特别是86页：“既然没有充分的语言来‘表达’客体，那么作家只能告诉我们，假如他先有这种语言他会如何表达。”

[3] 显然我对本雅明的解读是基于把文集《启迪》中的三篇核心文章理解为一系列的理论反应，这三篇文章是：“The Storyteller”“On Some Motifs of Baudelaire”“The Work of Art in the Age of Mechanical Reproduction”。

[4] Tzvetan Todorov, *Poétique de la prose* (Paris: Seuil, 1971), Chap-

ter 6.

[5]“多伊彻特别强调他所说的‘意识形态兴趣’。例如，他认为，如果你写了许多书，此后这些可能变成你的意识形态兴趣。换言之，书里不仅有你的观念，而且还有实际的、物质的客体，而这些就是你的兴趣……”见“A Friend of People,” in *Between Existentialism and Marxism*（New York：Pantheon，1974），pp. 292-293。关于萨特的人物更“病态的”特征，最近几年已经广为人知，并且经常被提及，Denis Hollier 的 *Politique de la prose*（Paris：Seuil，1982）提供了一个很好的目录。

[6] 对于现代的这种句号化的更充分的讨论，可参见 *Social Text* 9/10，double issue on *The Sixties*（University of Minnesota Press，1984），笔者文章“Periodizing the Sixties”。

[7] 布朗绍早就提出了这点，见“Les Romans de Sartre,” in *La Part du feu*（Paris：Gallimard，1949），pp. 195-211。

[8] 这种分析大量出现在萨特的历史著作中，见 *L'Idiot de la famille*，Volume III，但也出现在他于 20 世纪 50、60 年代发表的著名新闻和政论文章里。

[9] 更充分的讨论见 *Marxism and Form*（Princeton：Princeton University Press，1971），Chapter Ⅳ。

索　引

附录　电影研究：意大利之存在

呈现的不是意大利，而是其存在的证据。

——阿多诺与霍克海默

通过阶段理论，换言之，通过这样一个命题，即其形式和审美趋势受到整个世俗资产阶级或资本主义文化三个基本阶段这个历史逻辑的控制，电影历史可以变得明晰，或者至少能得到有效地分割。这些阶段可以被分别称作现实主义、现代主义，以及后现代主义。除非是在绝对的风格描述意义上，这三个阶段都无法被理解，毕竟它们就是从风格描述中挪用过来的；它们的专用术语为我们设置了这样一个技术难题：如何在形式概念或美学概念与阶段性概念或诗学概念之间进行调解？这类调解手段并非罕见：斯宾格勒（Spengler）的时代是一个臭名昭著（而且可能是受到了不公正曲解）的例子，而尤里·洛特曼（Jurii Lotman）按照某些修辞模式（隐喻或换喻）归纳出不同历史时期特征的试验显然也与此有关。[1]但这种为了历史分期和断代的目的而使这些文化术语重新功能化（refunctioning）的举动却要冒巨大的风险，这些风险最终可能是无法克服的：尤其是借用过来的美学术语肯定有一种强大的疏离力量和意愿，不会就范于或弱化为另一种形式的理想主义历史。文化成分（借用阿尔都塞的说法），必须被理解为一种“主导性”而非“决定性”；一定不能将其单纯地理解为一套风格特征，而应理解为文化的一种标志，以及它的整个逻辑（包括这样一个命题，即文化本身及其范围和社会功能从一个历史阶段到另一个历史阶段经历着巨大的、辩证的变形）。最后，这里提出的阶段概念必须在最大和最多样的意义上（劳动过程、技术、公司组织、生产和阶级动力学的社会关系，包括金钱和交换形式的物化程度）将经济因素包含在内。

阶段性的处理并非特指“线性”甚或进化性，这一点通过在电影历史的语境中对它的援用会得到有效的强调。电影历史的年代顺序——实际上与20世纪本身是连在一起的——显然与其他艺术或媒体的发展节奏或步调是不一致的（例如，在文学领域，“现实主义”“始源”在17世纪，“现代性”发轫于波德莱尔或19世纪末，第二次世界大战之后尤其是从20世纪60年代以来某种真正的后现代文化逻辑才出现），与资本主义三个阶段（或时期）的范式也不一致，而这三个阶段确定了这种文化史的形式：第一时期基本是国家或地方资本主义，占据主导地位的现实主义大致与之相呼应；垄断时期（或称“帝国主义阶段”）的突破和重构似乎催生了各种各样的现代主义；最后是多极化时代，它的历史缘起可以解释现在已广为人知的后现代主义的特殊性。[2]

不过，在这里仍然要讨论的是电影的微观年表（microchronology）如何以更加紧凑的节奏概括了诸如现实主义、现代主义、后现代主义的发展轨迹。这个命题同样可以用来讨论其他半自主性文化的历史顺序，如美国黑人文学，理查德·赖特（Richard Wright）、拉尔夫·埃里森（Ralph Ellison）以及伊斯梅尔·里德（Ishmael Reed）可以看作象征性的代表人物；或者也可用来讨论摇滚乐的历史，如社会上的埃尔维斯（Elvis）时期或布鲁斯唱片时期——其背后是黑人音乐——它们出人意料地发展成为以甲壳虫乐队和滚石乐队为代表的“高潮现代主义”，随后又发展成为可以说是最令人困惑的各种摇滚后现代主义。当我们将经济和社会层面区分开时，这些简要概述便显得不那么悖谬或顽固了。从经济视角看，这三个时期在很大程度上与结构性阶段相对应。但是，从社会意义上看，我们可以对现实主义时期作一个非常不同的理解，即一个新的阶级或群体掌握了一种文化的、意识形态的、叙事的学问：在这种情况下，这些时期之间就会出现某种形式上的趋同，尽管它们在年代上相隔久远。所以，正如柯林·麦凯布（Colin MacCabe）所言，你可以看到“电影的现实主义阶段在意识形态上为20世纪的工业劳动阶级所完成的任务的性质，与19世纪现实主义小说为资产阶级所做的一样”[3]。在黑人文学中，可以用同样的动力学来解释何以后来会自觉地出现一个特殊的黑人大众群体；而摇滚乐历史则标志着一个新的青年大众群体的出现。那么，需要强调的就是这三个“阶段”在它们彼此的关系中不是对称的，而是辩证的：后面的两个阶段建立在第一个阶段积累起来的文化资本之上，而且不再以同样刻不容缓的态度去对某个社会大众群体做出“反映”或“回应”，尽管在这一辩证法中的各个现代主义和后现代主义阶段随后都返回去凭借自己的力量创建了新的大众群体。同时，由这个范式引发的另一个理论问题——是否它没有遵循“后结构主义”这一点与形式历史中的自我意识日益增强时期以及由此引发的自我指涉时期完全是一样的——至少因为另一个推理而变得更加复杂，即在那种情况下，我们不得不考虑两种不同形式的自我意识。因为这个原因，单单一个术语便不再令人满意：这个术语即是现代规范性自觉（the formal self-consciousness of the modern），它从某种古老的现实主义题材中提取其抽象概念以及包含映射含义的后现代主义“文化资本”，它仔细搜索了所有先前的文化时期，以获得新型的“文化信用”。

不过，就电影而言，这种不言而喻的模式——好莱坞时代的“现实主义”，大导演的高度现代主义，20世纪60年代的创新以及它们的后续——因为另一个更加令人尴尬的“事实”而复杂化了。对于这另一个事实，我想通过一种肯定的方式来使其凸显出来，即肯定存在着不是一个而是两个不同的电影史，或者如果你喜欢，也可以说我们一般所说的电影事实上包含两个不同的且经过演化的类型或亚类型——无声和有声——其中后者有些像克罗马农人（Cromagnons），它赶走了前者并且使它永不复生。（不过，这个类比或许应该包括这样的设想，即灭绝的物种总的来说比其后继者更称得上是智性而且深奥的文化形式。）

这一时期意味着两种电影类型——无声和有声——需要有各自独立的历史，而且这里透露出的三重逻辑在这两种类型中都观察得到，但观察的方法互不相干，它们彼此之间存在辩证的不同。其一，无声电影从未有机会发展出公认的“后现代”版本，尽管调侃一下这个假设很有趣，假设后二战时代（the post-World War II era）的独立或实验性电影［例如，斯坦·布拉哈格的《狗星人》（Stan Brakhage，*Dog Star Man*）］是在“无声电影后现代主义”这个从未出现过的空洞空间中发展起来的；不过，相反地，另一种媒体——有声电影媒体——却在非常不同的影像后现代主义中完成了它最有力的第三阶段的进化性变异。[4]

至于无声电影从格里菲斯（Griffith）某种具有开创性的现实主义发展至爱森斯坦（Eisenstein）和施特罗海姆（Stroheim）的奇特的现代主义形式，在这里就不做进一步的讨论了。

I

“现实主义”因与其并存却又互不兼容的美学和认识论方面的主张而成为一个尤其不稳定的概念，就像“现实的再现”（representation of reality）这句口号中的两个术语所暗示的那样。这两个主张似乎是矛盾的：因为对作品本身的技术手段和表现技巧进行任何强化的意识，势必削弱对相应类型的真实内容的强调。同时，试图加强或支持作品认识论的使命的努力，一般都会压制现实主义“文本”的形式特征，促成一种越来越天真和不经协调的或者反映关于美学建构和接受的概念。因此，只要认识论主张获胜，现实主义就落败；而且，如果现实主义证明自己的主张是正确的或者是对世界的真实表现，它便因此不再是表现的审美模式，也就彻底脱离了艺术。另一方面，如果在捕捉到世界真相的地方，其艺术手法和技术设备得到探究、重视和强调，那么“现实主义”就会成为没有遮拦的现实或现实主义效果，它所声称的去蔽（deconceal）的现实便立刻沦落为不折不扣的表现和幻象。除非这些要求或主张同时被兑现，都能够延续并保留——而非“分解”这种基本的张力和不可通约性，否则便不可能有一个可行的现实主义概念。

由此出现的一个基本问题就是：我们是否首先需要一个现实主义的概念。我认为正是这个概念的不稳定性赋予其历史重要性和意义：因为其他美学——无论它以什么方式来证明艺术的社会功能或心理功能——都没有这一风格所具有的认识论功能（无论对现实主义职能的解释在哲学上是多么支离破碎）。不管现代主义或后现代主义的真实内容或“真实瞬间”（the moment of truth）是什么，不管前资本主义道德化和说教性的美学概念秉承怎样的主张，各种版本的美学真理，除了以非常间接或补充性的方式，都没有包含知识的可能性，而“现实主义”则有效地做到了。因此，我们或许期待这样一个时刻——我们确信美学知识可能（不管我们决定怎样评价它）就它自身独特的历史开端和处境告诉了我们一些重要的、预示性的东西，但它显然已经不再是我们自身的知识。

但是，作为一种辩证的、容易引起争端的生活事实，如果仅仅是作为一个空洞的缺口，一个真空的、原初的历史“阶段”，或者是次一级的（但却是基本的）美学反立场（counterposition），大多数反现实主义或反表现主义的立场在某种意义上确实还是需要一个现实主义的概念。只有当现代主义概念本身被提高到成熟的俗世艺术这个高度时，如佩里·安德森（Perry Anderson）就这一题目在其绝妙的历史补记中所达到的那样[5]，才有可能将各种现实主义归到一个杂货间，这里储存了各种零零碎碎的形式，它们即将被丢入历史的垃圾箱，其中包括旧的等级或贵族文化传统的残余，一些现在看是资产阶级的，但仍然属于精美艺术的传统流派中保留下来的学术规范，以及所有年代、所有类型的拙劣作品。在这堆鸡零狗碎（安德森的观点）中，“纯正艺术”慢慢地解放了自己，并且凭借这些现代人物［莫奈、马勒（Mahler）、普鲁斯特、沙利文（Sullivan）］开始以丰富的、自主的形式探索并发展出属于自己的、全部的俗世潜力。但是，在这种情况下，过去人们头脑中那种卢卡奇式的“伟大的现实主义者”（巴尔扎克、司汤达、托尔斯泰）将十分合乎逻辑地在自主或真实艺术这个意义上被划归到“现代主义”流派，而且根据二元对立的韦伯式观点，先前现实主义传统中那些没用的部分索性就掉进了“传统”这个具有负面意义的容器中。同时，理论上称之为“古典电影”[6]的东西，换言之，即好莱坞风格或好莱坞叙事（如果不这样定义，显然它注定会被建构为电影“现实主义”），可以轻而易举地适应安德森的图式，那个图式立刻就能用一堆七拼八凑的东西来解释学术惯例和意识形态上的伪诈。还是从这些伪劣作品中，某种自主性的电影艺术（我们在这里要明确说明它特指以有声电影为代表的现代主义）也在第二次世界大战之后诞生了。

安德森的立场是具有说服力的，而且事实上，我们有时可能都会这样来思考。但重要的是，我们应该意识到它完全依赖于对艺术的评价和那种已不再是文化界知识分子公认的美学。对这些知识分子而言，"艺术"和"伟大"这类概念带来了很多问题，如"真实性"本身之类的问题。换句话说，对"现实主义"这个伪问题的"解决之道"，现代主义立场所能接受的就是其本身在不知不觉中被目前一整套后现代主义立场所消解。

真正对再现（和"现实主义"）的后现代批判应该在其苛刻的批评中涵盖现代主义本身，这从现在已成经典的《荧屏》团队（*Screen* group）的立场可以看到。对他们来讲，正如杜德里·安德鲁（Dudley Andrew）所评论的[7]，著名的现代派电影导演［希区柯克、费里尼（Fellini）、伯格曼（Bergman）、库鲁萨瓦（Kurosawa）以及其他人］与传统的好莱坞导演一样，他们在美学上是不诚实的，也是秉持意识形态立场的。的确，对《荧屏》而言，这些"现代派"依然沿袭了好莱坞"现实主义"的传统形式，其中无意识的——弗洛伊德式的、解构的，甚或政治的——因素还是会从形式的缝隙中漏掉，消除并且颠覆某种反偶像的表象。"现代主义者"则想用他们的独特风格或"天才"[8]的标志将这种反偶像表象封存起来或打上标记。因此，在与《荧屏》有关的立场方面，一直存在一种自称是真理的东西，但它已不是作为一种知识形式的认识论真理，也不再是现代意义上的"世界图景"——对个体的"真实"表达。"真理"（先前所谓的真实性）在这里是一个反偶像的、否定的，甚或解构的计划，几乎只在实验电影中得到认同。这种电影毁弃了所有的表现形式，但为了完成其作品还是需要某种表现方式。这一立场（它采纳了不同的概念和哲学形式）在今天依然是占据绝对位置的美学，如此假设似乎也没有什么不妥。我对这一点感到不舒服的原因不仅仅因为我觉得它已经成为一种信念；甚至也不是因为它与后现代的整个系统逻辑越来越明显地重合在一起（在理论话语中与在美学和文化实践中一样彻底）。因此，由于历史和政治方面的原因，你可能不愿意接受，而且还因为对这种更新的批评美学的阐述，在一种补偿性的疏忽中常常包含特定的现代主义价值和论点，而由于这种疏忽，现在已经消失的特征，如“反讽”、形式与再现的破裂、反思或自我意识的辅助，以及无意识的真实性、创新或“更新”的现代化动力——都伴随着对先锋运动的怀旧情结——很奇怪地在后现代主义中重新出现，而它们与后现代原本是水火不容的。[9]

不过，对这种矛盾义（semic contradictions）的分析并没有使我们囿于另一个封闭或整体的系统或历史的死胡同：如果我们认为这一论点引发了与现实主义所提出问题相对应的问题，我们便走进了死胡同——也就是说，既然后现代主义美学理论中的诸多关键因素都不过是对已经过时的现代主义因素的复制，那么我们是否还需要一个后现代主义的概念？不幸的是，因为现代立场的其他重要特征——特别是关于风格和个人主体的特征，以及关于艺术自主性的特征——今后不会再有了，这一结论可能确实意味着：不是我们仍然处在现代主义的环境中，而是现代主义文化已经结束了，已经被处理掉了——黑格尔那带着复仇而来的“艺术的终结”。

在这一点上，你必须始终确认一个真理，这个真理对我而言是显而易见的，就如同它是自明的一般：没有哪一种真正不同或极为不同的文化是在没有经过社会系统的剧烈变革的情况下出现的，而文化本身正是社会体系的产物。但当下世界确实存在处于萌芽状态或已崭露头角的（残存的）形式，即不同于我们现有社会体系的社会体系。这种确认不需要带着早期文化悲观论的苍凉，文化悲观论常常造成这种系统已经终止的感觉。

但是在仍然有待探索的当代文化这个封闭的圈子内部，也可能存在形式与意识形态相结合的情况。传统现实主义内部在认识论和美学之间存在的张力意味着的确需要这样的一次重组或一种尚未被命名的趋势，可是，当你划出被辩证法和各种立场所覆盖的意识形态空间之后——这些立场我们刚刚已经讨论过了——这一趋势便变得明显了。用更加传统的方式辨别这第四种方法或第四种可能性必然意味着某种回归，这一回归具有某种形式或另一种“表意的”（denotive）概念，或某种“文字语言”（literal language）的概念——电影或其他形式的语言——其中的审美幻觉已经被抹掉了，所以它便不可能以纯粹的或直接的形式来行使认识论的或知识的职能。这已经不再是各种现实主义流派（它们仍然坚称自己是艺术）的“美学”，而无疑已经是各种纪录片（documentary）理论的语言［包括后者在“文学”中的对等物——例如普罗特克特（proletkult）①，因其对传统的文学“现实主义”——以及绘画中的现实主义——的敌视而臭名昭著，它采用各种形式的社会拼贴，对美术中的现代主义同样深恶痛绝］。[10]

① 普罗特克特意为普罗文化运动，由哲学家亚历山大·波丹诺夫（Alexander Bogdanov）在1917年初创立。依据马克思主义经典的主张，他相信独特的普罗艺术终将取代日益倾颓的布尔乔亚艺术。波丹诺夫断言艺术在共产主义社会中将扮演中心的角色，其方法是把经验整合到感性的、乌托邦式的“影像”中。波丹诺夫同时鼓吹“组织形态学”（Tectology），他认为这种“科学”能将世界转化成和谐的社会系统。——译注

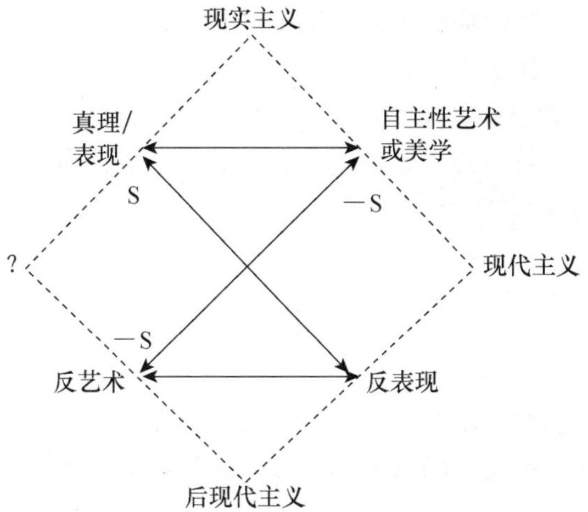

但是在今天这样一个能指时代，纪录片空间肯定被以一种新的方式考虑并以一种新的方式被突出（见第七节）：某种照相纪实的冲动（photo-documentary impulse）非同寻常的复兴（在电影和录像中，以证据的形式[11]，以及其他一系列不太明显的展示方式）已经不再有表意语言或文字语言的古老原则伴其左右。我们可以设想，在所有这一切背后存在着一个更基本的领域和难解之谜，即巴特所谓“没有代码的意义”（message without code）[12]，或言之，即照相本身，其在形式上的实践丝毫不逊色于它的理论魅惑力。标志着——在这个机械化再生产时代、充斥着影像与模拟物的社会里——《新工具》（*Novum*）占据的空间并且为在猛烈的激活过程中出现的新事物设定了盖格计数器（geiger counters）。蓬热（Ponge）提出的著名问题是：如何通过对树而言可行的方式逃脱树态（treeness）——这个问题一度在我们看来是提供了语言学中各种对立原则的系统表述——现在，它又以不同的方式重新将自己强加于媒体社会的环境中，即如何通过形象的方式逃脱形象？对这个问题，照相所允诺的答案已经不再是针对绘画的那些答案，也不是直接的电影答案，因为电影与这另一种媒体之间的关系并不比与其他任何“艺术”分支的关系更间接。本文并不打算追索进一步的答案，尽管那些尚未被提出的问题——以及照相本身的难解之谜——人们会欢迎在接下来的篇章里出现。

Ⅱ

现在我们回到现实主义本身的历史话题。要对这一概念进行疏离与更新，最简单的基本方式就是颠倒我们对它与现代主义之关系的传统印象。我们确实称赞后者是活跃的美学实践和创造，它的活力，与它挣脱内容的束缚一样，都具有创造性。而现实主义在传统上则是因为消极的反映和拷贝才引起人们的注意，它屈从于某种外在的现实，它完全是一种令人讨厌的责任，同时又是一种乐趣。不过，通常存在于审美体验中的乐趣是一种对常规的演练，即便是游戏的各种不同美学理论也很容易依照生产形式来调节自身，借助某个自由的概念来控制其自身的命运。

因此，如果我们可以尽力将现实主义想象成创造性实践的一种形式，如果我们可以恢复拷贝或事物之表现这一怠惰表面之下某种积极的，甚至好玩的、试验性的冲动，就肯定会有所收获。同时，现代主义本身可能也会即刻通过对那个临时假设的实验而被重新理解，这个临时的假设——是否是令人讨厌的责任——现在被看作消极接受的活动，一个像**科学**一样的发现过程，一个并不比顺从自由联系更少难度和约束的注意过程（稍后将专门讨论这一点与超现实主义的关系，它在形式上与超现实主义是一致的），一种经过训练的忠实性；在语言中，在个人或集体的幻想中，与在各种社会形式中完全一样，对任何事物都保持忠实。现代主义限制了审美想象的自由嬉戏，并且为它设定了一些极为不同的任务，即发现和复制某些隐匿的概念，这些概念只有在我们想象自己表达自我或表达我们的真理时才会对我们产生吸引力。“我是他者”（Je est un autre）的意思只能是这样。但在叙事层面上，卢卡奇在《心灵与形式》和《小说理论》中阐述的体裁辩证法提供了一个现在看来很遥远的方法模式。根据该模式，叙事上的创新是被发现的，而不是被创造的，因为它们证明自己是相互矛盾的社会内容的反映和后像（after-image）。这个实验——将现实主义看作实践，将现代主义看作“科学的再现”——立即在我们面前摆出了两个基本的方法论问题：现实主义（它被理解为世界或世界性的概念本身是现代主义或现象学的）创造的“世界”的本质是什么？而现在，一旦我们把自己说成是现实主义美学中一个正面且生产性的概念，那么我们是否将恢复其负面的和意识形态方面的维度，恢复其基本的差错和因袭性？（因为我们已经从当代的再现批判中获得了这类结构性教训。）

为了获得唯一的答案，这些问题必须合并为一种无可避免的辩证型问题：现实主义以其创造万物的能力所创造的“世界”必须在某种程度上被理解为一个谬误的世界，但它是一个客观的谬误世界，而不仅仅是表象或碎片（如果仅是表象或碎片，现实主义的作品便会将自己贬低为某种虚幻思想的投射，一种荒谬意识的形式，一种纯粹主观性的意识形态）。关键的问题——一个客观的世界如何既是真实的同时又是谬误的——在马克思的《资本论》中得到了生动的阐述和解决，因此，有足够的理由在此对这一问题作一点补充，即现实主义的特殊目的（以及它的创作环境）由此历史性地成为特殊的资本主义生产模式。早期处于萌芽状态的现实主义形式——例如文艺复兴时期的中篇小说（art-novella）——可以从谱系学上被重新设定为“资本主义”的飞地阶段，处于其他生产模式的包围之中，这些模式指商业或商人的活动；而构成绝对现实主义的客观性与荒谬性之间的关系得到辩证的改造，并且在其他生产形式中间显得卓尔不群，以至于这一认识论意义上的美学在这些生产模式中找不到对等物。我们在此也不可能讨论现实主义叙事的其他重要的先决条件，例如社会流动性的出现，以及金钱经济和市场体系所产生的形式上的影响。

这些命题需要进行理论化的地方——否则的话，它们可能会立刻坠入美学的被动回应理论当中，而这正是我们要极力避免的——是资本主义和现实主义同时出现的环境。艺术与社会语境之间的关系可以通过某种更普遍的方式摆脱惰性的反映概念，社会语境（包括形式本身的历史以及白话语言的条件），理解为特定的境遇（situation）——困难、困境、矛盾、“问题”——而艺术作品最终成为它们一种想象的解决之道、应对办法或“答案”。[13]但是现实主义的环境在历史意义和辩证意义上都是独一无二的，它要求澄清一个附加的理论概念或口号，即普遍意义上的文化革命。

因此，我们建议将现实主义理解为更广泛历史进程中的一个组成部分。这一历史进程只能被认定为资本主义（或资产阶级）文化革命本身（关于它的描述及其特征是随着这两个可以互换的公式改变的）：即在这样一个时刻，一个正在做最后挣扎的封建“世界”（权力、文化、经济生产、空间、精神主体、群体结构、虚构）被完整地彻底摧毁，其目的就是建立一个完全不同的世界。那些臭名昭著的旧词汇，如“基础”和“超结构”仍然可以被强迫着发挥最后一次作用，以此表达文化革命与经历了文化革命的人类主体之间的关系。人类主体同时也是文化革命的原材料，因为这些最后的残余没有随着一个旧的物理和社会系统一道灭绝，而是将其精神的和实用的习惯完整地保留下来。那么，从这个角度看，任何文化革命（例如与那些从一种生产模式向另一种生产模式过渡期间所发生的所有重大转变都有关联的文化革命）的功能都将是发明一种新的生活习惯和新的社会系统，并且对那些在旧的社会体系中接受训练的人进行解程序化（de-program）。就资本主义文化革命而言，例如，我在其他地方强调过空间本身的改变[14]：老旧的、不平均的、异质的空间完全瓦解，重组为同质同量的网络——后来这些范畴凭其自身价值既在科学和理性（以及经济）领域，同时又在政治、司法和社会的“平等”方面获得了一种全面发展。

空间的例子意味着不同审美意义的现实主义需要在文化革命的进程中发挥某种作用，至少，表现空间是后者经验中的一个基本部分（而且的确很难从这种经验中分离出来）。可是我们通常将空间看作停滞的和具体的存在，这一观念具有误导性，以至于这类假定存在的空间“现实主义”在我们心中无可救药地堕落成为对房间或风景的静态描写。

所以，我们现在需要介绍另一个关键性概念。它在很多当代表现论批评中的象征性缺席弱化且过度简化了一个吉凶未卜的理论难题，即叙事这个概念本身；而且它占有一个先机，就是即刻将艺术拷贝理论的种种诱惑永远消除，还可以使表现概念本身所暗含的许多假设变成无法辨认的难题。不错，最近的叙事理论，尤其是叙事符号学[15]领域最有趣的发展都是由某种故事或叙事思想与某种“表现”思想之间的差距造成的。例如：叙事的改造过程如何被看作在再现某种事物，这些过程如何在其内部传递另一些被称为“思想”或“意识形态”的无生命事物，之后又成为新的问题，而这些问题需要新的方法论和新的解决办法。叙事本身，或普通意义上的讲故事或许是一种迄今尚未被理论化的意识形态，这一观点是一个命题，它可能会帮助我们恢复现实主义本身的意识形态维度（它的负面阶段，与其正面的或生产性的、创造性阶段相对立的阶段）。但与此同时，我们应该意识到这个命题具备阿尔都塞（Althusser）关于普遍意识形态的思想那种完全是自相矛盾的力量。[16]也就是说，最后这不是一种被更适宜的真理形式（或更确切地说，科学的形式）确定的错误形式（错误的意识），而是意识形态始终与我们同在，它将出现在所有形式的社会当中，包括未来的、更完美的社会，它对所有形式的社会都是必需的，因为它代表了那种必需的功能，凭借那一功能，生物个体和主体在与社会的关系中调节自己。因此，意识形态在这里是一种社会或认知测绘的形式，（正如阿尔都塞所辩称的那样）设想要去除它是荒谬背理的，而我则想就叙事本身提出同样的论点。因此，在某些情况下，对占主导地位的叙事或日常生活叙事范式做出治疗性修正，这一点似乎已经非常清楚，这种更正或许需要采取反偶像式的暴力，就像《荧屏》关于独立的或试验性电影制作的观点一样；但是，接下来，你就会想对要求这种暴力的历史情景以及它们在时间和社会公众秩序上所受到的限制进行推测。罗伯·格里耶关于巴尔扎克式“现实主义”在本质上是意识形态的这一论点[17]——巴尔扎克式叙事就是如此这般来确立不折不扣的意识形态意义上的“现实”形式——是绝对切中要害的；然而，在这样一个时刻，旧的资产阶级叙事范式已经崩溃，或许已经被新的（后现代的）叙事范式所取代，尽管我们仍然看不到后现代的迹象，但前者已不再具有相当的威力。同时，用叙事问题替代表现问题，这样做的另一个好处体现在消除问题的方式上，这些问题包括逼真性、“现实性”拷贝、认同尚存争议的目标，它们仍然隐含在关于表现的辩论语言中。

叙事在其意识形态形式上可以有极大的不同，但这些不同同样可以通过与之难解难分的主体地位这一概念（在阿尔都塞及其他人的观点中）从历史和社会角度得到详尽的解释，只要你充分理解自己想做的不是要去除所有的主体地位，而是提出新的（或许是多重的）主体地位。因此，我们可以在这一点上回到关于现实主义的辩论上，并且用这样一个假设将其历史化，即现实主义及其独特的叙事形式通过为其读者设计程序（programming）而构建出它的新世界。训练读者养成新的习惯，进行新的实践，这一切都有助于在一种新型空间中形成全新的主体立场[18]，产生新的行为，不过，是通过关于事件、体验、暂时性、因果性之类的新范畴来达到这一目的，这些东西同样决定着终极现实的性质。不错，这类叙事最终一定会生产出**现实**本身这一范畴，以及参照与对象、“真实的”、“客观的”或“外在的”世界等范畴。这个世界本身是历史性的，如果不是在这一生产模式的后期被改造，或许也会在其他的生产模式中经受决定性的改变。同时——而且自从诃德自己充满象征性的形象出现以来，这一点就是所有现实主义的决定性特征——现实主义还必须对虚幻叙事和旧式产出模式的条条框框进行解程序化。[19]它在产出的同时必须删除某些东西，而且在某个外层范围内，它必须首先强制性地删除自己作为虚构故事的特征（非虚构性宣言的比喻已经被挖掘到极致了）。[20]这种删除似乎的确是现实主义作品的一个基本维度，所以它可以被看作一个结构性特征，离开了这个特征，现实主义便不复存在。

不过，这个范式消解过程必须与新型社会材料的发现/发明联系在一起，这些新型社会材料尚未被占主导地位的话语所命名或言说。陈规旧习以及业已死去的浪漫或“非现实主义”范式也因此保持沉默或被摒除在外，现实主义流派和领域（态度强硬地）否认非现实主义范式，占统治地位的范式天衣无缝，让我们确信它们根本就不可能存在，因为在这张地图上没有空白。另一方面，这些领域一旦被命名、被言说、被合并，不管是以怎样歪曲的形式，所有的事情都将会因占据主导地位的社会图景而改变。在主导性社会图景中，它们都会变成各种条条框框，换言之，任何现实主义理论必须同时明确地指出并说明在什么样的情况下现实主义不再存在，在历史和形式上再不可能；或者从另一方面讲，现实主义采取了新的跨越性形式。

Ⅲ

这种对尚未谈到的现实主义所作的描述——它包含了社会性（the social），到目前为止它必然意味着某个群体的首次亮相，这一群体的经验受到语言的“压制”和“边缘化”（这些词语并不一定适合用来说明某种一开始没有被表述过的经验）——或许可以通过其与各种类型的语言之间的类比，特别是通过与巴兹尔·伯恩斯坦（Basil Bernstein）的“有限”代码（restricted code）和“精致”代码（elaborated code）理论之间的对比，用一些有趣的方法重新进行阐述、修改和提供支撑。[21]这种对比旨在说明群体内语言的特殊情况与更加复杂的语言学结构之间的距离。在群体语言中，有经验的内行不必明说，彼此也能够明白；而在历史上“被细致阐释”且更加复杂的语言学结构是要在不同的群体间讲话，它必须采取一种所谓的抽象手段，还要省略掉与眼下这个客观世界的“直接”联系，并通过将特殊形式的群体知识或价值作一般化处理来实现合作或伪装，否则的话，这些群体知识和价值便会使语言结构与其语境之间的关系生出弊端从而限制其“普遍性”（universality），也就是语言结构的合法性、权威性和真理性。社会性本身明显不可避免地包含在这一语言学理论中，其中包括“精致”代码这个概念，但如果不注意代码的阐释者——即新生代知识分子（intellectuals）——不注意它的范式要素即哲学的出现（像在古希腊哲学里那样），代码概念意义并不充分（正如古德纳所观察到的那样[22]）。不过，伯恩斯坦对社会性所作的更直接的参考都是上层阶级的，因为工人阶级的言语省略了精细性和抽象概念，这些东西都是中产阶级或资产阶级的教育、文化、绅士风度、社会地位或特征（取决于一个人选择如何认同那些价值）系统地培育和发展起来的。在与美国“黑人英语”语法专家们的一次辩论中，伯恩斯坦已经被指责为宣扬种族主义，至少是精英主义，因为他对社会语言学差异的阐述似乎是在指责底层群体，认为他们没有表达能力，却赋予特权阶层在文化创造上的霸权。[23]这一指责真是莫名其妙，他们似乎反映了资产阶级或主张社会同化者的观点（即精致代码本身的立场），而且他们也没有正确理解提出这个理由的目的是为了维护特殊环境中的思维和讲话所具有的权力和积极价值，也是为了群体的一致性（精致代码这个概念似乎确实意味着使用这些代码的群体成员缺乏那些使用有限话语的群体所具有的社会一致性）。按照辩证法的观点，伯恩斯坦反对派的叙事内容似乎将自己的观点作如下表述：有限代码迎合了前资本主义结构（以及资本主义统治下的低层或边缘群体）的思想模式，精致代码则迎合了资产阶级分析性思维，而辩证的思维和语言——或者一种完全意义上的辩证代码——突出了两者的结合，也就是一种既是抽象的，同时又包含特殊情境的思维（或者用马克思更令人满意的阐述，它能够“从抽象上升至具体”）。[24]

不论怎样，在这些代码之间进行对比的重要性以及现实主义与现代主义之间的差别，表现在它冲动地凸显自己同某种情境或语境保持距离的方式，比如曾是各种现代主义流派“精致代码”的特征的情境或语境。总之，“抽象”这个术语的应用，在其哲学和语言学意义上（而非在其视觉和色彩意义上）都是非常贴切的。然而，“抽象”的一般性问题也因此产生——语言学、概念、形式等方面的问题，符号的新型自主权问题，以及工业发展的解自然化（de-naturalization）和“现代化”等问题。它们旧式“有限代码”的具体场所和语境遭到破坏——当然也提供了最有前景的空间，可以在这个空间里重新思考诸如此类的“现代主义”问题。

但是，当你重新回到现实主义这个话题，就会发现社会语言学的对比似乎让我们陷入到矛盾之中，最突出的矛盾是由似乎在任何艺术语言中都发挥作用的无可避免的普遍化引起的。某一指定的“有限”社会群体的“言语艺术”（speech art），换言之，或许只有当这一群体的成员正在使用时才是可以理解的，但是，那一群体的任何语言表现，无论多么初级，都会包括一定的审美距离，也就是将途经和接受在某种程度上一般化。因此，有些前资本主义的“艺术”形式——例如仪式（ritual）——在这种意义上可能被看作有限的，但迄今为止，现实主义本身还没有像从前那样被定义为去蔽性（deconcealment）——在公共领域内——对封闭的群体现实和经验进行去蔽，对特定形式的语言学他者性（linguistic otherness）进行去蔽。

我们可以将伯恩斯坦的公式再推进一步，来探讨神秘性和自相矛盾现象。先假设现实主义会被看作这样一个阶段，在这个阶段内，有限代码竭力要转变成精致代码或普遍代码。这件事只发生在某种特殊代码身上，而且只会延续一个短暂的历史时期（“普遍”或抽象概念的力量会辩证地削弱它，为现代主义开路）。这种有限代码显然是单独某个阶级的代码，即资产阶级或中产阶级的代码，条件是这个阶级仍然自认为是一个阶级或统一的群体，局限于它自身的阶级体验在一段时间内也是这个世界本身，这个新兴的市场社会或正在兴起的商业空间的体验。

或许这是一个可以通过审视当代电影中小群体代码的命运从负面加以展示的命题。这种代码处于抽象概念之下，它们甚至不再是现代的，而是一种新的全球系统和全球空间的代码。因为对新形式体验的命名和言说肯定与某种旧式现实主义有关，就如同它是群体或集体动力学的一种功能，虽然它现在被称为超小型群体或所谓“新社会运动”的功能。这类电影五花八门，它们肯定也有不同于主流作品的特征，即新种族电影或后种族电影，例如斯蒂芬·弗雷尔斯（Stephen Frears）与汉尼夫·库雷什（Hanif Kureishi）的《我美丽的洗衣店》（*My Beautiful Laundrette*，1985），或“朋克”电影，如吉姆·贾木许（Jim Jarmusch）的那些电影［尽管在这里朋克似乎也需要与各群体的现实相联系，如同《天堂陌影》（*Stranger than Paradise*，1984）中的匈牙利族裔主题所暗示的那样］，还有在妇女电影中，不同的暂时性和工具性——家庭主妇的时空［如香坦·阿克曼的《让娜·迪尔曼》（*Jeanne Dielman*，1977）］，或者玛格利特·杜拉斯（Maguerite Duras）的作品中力比多在那没完没了、漫无目的的谈话里的投入——因其程式化打动了一部分观众，又因其“现实主义”或“贴近生活”打动了另一部分观众——但逼真性从来没有成为好莱坞影片的主打特征。在那些更传统的讲故事电影中——你会想到荷兰影片《沉默疑云》（*A Question of Silence*，1983）（玛琳·格里丝）或帕斯托·维加（Pastor Vega）那部表现得更完整的《特丽莎的画像》（*Portrait of Teresa*，1979）（但是后者的连贯性来自其社会语境——革命的古巴——也来自对集体的突出，社会语境是突出集体的有机部分）——这场“阐释之争”将观众和他们的阐释立场通过相互参照区分开来，它被拉进《特丽莎的画像》这部电影当中并且成为影片的主题——在最先提到的几部影片当中，它生动地表现为嘲讽的笑声，而在后提到的影片当中则成为男人的自我辩护和女人的控诉之间的交叠。不过，一般情况下，使用“有限”代码的现实主义事先被看成是理所当然要具有贴近语境、与语境相关的作用——在这里以及在其他地方，所谓“日常生活”的新事物，新的、陌生的表现对象，在某种意义上都是更新的、“有限的”或对抗性现实主义（oppositional realism）的前提条件。在《什么是文学?》中，萨特提出了一种明白无误的方式，阶级立场通过这种方式预先选择细节，而且通过省略某些说明而提前对读者进行选择（只有具有不同阶级经验的读者才需要这些被省略的说明）。萨特舍弃了常规的乌托邦，他曾经强调乌托邦是无阶级读者的理想，但是，那些对抗性现实主义反过来变成了霸主，可以决定如何解释和省略什么，但它忽略了其他解释，而这正是大众主流现在所需要的，因而如果没有这些其他解释，当它不是简单地将再现归入“实验型”一类时，大众便会觉得这些再现要么是异样或无聊的，要么是程式化或有悖常情的。

本雅明已经用外科医生的介入来形容现代派的微观性（microscopies），“外科医生通过深入了解病人的身体而极大地拉近了自己同病人之间的距离，然后再拉开距离，但是很缓慢，他的手小心地在病人的器官间移动”[25]。然而，这个身体连同它的各个器官就是我们所说的日常生活，而摄像机正是进入到它的内部进行外科手术式的穿透：

> 通过对我们周围事物的仔细观察，通过聚焦于熟悉对象那些被隐藏的细节，通过在摄影机的巧妙引导下去探索那些平常的社会环境，电影一方面扩展了我们对支配我们日常生活的必需品的理解；另一方面，它竭力让我们相信有一个巨大的、让我们意想不到的行动领域……很显然，一个不同的

自然将自己展现在摄影机面前，而不是展现在不带任何仪器的眼睛面前——除非是因为人有意识探索的空间替换了某个被无意识穿透的空间。即使你有关于人的行走方式的普通知识，你也丝毫不了解一个人跨出的一大步在被分割成几分之一秒时他的姿势是什么样子。伸手去抓一个打火机或调羹的动作程序都差不多，但是，我们很难知道在手和金属之间到底发生了什么，更不用说它还会随我们的情绪而产生波动。[26]

本雅明在这里省略了群体体验和知识或理解力之间那些本质性的联系，这些联系也是卢卡奇在《历史与阶级意识》一书中做出的最著名假设所涉及的内容。[27]在本雅明看来，摄影技术看似中性的特点决定了一种结构问题的方式，这个问题可以用当前语境来描述其特征：医学照相——将器官进行放大——会比病人旧式的家庭快照更少现实性吗？

但是，当代对抗性电影（oppositional film）的微观透视与其说是物理性的，不如说是社会性的，甚至在它们最顽固地坚持绝对的空间数据的地方也是如此。例如，在《来自家的消息》（*News from Home*，1977）中，阿克曼（Akerman）的摄影机似乎不受任何干扰地观察着。按照本雅明的理解，只有摄影机的突然移位似乎是在探索并且机械地绘制着曼哈顿的地图，此举没有任何的认知意义，只是遵照城市的规划图一个广场接一个广场地掠过，连顺序也没有变，没有任何加入想象力的扩张或压缩；对凯文·林奇（Kevin Lynch）向我们介绍的那些内部的“城市形象”，在空间上也没有进行任何的强调或缩减。[28]镜头停留在清晨下曼哈顿地区仓储街一条空旷的街道尽头，摄影机拍摄到寥寥无几的车辆来来往往，它们小心地在凹凸不平的地面上行驶；中间没有任何过渡，摄影机便摇到南北方向的地铁，静止不动的车辆，一副冷漠的派头对着从它身边经过的旅客；然后镜头被拉回来，对市中心横跨城市的街道前前后后地拍摄，在商铺门前流连，没有什么兴趣，但也没表现出厌恶。现在通过对摄影机的全部节奏感很强的南、北大街拍摄内容进行放大，终于得到一个绝妙的结果，它的审美形式——作为一个节奏或音乐环节——对于意图或风格的永久性省略更加具有吸引力。坐船穿过海湾撤回来，交叠的城市终于作为一个熠熠生辉的形象出现在眼前。夜幕降临，整个城市都倔强地将我们拒之门外；对于夜色，前两个小时的强迫性观察最终什么也不能告诉我们。这远不是任何传统意义上对地方（place）的渲染——在传统意义上，早期的新浪潮电影被描述为“给巴黎的情书”（这些信在阿克曼的影片中——片名中的“消息”——是从欧洲发往曼哈顿的；它以旁白的形式详细地讲述了家人啰里啰唆的担心和一个临时家庭现实中一些司空见惯的问题）。《来自家的消息》也没有在**自然**或地面等意义上以任何方式突出空间本身——麦克尔·斯诺（Michael Snow）的影片《中心区》（*La Region Centrale*，1971）就是以循环的方式不断重现很多风光，这部影片使得北极冻原上出现了“存在问题”。

而这一点不仅仅是因为网络的整个组织效果——这部影片用它经得起考验、颇具开拓性的旅行镜头将这个网络铭刻在我们心中和我们正在观看的身体上，镜头静止不动的时候，这个网络更具可感性——其历史源头是1811年的行政长官报告所做出的社会和政治决议。[29]而此处的抽象概念则是某一阶层的社会经验被隔绝，而通常社会经验很少离开其内容单独存在。现代派的交叉剪接——无论是出现在乔伊斯本人的作品中，还是在多斯·帕索斯（Dos Passos）的作品中——都保留了其内容的各种碎片，并且也解释了何以对它们中各种人物经验的独特片断进行蒙太奇处理的原因。“经验”在这里已经被移去，趣闻逸事型的主题以及影片的个人性主题已经被删除，不过在这里又重新回来了，不仅是在来自他方那些冗长且内容繁杂的信件中——家庭的话题，诸如人渐渐老了，在家里，自己还没有意识到，时间就过去了等等——而且这种回归还出现在观者的心里，观者自己那些偶尔出现的琐碎记忆在不知不觉间替换了目标设计者（destinator）的记忆，替换了香坦沉默的记忆。关于她在曼哈顿的生活和历险，我们一无所知（除了通过回信的方式，从她的家人写给她的间隔越来越长的回信中，这些回信好像常常是向她要钱，家信历来如此）。所以在后来以现代形象出现的城市贫困中，距现在已经很遥远的浪漫母题似乎还在一成不变的地方和不断流失的时间中隐约回响：悲伤的奥林匹奥（la tristesse d'Olympio），还是那个老地方，现在看已经是很久以前了……不过，现在不是诗人，而是无名的观众用他们关于这个城市星星点点的记忆带来了这种忧伤。他们在过去的若干年里到过这座城市，在很久以前的过去来过这家剧院，1955 年，然后是 1979 年，开着车从同一条大街驶过，这里那里有各种不同的不期而遇，很久以前曾经买过一次报纸，记不清是哪一天，只记得是一个空旷的星期天早晨，漫无目的地溜达着，或者到中午和傍晚的时候，有很多人。这种随意地把无所谓重要和不重要的记忆集合起来，就像放在旧鞋盒里的快照，现在从那个空间的网格中分离出来——就如同旁白与影片中的形象是分开的一样——一种纵向的不连续性和各种层面交叉，与平面的、暂时性的后现代精神分裂的碎片形成反差。它只与这种区分共享基本的不连续性的证据，共享任何有意义的统一都是不可能的证据，即使根据美学的法则。

可是，形式在这里是在场的——甚至还有叙事之类的东西——在这个巨大的、空洞的建筑变迁中，邻居们像那许多的砖块一样被紧挨着垒好，摄影机粗暴地来了一个突然的移位，将我们放在各种连续的空间之内，好像没有想象力的奏鸣曲中每一个必要成分。但这种不包括趣闻逸事的叙事一直就是被剥夺了其地方语言游戏的某种宏大叙事的抽象思想（按照利奥塔的区分[30]，后文将详述）：**想象**现在完全摆脱了**幻想**，没有任何内容和主体的**思想**变成了纯粹的实体（matter），但是在其自身内部仍然保存着它自己最初的历史形式这个框架的实体。现在它也变成了某种类似于抽象甚或绝对真实的东西：一切都很平常，都能够辨认出来——终于被第一次看电影的那些满腹狐疑的土著人认出来的（传说中的）鸡在这里随处可见；但在那种情况下却没有丝毫的"现实主义"，在现实主义中，对主体地位的无限投入是开放性的，有点像不包含任何信息的有限代码。

这类偶然的信息或内容与代码的空洞间隔之间的关系——跨国世界体系所产生的新型全球空间的一种功能——却是由这部影片的结构做出了清楚的预设：从比利时寄给一个在曼哈顿拍电影的欧洲人的信成为被纽约人从各个不同角度观看的形象。这些纽约人天天生活在这个空间里，这些信也被那些偶尔来曼哈顿的美国人观看，被那些旅游者、外国人还有从未踏上这片土地的人——北美人或北美的外国人观看。在这点上，《来自家的消息》本身就是"有限代码"的一个恰如其分的范式：那个地方或偶然的风景催生了各种各样的言语行为，这些言语行为是无法互相转换的。

是否现实主义理论总是与政治话题和政治判断脱不了干系（与现代主义不同，你可以从政治的角度考虑，也可以从非政治的、形式的、历史的角度来考虑，而且无须投入同样的激情）？德勒兹和瓜塔里（Guattari）关于"少数"（minor）[31]的理论有一个优点，就是它可以越过我们关于政治是颠覆性的、批评性的、否定性的这些成见和毫无凭据的信念，它在可以称之为边缘性和差异的新意识形态的力场中重新演绎某个有关艺术的概念——或许在我们这个时代，少数就是那个强有力的形式，它从前一直是民粹主义的，现在很可能是当今西方左派的主导意识形态。因为“少数”——正如德勒兹和瓜塔里是从卡夫卡的作品中整理出这个词一样——是在主导性的环境内部以一种不同的方式发挥作用，通过修改它来削弱它，挪用它的部分结构或霸权语言（德语）并且将它改造成一种内部方言（意第绪语）。在这种方言里，口语中的选择性代码通过一种特殊的方式“得到强化”，转换成为一种私人语言，一种歇斯底里的或集中营里的语言：在这一语言中，语言（或表现）的局限性由于极度的紧张而彰显——极度的紧张不能完全解释清楚，于是提高声音，改变音高和语调；而且在这种语言中，个人主体似乎消失在被包裹起来的集体背后，集体因此通过个体所讲的话更能产生共鸣（于是，个人说出的话立刻便具有了政治含义）。[32]但由于形式断裂而导致的审美颠覆是一个非常不同的概念，它承认后现代环境的主要特征——我们长期以来都误认为后现代的主要特征就是主体的死亡或消失，但结果却是得到加强的集体化，所有次级的个人反抗或与他人隔绝的个体都被纳入到统一群体和确定的新形式中。[33]

那么，新的“对抗性”现实主义或许可以在一般情况下以这种方式得到更好的理解，因为在一种表现性语言的内部进行挪用的做法早已经获得其适当的位置并且变得僵化。但这种“少数”美学——这类“有限代码”现在在本质上，并且因为它们自身的结构——在通往建立新型霸权话语地位的道路上没有获得任何进步；与好莱坞风格不同，从根本上说，它们永远不可能在一个崭新的环境中或在一个崭新的文化领域成为主导者。

现实主义这些各不相同的模式所具有的诸多不连贯性和矛盾

性——这也是书写现实主义本身的“现实主义”叙事的难题——充其量被用于制造新的难题（一般来说是历史性难题），而不是用来激发坚韧的努力，我们正是凭着这种努力才能穿过这种纠结的处境，也才能进而在“定义”这个问题方面获得某种教条式结论。在目前的语境中，我们还需要区分另一群人坚持的现实主义——从19世纪的文学手册以外的地方（或20世纪早期的电影中）归纳出来的现实主义——以及在准点的时间里——在普通风格化和现代化的文化气氛中——我们自身通过经验再一次了解了真正的现实主义“究竟”是什么。

Ⅳ

同时，关于好莱坞“现实主义”，我们应该以相同的方式将其理解为新形式社会现实的胜利，虽然这种形式的社会现实过去从未被讲述或表现，但它们确实是真正的中产阶级建构的现实。这就是问题的症结所在。例如，埃德加·莫兰（Edgar Morin）在一本经典著作里[34]正是这样来解读新兴的有声电影大潮下中产阶级的家庭生活以及有声电影对无声电影明星制度的改造，这场改造象征性地取消了歌剧式感伤和高调悲剧，取消了无声影片时代的示意性表现主义（gestural expressionism）以及它那已经远去的、辉煌一时的著名谬见。对绝对是好莱坞“资产阶级”文化革命的任何论述都必须以此作为出发点，20世纪30年代社会对于公众的改造彻底改变了镜头，而且开始让观者看到他们自己在独门独户的家庭中的存在。如果我们恢复这种情景本身，即大萧条时的现实，那么这一新型家庭现实主义（domestic realism）的负面意义和意识形态意义就会清晰可见。对于大萧条的集体经验无疑是自内战以来美国历史上最痛切的精神创伤，现在以好莱坞式家庭形象突然展现在人们眼前，不是“现实主义”，而是补偿性的梦想成真和慰藉。大众文化作为“分散注意”和“娱乐消遣”的传统观念恢复了某种特定的力量和内容——但同时也在时间和空间上受到结构性限制——这时需要将它们历史化以便包含公众最迫切需要“分散注意”的事物。

对于任何一个将好莱坞现实主义看作对现实的一种社会审美建构的“正面”理论而言，它遇到的最棘手问题涉及这些影片的另一种构成特征：在旧的文学和图画传统中基本上找不到它的对等物。这就是体裁系统本身。无论是对各种体裁的“真实内容”所做的罕见的探索，还是今天随处可见的对其不同历史的卓越的研究[35]，都没能说明这些体裁系统本身的意义；而对于好莱坞风格或叙事的一般性研究——削弱了叙事连续性和逼真性等范畴所具有的意识形态含义，包括结局及“大团圆”所包含的意识形态含义——尚未达到对这一基本的统一体何以必须有多样性或结构多元性做出解释的地步，也提不出什么问题，这不仅仅是提不出为什么这一风格只能通过多种多样的体裁展示其自身的问题，也提不出它的“各种格局”（constellations）内容如何以及为什么发生变化等问题。

这种由历史造成的不同体裁格局事实上就是各种共时体裁系统，只有在这类系统的层面上才能理解体裁与表现（或现实幻觉）之间的最终关系。但是，在某个体裁系统内部描述和分析这一体裁系统本身就是一项艰难而且辩证的任务，我们当中没有几个人具备这样的能力，可以对传统的文学体裁进行类似的描述和分析，更不用说对电影进行这样的描述和分析了。[36]前提是，关于“现实”或“实际”——且不说逼真性——的意识形态概念，不是在任何一种被其自身所采用的单个体裁内部都具有特殊的作用：在这些体裁系统内部，生活常常模仿艺术，就像经常会有观众从电影院出来便模仿鲍嘉（Bogart）走路的姿态或贝尔蒙多（Belmondo）的样子。叙事习惯在任何特殊的体裁内都被误认为是“生活”或现实，这是一个范畴错误，好莱坞无疑强化了这个错误；然而，时代和风格上的变化却可以纠正这个错误。由于录像机（VCR）和图书馆租借服务的普及，人们期待历史电影文化得到发展和无限延伸，包括对电影风格的现实性（无疑已经在后现代文化中发挥作用）有更深刻的认识。

强调电影中的体裁系统意味着用好莱坞“现实主义”建构而成的社会现实就像一张图谱，其中的构件分配给了各个特殊的体裁，然后在这些体裁的独特语域中各自选定不同的区域或专门的部分。那么，“世界”便不再是浪漫喜剧或写实电影（film noir）中所表现的样子，但在某种程度上它受到所有电影体裁的支配——音乐片、黑帮电影系列、“怪诞喜剧”（Screwball Comedy）、情节剧、所谓的社会现实主义“民粹”体裁、西部片、罗曼司，以及写实影片（但是，这种一览表必须与某一特定的历史阶段具有密切的、经验上的联系）——而且也受到体裁之间隐性联系的制约，后一点更难以思考。非真实——没有说出来的、被压抑——的东西便全部遗落在这个系统之外，在系统内部找不到落脚之地（或者——在20世纪大众—文化“现实主义”这个阶段——在相随而生的“高雅艺术”或这一阶段的现代主义中谋得一席之地[37]）。

但在这一点上可以预见到一个更加出人意料的时刻：在这一时刻，个体文本［如莱布尼茨的单子（monad）］突然再一次以奇怪的方式得到扩展并且在其自身内部显露出整个体裁系统的踪迹，这与其在某个特殊种类的微观世界中依照其自身的结构优势、其自身独有的控制成分以及次要成分所作的歪曲处理一般无二。例如，在《迷雾重重》（*After the Thin Man*，1936）这部影片中，事实上，所有其他的体裁都在那一时期的舞台这个特殊的体裁系统中共同出现，至少是昙花一现的露面：比如音乐片体裁在夜总会和演唱伤感歌曲的女歌手，以及舞厅里的舞蹈等场景中出现；但也有各种母题，连同片中小客栈这个影射女性（feminine-specular）的空间以及充满邪恶的夜总会老板这个人物（约瑟夫·凯利的邪恶在这团迷雾中没有发挥任何作用，却在另一种缺席的体裁中体现它的功能）同样预示着更加遥远的西部片象征性地登场；起居室和贵族家庭的正门同样在富裕的"高雅生活"这一点上起到渲染作用；而一双双的派对，包括尼克和诺拉本人，投射出一连串爱情戏剧和罗曼司。整部影片通过大雾中连续的谋杀镜头和最后出现的精神失衡重新落脚在写实电影的表现主义上。但是，这个综合性文本——在我们眼前展现了不同的体裁，如同杂耍表演和音乐厅（见第十一节）中常见的一样——其结构与我们将要在新兴的有声电影现代主义中所要探索的体裁僭越（transcendence of genre）没有任何关系；但它仍然是一个特殊体裁的文本，在其过程中，体裁系统作为一个整体得到强化，好像任何特殊体裁的形式规则最终都迫使这一电影文本与所有的体裁发生关联，成为类似某种与后来被称为导演理论（auteur theory）的倒置的东西。在那种倒置中，导演通过轮番运用一个个的不同体裁而突破体裁形成风格（style）——在这里，系统体裁文本将所有的体裁综合于一个单独的作品中，使影片的"导演"（W. S. 范戴克）隐没于无名的角落。

然而，电影现实主义的消解、体裁或好莱坞风格的"没落"在时态上已经暗示了体裁与其规范之间的组织关系在历史和结构方面是不稳定的；或者换一种说法，即单个体裁与系统之间的关系是不稳定的。例如，对惯常的结局或"快乐结局"（在不同的体裁中显然并不总是要求主角活到最后，而且主角常常可以以一副绝对“悲剧”的面孔出现）可以依据法兰克福学派关于19世纪“文学商品化”的讨论做出最中肯的评价，在19世纪文学中，成功——仍然得到最低限度的容忍或者在刚刚兴起的巴尔扎克式市场世界中仍然是“真实的”——随着19世纪的临近却不可避免地变得不真实了。成功的主人公——现在无一例外是一名男性而且一般情况下是一位商人——《妇女乐园》（*Au Bonheur des Dames*）中的奥克塔法、《漂亮朋友》（*Bel Ami*）中的主人公——只能用钱来巩固自己的“快乐结局”，这就完全脱离了“高雅文学”的范畴，预示了畅销书和后来大众文化的梦想成真型结构。单纯成功的对立面提供了真实的文学材料，到目前为止——从妇女小说和奸情悲剧一直到“存在主义的”反英雄——它坚持拒绝商品化。正在成为常规却也因此不再真实的好莱坞式快乐结局标志着一个类似时刻的到来。第二次世界大战之后，随着人们关于大萧条记忆的衰退，得到新扩展的商品文化耗干了它那股承诺梦想成真的乌托邦力量并且使自己变得金玉其外，败絮其中。

这一描述中所隐含的好莱坞式结尾的另一个特征（或当前表现为由这类现代主义取代电影现实主义）可以被解释为抛弃了体裁系统本身，这一点更早些时候在其他艺术形式和文学中已经成为事实，当时某种综合艺术（gesamtkunstwerk）、世界之书（Book of the World）或最终是自治的美学实践逐渐取代了由专业人员一本接一本创作的书或小说。1952年，“宽银幕”的诞生凭借其压倒一切的技术和经济势力（演播室系统失去了地位，电视机登场了）也成为美学本身这一变化的象征，即便宽银幕没有使人们对仍然以寻常方式运用的传统体裁变得完全无法忍受，也让它显得不是那么令人惬意了。

V

将技术事实——伴随着技术性解释和技术决定论——引入理论话语当中形成了奇特的语言学构成，它非常不同于“理论”特有的符码转换（transcoding）过程，在这一过程中，各种纯粹属于理论范畴的话语以某种方式聚合起来。在这种新构成或杂合的话语当中，理论试图吸收技术，但严格地说，这种构成与那些艺术作品并不一致，因为那些艺术作品寻求以各种方式吸收（至少并入或记录）不容置疑的偶然性，亦即无意义的事物或存在。然而，在那种意义上，技术并不是偶然的或无意义的，对它的“吸收”或合并将呈现出与视觉艺术作品更大的相似性，因为一种有生命的机器已经以这种或那种方式依附于那些视觉艺术作品。这种机器远非无意义，相反，它是一种与审美客体极为不同的意义顺序；它的某些不可思议之处仅是由于思想不得不在那些旧秩序或范畴之间进行跳跃。

我禁不住要说，所有的技术性解释，如同它的强大功能和“恰当用途”一样，具有去神秘化的作用，一般情况下，为唯物主义哲学立场服务：去理想化，然后是在任何意义上或语境中去精神化（despiritualization），前提是要明白这实际上不是一种立场，而是一种操作和干预（intervention），它的目标和效果依被去神秘化的对象而定，这个对象一般是文学或文化批评家对于意义或阐释所固有的理想化倾向。因此，一开始，技术批评——随着宽银幕的诞生而出现的解释形式，或者有声电影的辩证法（又回到演播室，新的灯光问题，现有库存电影胶片的容量）——便作为对这项工作本身外围（outside）的治疗性揭示而出现；因此这些“决定因素”在某种新的、积极的意义上是外在的（extrinsic，借用韦勒克和沃伦的说法)，因为它们突然揭露了旧式内部批评的窘迫和运用理想主义的伪装：一些细节，它们过去被理解为某种审美意图的特征，当前被视为“意义”的成分，现在证明“不过”是技术上的需要，是在特定时期的技术条件下拍摄某个特殊镜头的方式，或者显然只是因为不得不在室内拍摄或胶片方面的缺陷而采取退而求其次的权宜之计。这类必需的外部条件已经被接受（被公众，后来也被聪明的批评家)，它们被纳入文本内部，并且被赋予现在看来更恰当的美学意义——在对这种技术性解释进行干预之后——这一切用可怜和卑微打动了我们，经过谨慎推敲的阐释被包裹起来并声称与这类双面客体（Janus-faced objects）再无牵涉，它们先前被当作艺术品，突然之间就在你眼前变成了机器，而且机器也极有可能因为占据了美学家位置的工程历史学家发起的第二次转变而被抛弃。不幸的是，所有的文化客体在这一意义上最终都具有两面性；工程师创造出来的新的形式解码方式也不能成为解读（interpretation）的完美替代物，因为它根本就不再是严格意义上的阅读，而是某种更接近症候学的东西。但是，因为文化文本现在继续被阅读或观看，所以其本身就在某一特定时刻陷入到思想—身体问题所造成的令人痛苦的绝境（aporias）当中，在这一时刻，哲学家已经决定将这个问题永远抛诸脑后。

然而，技术性解释并没有在去神秘化和干预发生的时候停下脚步；它凭借自身力量引入一种新的话语（为了方便起见，可以称之为技术决定论)。这一新的话语中的两个阶段需要加以区分。首先，现在这里所说的技术“事实”需要立即插入到某个历史序列（series）当中。“宽银幕”——现在已经不再参照它与某个特定艺术品的关系来加以理解，例如在约翰·布尔曼（John Boorman）的《步步惊魂》（*Point Blank*，1967）里，观看者几乎被从这扇窗户或阳台上抛到下面宽银幕的地面上——提出相反的要求，要求置于与自己相应的“事实”的关系之中：早期屏幕的宽高比和以这种模式进行的实验，未来的维度（包括电视和视频比），更遥远的史前期的过去（其历史形态如画框的绘画甚至窗户设计那样的一些维度），等等。现在，新的历史已经开启，它与这类序列一样是一个无限回归的历史，引发了黑格尔所谓“从条件到条件的寻常无限过程”[38]。但现在这种历史编纂学将开始繁殖所有那些形式历史所催生的难题，特别是关于内部与外部对立等的难题，因为它选择了特殊的主题或特征（决定因素），历史将根据这样的主题来书写，其他的历史事实也依照这样的主题被定义为外在的事物（例如，制造，即在物质意义上生产这类屏幕的工厂的历史）。这些问题在他处遭到怀疑而导致这个新领域的产生，它们在这一新领域中的重新出现可能会导致人们怀疑，是否任何历史连续体或“叙事”的建立最终都意味着一些东西被理想化了；人们还怀疑一旦唯物主义和解神秘化的做法在某种历史叙事中携起手来，它便会凭借自己的力量重新建立自己的理想主义，对此唯物主义的任何抗议都不能长久而有效地予以驱除（正如萨特曾经说过的那样，还有各种各样的理想化唯物主义）。

但这绝非我们方法论叙事的结论，因为这些新的唯物主义历史和技术性历史在第二阶段能借助更进步的武器来驱散他者以保持自己最初的真实性。它需要依靠事物的一种秩序对另一种秩序的干预。现在，这些不同的、多种多样的历史序列开始相互干预，对某种因素进行有倾向性的理想化可能由于另一种极为不同的因素的进入而被颠覆；那么，就像它按顺序倾向于“最终决定因素”（ultimately determining instance）的一元论一样，它最终注定要因为某个决定性王国的倒闭而被置入迄今为止被忽略的那个属于它自己的位置（因为惊奇是解神秘化操作的一个结构性特征；按其定义，新元素实际上必须是我们从未见过的）。所以，在一篇引人注目的文章中，彼得·沃伦（Peter Wollen）引入了非常不同的软片技术及其历史并借此对处于萌芽状态、基于照相机和透视技术之上的唯物主义历史的盲从开始予以谴责并将其复杂化，现在软片技术及其历史只是毫不留情地使我们回想起早些时候唯物主义历史编纂学（它起源于关于主体地位的心理分析理论）的某种新外围（一个被忽略、遗忘，没有被考虑的、被压制的外围）。沃伦匠心独具地寻求通过建立一个三合一系统，或者说是通过三套各具特色的技术系列的相互作用来挽救他自己的新立场的"异质性"，这三套技术系列是："纪录、处理以及投射或展示。"[39]但即使是这种三个事物的多重组合也是可以预见的；崇尚异质性的全部关键就是按照定义，预先对没有被提前囊括在思想中的新元素表示赞同。唯物主义解神秘化的过程，或者说是"异质性"对思想的颠覆（因此也完全可以说）是一个无限的、永无止境的过程，但现在，与这些历史序列的纵向无限性相对，它现在类似于某种横向无限性的东西：当然，是相邻两个界面或领域的交叉错合。因为"唯物主义"没有必要仅仅是各种不同的物质的机器：在马克思的著作中，后来在葛兰西和萨特的著作中，它也是一种关于社会常规和制度的唯物主义，萨特现在开始介入对一种机械唯物主义的解理想化并且引进一系列全新的"元素"，包括演播室系统、各种生产决定、市场营销，以及康采恩（垄断组织）或商业或托拉斯之类的组织等，由此将我们从狭隘的宽银幕或软片当中驱赶进关于发明、官僚主义和电台与剧场垄断的社会历史当中……对一种全新的逆转充满耐心的期待，这种逆转将以"唯物主义的方式"寻求在资本主义及其技术的机制内将这些元素逐个重新研磨。这些将原始的——中肯的——技术性解释具体化的行为扩展到这样一种地步——它们在此与严格意义上的阐释层面（先前对文本的内部阅读以及对审美形式历史的承诺）交叉：因为在“内部”批评中也可以看到近乎一模一样的辩证法在发挥作用。所以，它们不会对我们所谓文化文本的思想一身体问题提供任何明确的解决办法；但对于必须连接我们所看到的那种地理分割似的作品的技术和解释维度而言，人们至少可以确定两种普遍的方案。

一个总体上的方向可以描述为上面大致说明过的技术分析之全部辩证法的内在化或再内在化。这是阿多诺在《美学理论》中最生动强调的“解决之道”，在这本书中，技术以及（与他通过音乐所做的重要阐述相一致）他通常称之为技巧（technique）的东西现在统统被拉回到艺术作品本身或审美单子（aesthetic monad）的内部，在那里成为作品的深刻内容。[40]那么，依照这一看法，它的属性绝对是表示不同意义、可做出不同阐释的“理想主义”，它在某种程度上是外部的或外在的，甚或凭借自身价值成为一种新“元素”（你会联想到在该作品先前“内容”的历史性——它在这个意义上的各种影响、观念性、意识形态、信息等等）。在整个当代阐释实践中，可以发现这一策略的运用并不成功，当代的阐释实践假定该作品的细节具有自动指涉的功能，所以它先前关于审察的内容证明是作品本身对其新发现的摄影机移动性进行评论的形式，或者说是以新的风景形式来谈论宽银幕（俄国形式主义“方法即动机”原则的当代变体，关于这一原则，我上面提到的布尔曼的例子是个类似于戏仿的东西）。

第二个或相反的趋势是倾向于将先前的作品化解为历史和断代史，直到它的审美特征开始与对其他形式的历史编纂学（包括技术性的历史编纂学）中的客体所做的描述相一致。从这一有利状态开始，两种现象——作品的“意义”和新技术——逐渐被理解为同一历史瞬间的两种不同症候，现在则被以一种极端“复杂和多元决定”的方式重新加以概念化。当然这正是本文通过体裁的终结与好莱坞的“终结”这一假设所提出的观点，新类型电影的出现，既包括现代主义电影，也包括后现代主义电影，在某种程度上与20世纪60年代的新技术同步，在单一的历史进程中——电视和其他媒体与宽银幕同样重要，这一历史进程的各个部分互为条件，同时也以一种有趣的、随机的平行螺旋方式彼此“影射”。

但是这第二个结论必须是在系统地研究了刚才简要说明的早期地位和干预之后作为最后一个“瞬间”获得的，而且它不是作为预先给出的一个静态模型为人们所应用。黑格尔至少对本文的某个观点是有用的，他发出系统的告诫，以防止把这些方法论的瞬间混杂起来，或者想象它们中的任何一个所处的困境及其自主性能够被“解决”（即使是站在这一过程的最后时刻这一立场上）。这种坚持认为方法论阶段无法削减的观点常常被人们奇怪地认为是黑格尔的“主叙事”（master narrative，它当然可以通过简略的表达方式物化为这样一种叙事），在这种情况下，事实上它是在极端缺乏洞察力的情况下让我们对手头这部地方作品表态。

Ⅵ

不过，在好莱坞美学中，体裁的终结也有些像是“合法性的危机”：正如皮埃尔·布迪厄（Pierre Bourdieu）教导我们的那样[41]，它是一种因审美活动和消费的自我调节所产生的危机，是后者理性化的危机，完全是实践中的挫折。对布迪厄而言，审美实践确实始终都是与阶级特权和弥补社会矛盾有关的一件事，以至于作为萨特式的不良信念和阶级愧疚，它一直需要某种作为补充的理论托辞：那么就会出现不同的审美规则来使不合理的变得合理，来为文化活动提供充足的理由，这些文化活动之深刻的社会象征意义存在于他处，存在于你没有仔细思考的领域［“特质”——标志着阶级“教化”（cultivation）的各种文化实践——显然是法国模式，它为了阶级目的而对文化进行调度，布迪厄在他的许多著作中都探讨了阶级目的问题］。这一观点当然意味着某种新兴现代主义的新的美学观念（例如电影中的导演理论，我们呆会儿就能看到这一理论），与那些老式现实主义一样荒谬；当然，这种自我调节之审美理性化的新形式很可能有其历史原因，而且它要求在这一环境本身内部重新进行修正。现实主义时期的消退因此便包含了一种历史危机，在这一危机中，对体裁电影的消费日益成为一件令人愧疚的事，而且，我们必须寻求某种新的法度以使得电影能够继续进行，这一法度将从传统方式的集合体中进行构建，其他艺术形式中的高潮现代主义正是运用这些方法来处理某种老式文化历史中的类似情况。

但是在这一点上，19 世纪晚期出现的第一批现代主义与迟至 20 世纪 50 年代才出现的有声电影现代主义在时代上存在的鸿沟迫使我们将图式复杂化，因为从全球的角度看，在某种不同的意义上，电影的“现代主义”是世界范围内现代风格的组成部分，正是依托现实主义才出现了导演的现代主义时期。要理解这一点，我们必须把资产阶级的或国内的好莱坞有声现实主义的出现（以及伟大的默片形式的消失）置于一种新的语境之中，在这个语境里，其他国家的发展都表现出同类的相似性：最引人注目的是苏联的社会主义现实主义以及中欧所谓的“法西斯”艺术——两者诚然都标志着报复性地回归至“表现”，但它们在绝大多数情况下都被理解为某种更具普遍性的国际风格中出现的断裂或毫不留情的决裂，同时也被理解为各种武断的国家干预所导致的后果，而不是由于某种更加全面的全球性风格过渡和变更所带来的效果或现象。[42]

甚至从逸闻趣事的角度来说，例如，欧文·塞拉伯格（Irving Thalberg）与施特罗海姆（Stroheim）的关系和博里斯·舒米亚茨基（Boris Shumyatsky）与爱森斯坦的世仇形成了有趣的对比，而对后者所谓“知识分子电影”（intellectual cinema）的批判很可能被确认为是世界范围内反对默片现代主义以及以戏剧性的方式回归“娱乐”这类反应的一部分。如果说这种历史叙事比那种更加复杂，那是因为有声“现实主义”中占主导地位的风格要素结合了已经“广受欢迎的”（或“降格的”，如法兰克福学派所说的那样）现代主义特征，现在这些特征以概念的形式或作为流线型的（streamlined）意识形态或许被说成是构成了某种类似于秘密现代主义（secret modernism）或从属形式主义（subordinated formalism）的东西，它们都属于全新的全球“现实主义”，全球现实主义的风格化也散发出“新机器”的阶段内涵（大型海轮、大型高级轿车、天空下展开的机翼）。[43]现在称呼这种特殊的阶段性风格的规范术语——装饰艺术——因此可以在横跨整个20世纪30年代的国际空间内变得具有普遍性，特别是在我们掌握了关于新机器的这种观点何以特别具有中介性质的原因之后，而且这种观点可以为左派，或民粹主义者，或进步人士挪用，同样也为右翼贵族用来传达私人和公共体面方面的信息。伊娃·韦伯（Eva Weber）[44]确实以醒目的方式展示了WPA艺术和路易斯·海因（Lewis Hine）的左派记录照片如何充分展示了一般装饰艺术的精神，如同那些更能在瞬间触动心灵的装饰性家具和风尚一样。

某种特定的技术（包括那种可以看得到的机器，它在静止状态下通过其形式让人感觉到速度和能量）成为好莱坞和苏联社会主义现代主义共同的意识形态和风格特征，这绝非偶然，如果将这些放在一起作为某种更宏大的全球装饰艺术的过渡阶段来解读的话，就会得出上面的结论。就斯大林主义而言，它与纳粹主义几乎没有区别，其本身就是一种新出现的、标志着资本主义第二阶段的整套新技术（电力、内燃机、钨丝，以及真空管）的一种功能：但是对它的部署是在那些技术与大众“民主化”这个新的社会事实（文字、信息，以及需要作为一个政治现实加以考虑的新出现的后封建公众）不合拍的情况下完成的。对发生于**布尔什维克革命**[45]中的斯大林主义转向而言，最令人信服的解释坚持认为是由于双重时差的缘故，一方面是一个由革命的知识分子组成的小党派与一个庞大的管理和官僚体系所提出的要求之间不合拍，另一方面是为数不多的产业工人阶级和由旧式农民构成的占绝对优势人口之间的不合拍。从历史的角度看，在新的技术能力与一个仍然欠发达的、尚未完全“资产阶级化”的公众并存这样一个空间里（或称公共范围，以明确这一分析与西方议会制度在场或不在场这类传统的、纯“政治”术语之间的区别），便会立刻出现独一无二的、新型的个人权力与独裁。但这种情况绝非苏维埃革命独有的变化：它同样也是希特勒纳粹主义的特征，希特勒的纳粹主义近来被说成是德国的“资产阶级革命”，在这场革命中，希特勒最终摧毁了德国“旧的政体”，就它的技术和交通而言，同时也是“现代化”的力量。[46]既然纳粹艺术（及意大利纳粹主义艺术）所具有的新古典主义纪念碑意义在这一过程中通过拼贴正在被同化为当代的后现代主义，那么，理解它与一般的装饰派艺术（包括在北美的变体）在风格上的相似性便不再那么困难了。

因为这类发展也是美国在 20 世纪 30 年代的特点，当时美国只有好莱坞和WPA艺术可以算作在一个较长时段里的两个发展特征，重要的是那个阶段还包括华特·迪斯尼和罗伯特·摩西斯（Robert Moses）——他们二人都代表了独一无二的一次性经济和政治的可能性，这些可能性与风格创新以及涉及当时所有新兴“休闲文化”的某种影响力是结合在一起的。尤其是摩西斯，他作为个人与斯大林一样冷酷无情，也同样无所不能（是在北美法律体系十分不同的限制范围之内），这些都在罗伯特·卡洛（Robert Caro）为他写的那本精彩传记中展现得淋漓尽致。[47]但是，只有当我们主要将他看作一个文化制造者和革新者的时候，装饰派时期的特异性才会在全球再度出现——即各种新的技术机构的结合，这些机构赋予少数个人暂时的、同时也是历史上独一无二的个人权力，同时，这些机构也催生出一种新的文化语言，按照上面已经提到的现实主义辩证法和意识形态，它在不同的情况下可以被描述为民主的、表现性的语言，或者被描述为堕落的、受人操控的语言。装饰派的表现性产生于这一历史环境，也是对这一历史环境所做出的反应，这个历史环境所承受的压力应该也能够使人更容易理解“现实主义”在此意义上何以是一个历史现象，而不是一种永恒的形式上的可能性，而且使这一可能性在这种现象中既走向结束，同时也走向萌芽。

Ⅶ

前面的讨论并未触及最重要的（如果不是最具影响力的）电影现实主义理论，也就是与安德烈·巴赞（Andre Bazin）的名字连在一起的理论，或者说是克拉考尔（Kracauer）关于电影对“物质现实的拯救”的相关概念。[48]克拉考尔精彩的修正性词语使这一概念对任何陈规旧俗拉开了基本距离，这里的陈规旧俗包括消极的“反映”现实，但同时那些陈规旧俗也引进了一种宗教的——或更确切地说是本体论的——共鸣，它需要得到说明。[巴赞的意识形态立场在最普遍意义上来说也是“宗教的”，因为他的背景就是埃斯普里特运动（Esprit movement）和战争刚刚结束那段时间里非常积极的左派天主教。]

但有一点很清楚，即这两个关于“现实主义”的概念都没有以任何基本形式包含诸如此类的叙事；或者说，对它们两者而言，这样的叙事暂时性被贬低为一种条件和假象，在这种情形下，真理不是以知识的面孔出现，而是作为**事件**出现。克拉考尔对“物质现实”的强调只能是误导性地被唯物主义所同化；但它至少像各种基督教关于肉欲或肉身化（例如奥尔巴赫的“造物的”观念——对身体和有限性的根本限制）的概念一样是非/反理想主义的。[49]

所以，这种现实主义也不是完全的“自然主义”：即使在奥尔巴赫的《模仿》(*Mimesis*）一书中提到的第二个高潮——语言学现实的第二个成就，出现在但丁时代之后——与左拉的作品发生了重叠，这一点意味深长；而且即便是电影制作中的自然主义意识形态——以让·雷诺阿（Jean Renoir）的电影为例，是一种被民粹主义和生机论（vitalism）同化了的自然主义——好像特别适合这些电影理论家所追寻和赞赏的对现实效果的调用。何以“本体论的”这个词倾向于从唯物主义和理想主义的对立之间横穿而过，而且它还倾向于强调——尤其是在海德格尔的思想中——仅仅存在于物质（本体）与瞬间或事件之间的巨大差异，在那个瞬间或事件中，物质世界与存在本身在那一刻或那一霎那是重叠的：景深镜头中，在墙上和院子里保留至今的石头上因为涂料的缘故显出粒状的表面，雨水在它们上面留下条条斑纹（就像在这类电影镜头中常常看到的一样），作为“物化为”事件和居所的这个社会在过去的某个特殊时刻不仅表现出存在中的法国乡村，而且表现出某个历史时期的法国乡村；这个社会的过去也物化为地面上的风景：尤其是那条河水中鲜活的历史感，对德勒兹而言，那河水就是法国学派电影的元件[50]，物化为柳树，或者是空无一人的道路，两旁栽种着榆树；物化为空旷的原野，它确实不仅仅在某种程度上有“法兰西味道”——因为是雷诺阿拍摄的——而且是某个特定时期的法兰西味道，现在，属于某个特定社会阶层的法兰西早已消失得无影无踪，如同《游戏的规则》（*La Regle du Jeu*，1939）中表现的那样。

巴赞式的电影现实主义概念（与克拉考尔的概念一起）透射出某种电影理想，它的隐秘真理不再是电影，而是摄像本身以及黑白摄影，我们呆会儿就能看到，除了这些，它还能说明什么。但是这种摄影冲动或力比多，打个比方，必须小心地与画面构成或电影现代主义中的视觉能指区分开来（尽管两者间存在着历史和结构的联系），更要同后现代电影中虚饰的影像严格区别。

如果电影（在特定的条件下）有比摄影本身更先进的装备来揭示摄影的真实情况，那么这个就只能从已经提到过的**事件**这一最高范畴的角度来解释了。同时，海德格尔式的语言在这一语境中的诱惑力可以通过这种本体论冲动与时间内所发生的事物等范畴以独特的方式结合起来而得到解释：海德格尔概念中的存在既非事物，亦非事物的维度，也不是一个思想或概念，而是一个**事件**，最好称其为“对存在的去蔽”。这样的摄影——甚至纪录影片，有人或许期待它成为这些现实主义理论的中心内容，但它的主张却莫名其妙地遭到所谓虚构电影的抵制——两者都提供了物化的条件，有人可能会说，对实际阅读而言，它们极易被惰性反映美学重新挪用，而且倾向于省略（或使得我们忽略或忘记）事件性（eventfulness）的双重结构，事件性是这类照相现实主义的结构要素——主体这一方的事件和客体一方的事件，正在发生的记录行为以及以独特方式“被记录”在摄影“主体”的身体上的历史瞬间。

当代纪录影片，不错（我甚至禁不住称其为后现代纪录片或物质纪录片），包括并且强调事件的这种双重在场，远比以前的经典纪录片更有自我意识（至少在我们看来是如此）。在新型纪录片中既是后现代的又是“唯物主义的”东西——令这些纪录片更具真实感，却与巴赞式理想关系遥远且不是其预料中的继承者，巴赞式理想在黑白电影时代结束之后成为具有历史独特性的事物——是它们介入到对这种虚构电影的普遍批判中来，甚至对其表示厌恶和反感，虚构电影似乎是我们这个时代的特征：文化愧疚的某种新的、强化了的形式，或者更确切地说是物质能指的新逻辑，物质能指则构成了所谓后现代时期的特点。荒谬的是，“虚构的”这一概念本身便是在这种情境下出现的一个理论灾难，同时出现的还有传统上对美学理论提出的各种伪问题：“虚构”（与其概念性伙伴文学语言一道）不可能再在影像社会或充满宏大场面的社会条件下，在概念性的环境中为文化自主性划定范围，在这种概念性环境中，“文本”、“话语”，或更确切地说，“叙事”，这些概念本身已经抹除了这一经典特征。非虚构——不管是几年前美国出现的“非虚构小说”，还是今天第三世界文学中随处可见的证明（testimonio）——不再处于文化之外；戈达尔（Godard）用手提摄像机拍摄出来的“不完善的电影”肯定拍摄到了某个特定时间“真实的”香榭丽舍大街[51]，无论这个“地方”表面上显露出怎样的虚构。

在因此可以被称为高潮现代主义的一个典型“结尾”中，托马斯·曼的《浮士德博士》中的魔鬼已经在内疚和权威尽失时预见性地对这一“艺术之终结”提出了警告：

> 艺术品、时间，以及审美外观［映照（Schein）］是一体的，而现在都沦为批评冲动的对象。后者不再容忍审美游戏或外表、虚构故事、形式的自我陶醉，它谴责激情和人类的苦难，将它们转换成许多角色，解读为各种形象。只有非虚构的东西在今天依然是正当的，只有那些既没有被游戏也没有被玩腻（der nicht verspielte）的东西，只有那些在其体验时对痛苦尚未被歪曲、尚未被污染的表述才是正当的。[52]

阿多诺的相关陈述——奥斯维辛之后怎么可能有诗歌？——具有误导性，他把文化的失败归因于某个单独的专门机构造成的噩梦，而不是归因于晚期资本主义本身作为一个整体所秉承的逻辑以及它带来的种种可能性，晚期资本主义通过将先前的形象转化为商业本身的各种现实出人意料地实现了黑格尔所谓的“艺术之终结”。

这种对文化的反感也并非只是在非文字和非虚构的形式中才能找到：在博尔赫斯本人身上——不管怎么说他都是后现代很具权威的前辈之一，而且他还是这样一位作家，他的可替换性文化绝对是反现代主义的，是从非经典的、遗留下来的作品中，如切斯特顿（Chesterton）和斯蒂文森（R. L. Stevenson）的作品中杂交出来的（bricolated）——现代主义作品中所谓的自我指涉也发生了一次唯物主义转向，而我们只能这样命名这次转向：它不是**世界之书**（Book-of the-World），而是缺失的卷册、图书馆、原稿或复印件、文本的变体——所有这些都铭刻在这本特殊的、物质形式的书中，它就是想象中的百科全书之散落的一卷，它或许不是“真实的”（也不是我们此刻正在阅读的“这一本”，像许多现代主义作品中常出现的那样），但它在文本中打上了对物质事物怀有期待和乡愁的印记。

今天，当代纪录影片（或录像）中各种各具特色的可能性是将生产过程以某种形式展现出来，文学和其他艺术与这种形式基本没有什么共同点，尽管那些艺术理论早在20世纪60年代便已经对生产这一概念本身产生了浓厚的兴趣。的确，如果商品拜物教可以因某种用途而被说成是“从客体上抹去生产的痕迹”，那么非物化（dereification）的美学便会很自然地被看作对那些痕迹进行去蔽的意志：然而书籍或绘画依然是被生产出来的，不管它如何坚持不懈地为自己开脱；甚至戈达尔的影片在事后看来似乎也为某种反动的封圣—物化过程所用，在封圣—物化中，即兴作品或各种编辑介入的伪饰标记在事后（通过大家都很熟悉的大量的再屏蔽）被冻结为“名著”那些无时间性的特征。

但是，如果纪录片的客体本身处于不断的变化之中，如果记录和表现它的运作过程介入改变它在我们眼前的效果，像某种出人意料的新形式的海森堡（Heisenberg）的原则那样，那么过程和生产都会具有非常不同的意义。例如，一个有魄力的联邦德国生产团队寻求［在一部名为《托雷·贝拉》（*Torre Bella*）的影片中，这部影片是以一组有争议的大庄园的名字命名的］[53]抓住1974年葡萄牙革命对生活的意义：他们及时赶到，见证了农业获得自主权的第一个探索性时刻，在那一时刻，农民们虔诚地、执著地保卫这座庄园，用古老的方式耕种着土地，尽着管理的职责，抗拒着清算的那一天，而地主们却已经逃走了。同时，这座大宅院保持着一丝不苟的洁净与体面，里面到处都是一战前旧体制时期贵族风格的战利品和纪念品：在波兰打猎的照片、英国私人领地和法国庄园的纪念物，还有仍然属于泛欧王朝文化的不同族裔之间通婚的徽章和谱系。因此，我们可以看到这样一个时刻，满腹疑惑的农民——他们的主人不知道为什么还没有回来——向革命军事委员会咨询关于这些首先被遗弃的庄园的情况，却只得到了更令他们疑惑的关于人民和生产的“高等法律”

条文，以及让他们抓住土地，为自己耕种土地的建议。

在这一点上，我们得知，已经有团伙开始怀着复仇心理追随革命的进程，他们每星期都会拍摄一次骚乱的人群，以至于农民自己就可以对他们的行为及其表现形式进行观察并做出评价。当时的情况是，因为这样的暴露，“农民”变成了可以被分辨的个体，对于他们，摄影机开始有选择地追踪，去拍摄那些更有戏剧性的、更上镜而且更伶牙俐齿的农民——这些人由此在形式上被提升到了“发言人”和理论家的地位。但是，农民关于这一过程的自我意识发生了意想不到的转变；拍摄过程本身变成了一个样板性寓言，在这一点上，参与者—观看者开始明白他们的纪录片里已经有了一个“明星”（而且他们的革命成就了影片中的“理论家”和“领袖”），这位明星看起来是一位年轻英俊的城市无业者，是这座庄园里的某个家庭的远亲。他在暴乱时回到庄园，在不知不觉中利用摄像机这唯一的工具来施行自己的权威。紧接着他被驱逐出去，这标志着集体实践和自我意识中一个新的重要时刻，它可能比电影的完整版所实际告诉我们的任何故事都更有趣：但这个故事现在将一部客观性的纪录片改造成了具有辩证意味的影片，使它变成了一种带着纪录片形式的全新概念。

最近一部巴西纪录片——《二十年后》（*Cabra Marcado para morrer*）[54]以难以想象的时间范围为背景，某种很接近那种新形式的东西事实上已经成为现实。体裁在这里由于一个纯属偶然的事故而分裂开来，这个事故给影片造成了创伤，并且利用人的生物生命中不可重复也无法改变的偶然性将影片写进了历史。无论是文字（或心理分析）记忆的随意性，还是摄影机拍摄下来的过去那些无声的证据，都无法与这些形象的来源相匹敌，这本来是一部关于农民领袖赫奥·佩德罗·特谢拉（Joao Pedro Teixeira）生平的影片，他在1962年被暗杀。他的妻子在片中扮演自己，她在摄影和讲故事方面技巧完全像是发型和汽车一样具有某个特定时期的情调，与四五十年代的好莱坞有密切的关系。在这个特殊的“真实性”问题上，我们值得稍作停留，因为它将重新成为我们关于怀旧电影讨论的中心话题，怀旧电影的摄制也要求进行最亲切、真实的重构。不过，在这里最“虚构”却以真实面目出现的好莱坞，它的真实具有不同含义：表现本身如同照片一样是历史的、“有日期的”，不管照片的对象是什么，都会因为表现风格和当时的技术状况以及胶片质量而暴露出它的时代性。

当然，在这个意义上，可以说任何老电影都是历史的，甚至纪录片从它本身就是“文献”这个角度来看也不例外；可这部影片从未拍摄完成。因为在影片开始拍摄后不久，巴西就爆发了军事政变，古拉特左翼民粹政府上台，这个暴虐的政府开始了其漫长的独裁统治，这一独裁统治直到昨天才结束——确确实实正是在那一时刻，这部非同寻常的电影才重新拍摄。由于所有参加先期拍摄的人员都作鸟兽散，因为他们的生活危机四伏——“极左翼”电影人完全是一个由死亡领袖和他的同伴们组成的家庭——影片现在展示的就是重新逐个找回那些人员的过程，这个故事就像一个隐姓埋名的寡妇，她的孩子失散了，而且在其他省份被亲戚们养大，他们相互之间大多不知道彼此还活着，更不知道母亲还活着，而是以为母亲早就死了。这些人所遭受的肉体折磨——就像普鲁斯特最后一卷中一度为人所熟悉的人物那已成齑粉的头发和渐渐老去的容妆——可以说是历史性最无力的标记，在那种更有限的意义上，它并非身体或物质本身的问题，而是**事件**本身的问题，电影—生产—过程在其对象身上打上了积极干预的标记，它历史性地改变了电影生产。唯物主义——或物质能指——在这类电影中不再发挥历史性“真理”的作用，历史真实可能会被放到虚构性的对立面；甚至也不是我们的消极思考对某个事件的表现；相反，它在于生产过程如何凭借其自身的力量成为一个事件，而且还将我们对这一事件的理解包括在内。这样一个**事件**特有的现在时态似乎超越了传统哲学（或现象学）关于我们的现在和过去某个时刻的关系问题。现代主义也曾渴望某个永恒的现在，但那是一个**新的**、创新的现在[55]；新纪录片的这种现在似乎是出自实践或生产与神秘的“在场”摄影之间的相互结合，这一点我们呆会儿还会谈到。就像重新发明一个行为（而不是这个行为的“再生产”）时表现距离的消失同样可以从我们与经典备忘录中那些精妙的警句和历史话语的关系中获得理解：例如，巴特喜欢引用路易十四在自己临终时说的那句话——“当我是国王的时候。”还是在这些话中，某种语言习惯仍然鲜活生动，它在等待，它需要像皮兰德娄（Pirandello）戏剧中的那些句子一样被再一次表现出来，如同它当初被说出来时一样，皮兰德娄将声音和语调以合乎句法的形式写进这些句子当中，很像是演员必须重新发现某个被隐藏起来的记号。

Ⅷ

不过，摄影依然是这个过程及其悖论的原型体现：在摄影中，甚至“虚构摄影”（19 世纪在拍摄时摆成演出和着装姿势）最终成为“现实的”，到现在，它依然是一个历史事实，即 19 世纪的资产阶级会穿上戏装，摆出类似的舞台造型。另一方面，人们禁不住要说，在另一层意思上就没有这样的照相现实主义——所有的摄影都是“现代主义的”，因为它必须（通过取景和组织）将注意力吸引到这个行动上来，借助这个行动，摄影内容被“赋予了形式”，正如我们在现代主义时期常说的那样。从这一点来看，“现实主义”只存在于家庭照片中的空间和纯属个人联想辨识所产生的“相似性”[56]；然而在家庭影集以外的形象中出现的形式自主却揭示了我们在前一节所陷入的悖论，如路易斯·海因父子在20世纪30年代拍摄的社会主义现实主义照片无疑已经被看作装饰艺术的样板，也就是说，那是一种普遍流行的现代主义。

被摄影机记录下来的事件包括以死亡形式（或时间的流逝）出现的历史：摄影技术因此已经是一种哲学意义上的“存在主义”媒介，在这个媒介中，历史屈从于一种关于有限性和个体生物时间的困惑；它的盛装戏剧也因此总是靠近历史性与怀旧之间的界线。然而，说到摄影机记录下的事件，它不仅在上面提到的形式和组织功能上留下自己的痕迹（对这些功能来说，重要的不是以任何特殊形式出现的内容，内容不像瞬间成就所产生的暴力那样重要，这种瞬间成就首先是那一套特殊的形式关系的结果），而且更重要的是，在黑白影片中它准确无误地将光转换成了一种特殊的语言：即爱德华·韦斯顿（Edward Weston）称赞的那种“从黑到白无数微妙的变化层次的连贯次序”[57]。彩色胶片显然也是一种转换，同样是用另一种媒介进行记录和刻写：但它并不想将自身作为一种表现体系加以强调，或者像黑白影片系统那样将注意力吸引到它与“现实”的距离上。当我们身处一种色彩系统之内时，我们总是忘记不同色彩系统之间的差异；而且在单个颜色之间的多重对立中迷失自己，失去了我们对表现性本身之陌生性的注意，而这种注意被黑—白光面胶片作为世界上的一个客体保留下来，两者都像这最后的情况，与它不同而又仿效它的风格。于是色彩导致了电影与摄影的现实主义的终结，也导致了现代主义的终结，我们在下面将看到这一点。

为什么这个关于静态摄影（still photograph）的基本本体论

真理在巴赞和克拉考尔两人那里都没有变成现实，这不是因为媒介（而更多的是在虚构电影中）吸引了人的注意，而是因为它与暂时性、物化、“存在性”等问题密切相关，而这些问题则对这类照相复制产生了威胁，照相复制因为胶片的运动而重新消解在时间的流逝中。没有哪一种消费形象——静态摄影类型的——能作为一个客体逃脱这一过程：巴赞式“顿悟”的伟大时刻就像仅仅是由负片再生出来的“定格”镜头一样没法改变。[58]换言之，它们不可能被转换，然后重新回到摄影中，而是在组织上预先设定了时间、变化、损失的不可避免性，这是它们要成为事件而非事物所必须付出的代价。在这样的时刻，领悟力只能作为记忆的承诺，继而作为记忆本身才能继续存在：在电影中，“存在的”现实——时间和死亡，有争议的形象的死亡——被拉回到形式过程中，这样，它们便不必作为内容或信息在从历史向有限性的潜移默化（从政治向存在主义—形而上学的潜移默化）中被添加到电影里，我们已经在解读静态摄影时看到这种潜移默化的作用。所以，胶片的运动使得静态摄影的存在成分变得具体可感和具有实验性，因此才能为了获得一个更具历史性和社会性的**存在**直觉而将关于形象本身的内容解放出来。雷诺阿的人物与施特罗海姆（Stroheim）的人物——或者说雷诺阿的演员与施特罗海姆的演员——都不是同一时期影集中已故很久的人：他们是一系列社会关系中的积极参与者，这些社会关系或许已经不存在了，但是它又以巨大的、完全不同的生命活力，而不是对死亡的忧伤出现在我们面前。因此，在电影形象中对存在进行去蔽就是历史性的，而非存在主义的。

但是，关于常常被理论化为非叙事或抒情作品的东西，同样重要的是把它们与在电影里看得见的现实中这些救赎的短暂时刻所遇到的困难和停滞区分开来，因为理论化也将讲故事的注意力悬置起来，它有时会嵌入到这种注意力当中，在其他垂直或悬吊的方向上改变人们的认识。巴赞和克拉考尔的美学理论对纯粹的抒情诗而言与这种美学理论同样粗暴，对纪录片来说也是一样（或者至少对纪录片声称其在现实主义概念之内占据主导地位这一点来说是一样的）：它们是孪生的阐述或限制条件，认为“现实主义”电影中这种特殊似乎静态的摄影变形是在取悦叙事结构和价值之间更为复杂的关系，这超出了我们所能允许的范围。

如果我们禁不住要从地点或景观的角度来描述对**存在**进行去蔽的这些时刻，那么这种冲动现在可以通过一些附加条件来做出解释，即这类地点或场景现在都围绕着具有相同意义的场景范畴进行了重新组织。[59]本雅明确实就阿歇特（Atget）拍摄的“荒凉的巴黎街头照片”发表了著名的评论：“他像给犯罪场景拍照一样给这些街道拍照。犯罪场景也是遭人厌弃的，对它进行拍照是为了提供证据。有了阿歇特，照片便成为发生过的历史的标准证据，它拥有一种隐秘的政治意义。”[60]但你还是禁不住想知道是否在这个意义上，作为场景出现在我们眼前的每件事未必都是遭人厌弃的“犯罪场景”，在犯罪场景中，谣言和暴力、“犯罪”的时间性和不可更改性仅仅是此类**事件**突然发生的一种减化表达。场景的范畴乃至被安排成场景的空间范畴都与事件范畴相互关联：前者导致后者在期待或记忆中出现，就好像后者对常态的空间进行强力的重新安排，将其变成一个举行仪式的地方，变成一个暂时遭人厌弃的中心。正是这种新形式，正是这样的场景在一个非常不同的空间中的惊鸿一现，被海德格尔称为存在的“空地”（或“林中空地”）。然而，只有叙事本身才能使它变得清晰可见，叙事不仅仅是这种“抒情”时刻的单纯“借口”（pretext，尽管要理解我们为何从这些角度进行思考很容易），叙事让我们对事件更加警觉，而且使我们能按照预先设定的这个暂时视域阅读空间环境。

巴赞和克拉考尔的理论——你可能一般会认为它们要么是一种叙事美学，要么是完整地表达了他们对某部电影的意见或鉴赏（这两种看法今天都不能令人满意）——从海德格尔的视角看，可以被重写为对某类电影进行结构分析的程序，尤其是那些大名鼎鼎的导演——雷诺阿、威尔斯、罗西里尼（Rossellini）——他们的作品对巴赞和克拉考尔的理论极为重要。但不可避免的是，一部具有自我意识的电影本身最终会把这整个过程作为它自己的内容，并且将这一本体论意义上的场景之出现作为它的公开主题和题材加以表现。这样一部电影并不是让“现实主义”模式得到一种更丰富、更热烈的发展，事实上它是现实主义模式的语码化，无疑标志着这个特殊的历史性开端和可能性已经终止了，关于这一点，我们已经看到，它与色彩处理是不相容的。

《放大》（*Blow-up*，1966）尽管是一部彩色影片，但它的确是安东尼奥尼对他近来已经放弃的黑白处理所进行的一次思考；最终是通过实现现实主义的本体论——即通过公开将巴赞式现实主义解释为本体论（而且是形而上学理论）——它可以被看作所有那些非本体论冲动的正式登场，这些冲动将取代它的位置。在不甚严格的意义上，我们称这些冲动为后现代，因为它们通过对作品所作的两种非常有趣的后现代拼凑续写而被戏剧化了，即科波拉（Coppola）的《对话》（*The Conversation*，1974）和德·帕尔玛（De Palma）更加直白的《凶线》（*Blow Out*，1981），在这两部作品中，从战略眼光看，视觉的本体论媒介被声音的“文本性”所取代。

《放大》给我们提供了一次机会来直接对在海德格尔式“空地”上体验的可能性之条件提出质询，影片让这块空地从马里昂公园（Maryon Park）空洞的草地上显现，就好像从存在本身的地面上显现一样。这类前提条件各有不同，有性方面的，也有社会方面的，有文化方面的，也有形式方面的。在披头士和卡纳比大街（Carnaby St.）反文化现象第一次蓬勃兴起的时候，安东尼奥尼的主题就已经确定从意大利转到英格兰了，比如说，某种喑哑甚或是对早些时候关于疏离主题的改造，安东尼奥尼早先在总是同时出现却又不能通约的两组材料中对这一主题作过生动的再现，它们分别是关于性无能和空间抽象化的材料（《蚀》[*Eclipse*，1962] 中的罗马 E. U. R. 街区）。[61] 早期电影中的空间维度仍然继续保留在这部影片中，但却是关于旧伦敦被摧毁这一主题的弱化形式（古玩店的连续镜头）：很显然，正是因为保留了对空间的注意和质询才开启了关于这个公园本身截然不同的认识。至于人际主题，大卫·海明斯（David Hemmings）扮演的角色显然是一种与以往任何主角都不同的人物：不过，他们之间依然存在非常关键的相似之处，尤其是在没有兑现与那个神秘女人范尼莎·雷德格雷夫（Vanessa Redgrave）的"关系"的诺言这一点上更是如此，因此，关于这个神秘女人，似乎关键的问题是确定男主人公没有和她发生性行为。正是在主人公明显的厌女情结的语境里（他对与他一起工作的模特感到愤怒和恐惧）——也在他对同性恋恐惧的奇怪的细节里（"同性恋者"带着卷毛狗闯入他的住处——几乎在他们"出现"的同时——另一个穿着男人制服的主妇刚刚跨过铁栏，在不幸的花园门口踩着碎纸和瓦砾）——这些性别焦虑和困惑才展现出他与雷德格雷夫这个人物的兴趣非常不同，后者在任何情况下都只对利用他达到个人目的有兴趣。性很重要，因为与两个女孩实实在在的相遇强化了这些形象的发展和"放大"。在那段插曲之前，主人公以为自己已经避免了一场谋杀的发生；在感到厌腻之后，众所周知的性与死亡之间的关系使他得以更近距离地观察，想要发现尸体的痕迹。这部仍然充满创意和活力的电影（你明白为什么安东尼奥尼认为他需要哑剧表演和浓妆艳抹的表演者，但这一部分并没有经受住考验）存在各种明显的“瑕疵”，其中有一个关于形式的关键疑惑从性质上讲是形而上学的，如果我可以这样描述它，这个疑惑与那具尸体有关：它真的应该被看到吗？这个“指涉对象”（referent）的存在最终应该被以这种“现实的”或表现性的方式记录下来吗？那具尸体是蜡做的，是这部影片中出现的最不真实的东西，距离很远，而且不见了——一个死亡的身体正在接近形象或幻象一地位：这个想法确实掠过你的心头，即对这部英国电影来说，它与众不同的特征是意大利风格的，与安东尼奥尼很久以前的风格并非没有一点相似之处……

不管怎么说，这部影片中的“空地”就是特指“犯罪场景”：而且正是通过这种空洞的注意以及导向那个“事件”及其特别信息痕迹的“布景”，这块“场地”上的其他内容才可以忽略不计。这里有一个非常关键的偏向结构在起作用（在当代文学的其他地方同样显而易见），因为这个结构，理解或内容就需要某种带有偏见的干扰，一种偏向性的约定或次一级的外部焦点，这样，理解或经验才会在第一时间产生。[62]空洞的常识因此在任何关于文字的后现代意义上不再成为一个形象（尽管仍然有人认为在影片最后出现的操场上它还是成为了一个形象，海德格尔被重写成了席勒，关于存在的问题被弱化成为关于**游戏**［Play］的更具伦理意义的问题）。不错，在这些重要的时刻，电影屏幕打败了一般情况下理解行为的格式塔结构，因为它提供了一个没有外形的场地，迫使你的眼睛在这片绿草茵茵的地面上无目的地扫视，但在空间探索上又是有目的的——那种探索已经被改造成了时间本身：什么都看不见，但在一段已经消失的时间里，我们在看，或者至少我们试图要看。

但即便是这种奇怪的幻象形式也有其形式和历史的先决条件；例如，它要求某种物质框架，这并非与主人公的思想形式无关，因为他在作品中将社会现实主义——他的书里用了低级旅馆的照片——与时装模特摄影结合起来，并且他以此谋生。在公园里，他发现了“某种东西”，它不包含在这两种风格范畴之内；但这个东西的组织元素却早已在安东尼奥尼的早期作品里露出端倪，最明显的就是在《蚀》这部影片中，那段长达十分钟的著名结束镜头或许可以解读为《放大》中空间经验的倒置。在更早的一部影片中，空荡荡的街角（在 E. U. R. 街区）从傍晚到出现第一抹夜色这漫长的几个小时里徒劳地等待着那对恋人；摄影机懒洋洋却又很急迫地在长长的街道上搜寻着，但只（为我们）找到些无名的路人、等公共汽车的人、平淡无奇的日常琐事（最令人惊奇的是出来过夜生活的马和马车——我们已经见识过它们的早晨生活——慢跑）。十字路口画着传统的（但非常巨大）白色斑马线（“等走到路口尽头我就吻你”），在很远的边上是一些快乐之地的遗迹（locus amoenus），它们包含在墨索里尼式现代主义那远离尘世的地面风景中：一个圣池（其实就是一个接雨水的桶，里面有一片不知哪个恋人随手扔下的纸片仍然顽强地漂在水面上）、一片圣林——其实就是风中一团团的树叶——最后是一段白色的尖桩篱栅。但那大团的树叶是一个字，一个能指：安东尼奥尼过早地在这部影片中将它们无缘无故地插入一种视觉观察当中，现在只有让它们回来才能产生刺激作用。但树叶及其它们运动所产生的魅力似乎从一开始就成为摄影（和电影）的标记——“在太阳光中荡漾的、闪烁着光芒（的）树叶”（Cook and Bonelli，1860）；卢米埃兄弟（Lumiere Brothers）第一个受到高度赞扬的短片集中有“风搅动叶的涟漪”；格利菲斯（D. W. Griffith）1947 年谴责好莱坞的堕落，它不再对“风吹过树林时产生的美”感兴趣。[63]从哲学意义上讲，在萨特的《恶心》中，出现在本体性中介里的关键性运动问题就是风从树叶中吹过，使树叶摇动。《蚀》中那繁茂的树叶仅仅是一段情节而已：然而，在《放大》中，马里昂公园里的那些大树被风摇撼着，就好像被某种永恒的暴力摇撼着一样，不分昼夜，永无止息；仿佛风之神在这座城市上空永久地驻足。这种声音在这部影片中最重要的时刻起到关键性的作用，当时大卫·海明斯在拼命思索他照片上最终静止不动的放大了的点时，电影配音中的风声再一次响起，仿佛证实了那一个点的真实性。

但绝不是说那个尖桩篱栅就不重要；《蚀》中那些标准的木板条在这部影片中呈现出用手工砍削出来的样子。这个篱栅现在将这片绿草茵茵的空地围了起来，这个空洞的场景凭借自身的力量成为一个形式客体，依照这个客体，我们衡量胶片的色彩变成（略带青色的）黑白摄影媒介这个无声的“现实”。用格式塔心理学的语言来说，似乎是这些外形——树叶和篱栅被拉回到这个框架中来，从而被同化成一种“场地”，这就为场地本身变为一种形象提供了各种可能性。但它同时也意味着可以用罗兰·巴特关于摄影的认知点（studium，摄影的正式论题和主题）与刺点（punctum）之间非常不同的对立等术语来讲述这一过程，刺点，换句话说，就是令人反感的但却是偶然的（令人反感的偶然）细节，它吸引人的注意力并且将形象与历史时间绑缚在一起。但是，认知点不一定就是场地，而刺点也不一定就是形象。不错，在巴特关于巴赞的大多数阅读材料中，比如在《明室》（*Camera Lucida*）中，确实是场地本身变成了一个刺点——柯特兹（Kertesz）那幅关于一位被孩子牵引着的盲人小提琴师的照片中：“通过这只‘能思考的眼睛’，而且能使我为这幅照片增加某种内容的眼睛，我所看到的是没有铺砌的道路，道路上的粉尘和被踩踏的泥土，使我确信这就是中欧……我用我的整个身体辨认出很久以前我在去匈牙利和罗马尼亚的旅途中经过的村庄。”[64]

安东尼奥尼那个没有形状的场地也希望成为这种作为刺点的场地：由此，他那早期电影中现在已经无人理会的、被纯化了的新现实主义冲动已物化为摄影技巧，它们正是关于那些冲动的深层真理，结果却是这些可收集的客体反过来被完全限制住了。随着它们的消失，巴赞和克拉考尔的“现实主义”才能、电影恢复物质现实的使命，或者重新发明作为其被遗失的源头和起点的摄影力比多的使命、它的怀旧及隐秘的死亡祈愿或愿望便都走到了尽头；另一些东西（它已不再属于现代主义）取代了它的位置。

Ⅸ

在这些关于现实主义的交叉讨论中——关于实验性—对立性、好莱坞、纪录片，以及摄影—本体论的讨论——缺失的是现实主义“作品”在一个主导性风格或叙事范式内所采用的老式评量系统，例如，《愤怒的葡萄》(*Grapes of Wrath*，1940）就被从当时好莱坞影片中挑选出来作为“社会现实主义”的标准样板。在一个深刻理解表现性工具本身的各种中介作用的时期，似乎将这些内部变量描述为意识形态变量更为可取；那么在这种情况下，过去所谓的社会现实主义现在就会被界定为“民粹主义”[65]，而且也会作为民粹主义来分析。同时，尽管我并不想造成这样的印象——这四种交叉进行的讨论就可以穷尽这件事——但它们也并不是无端的臆测，相反，它们似乎可以凭借自己的力量通过某种系统形成对向状态：

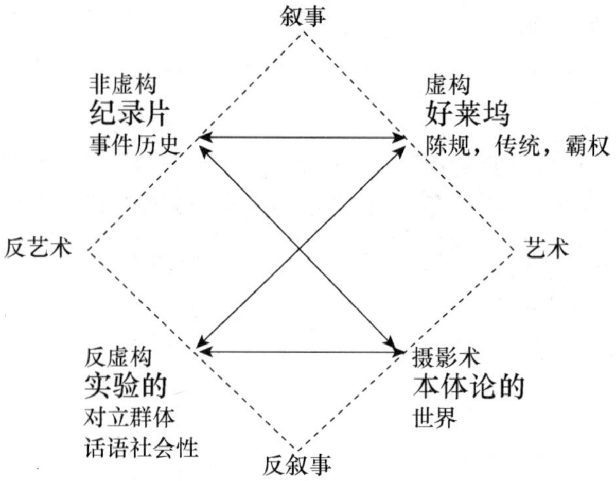

正如我们要讨论电影现实主义就会倒退几步一样，现在需要观察的最后一项绝对不可能与现实主义相一致，不管是从它的结构上看，还是从它的理论问题看都是如此。这两个阶段之间的关系是一个辩证关系，也就是说，它牵扯到在有争议的结构和内容方面（总是假设有人甚至想保存这些术语以便把这两层讨论都包含进来）进行一次彻底的蜕变。不错，有一点需要记住，现实主义在美学史上独具一格地提出了认识论的问题，而且认为自己占据了真理的地位：现在，要说现代主义在某种程度上更像是“形式主义的”，或者说它不再摆出那种姿态或提出那些问题，显然证据不足。不错，现代主义涉及其他的事情，我们还没有完全准备好关于现实主义的讨论。

看起来似乎是应该将现代主义时期描述为大导演脱颖而出的时期了：希区柯克、伯格曼、费里尼、黑泽明、雷诺阿、威尔斯（Welles）、瓦依达（Wajda）、安东尼奥尼、萨蒂亚吉特·雷伊（Satyajit Ray）等等。但是，这一系统阐述旨在通过一个蓄意的悖论来将这一问题历史化，因为事实上这根本不是“导演”一词在那个时期电影评论中的真正用意，这个词就是在当时首次提出，被引入电影评论。

《电影笔记》(*Cahiers du cinéma*，提到这个词仿佛它就是一名真正的导演）提出导演这个概念是为了——对照他们认为是狭隘的、技术贫乏的、“文学性的”以及感伤情调的法国电影传统——商业电影和“艺术”电影之流——恢复一个关于更先进的好莱坞制品的特别概念，也为了证实后者作为批评和理论研究的对象所具有的尊荣地位。正如后来的电影所充分证明的那样，他们并非刻意要以某种新的国际专业技巧来模仿好莱坞电影，而是对其进行挪用和影射，将它合成为各种后好莱坞时代的新形式。这一智能运作中的关键问题是一种双重形式的多样性问题：制片系统中的多重决定因素（处理过程中的重新编辑，以及不同技术领域内专家的通力合作）；还有最出色的导演所完成的需要多重技能的任务，出色的导演“毫不费力”就从西部片转换到小城镇喜剧，从恐怖片转换到战争片。导演就是一个启发性的概念或者是一个方法论意义上的虚构，这一概念要求我们将集体文本（尽管这些文本都受到商业污染）看成是单个“艺术家”的作品，更有甚者，竟然使我们让体裁差异承载太多的风格统一含义，将出自一人之手的不同作品看成是同一种风格各具特色的表现，看成是同一套主题成见乃至同一个“世界”的不同表现（在比较随意的现象学意义上，“世界”这个词已经进入现代性的文学批评当中）。

这一操作——对新电影理论或批评对象的一次重构——似乎十分合宜而且已经被许多有趣且卓有成效的研究所证实。这一方法论意义上的假设在其他方面似乎也是真实的，即约翰·福特(John Ford）的作品至少看起来具有福克纳和德莱赛作品的统一性。但我认为将那些关于真理的断言悬搁起来，然后以历史学家的方式来理解这个导演假设，或许会更有趣。将它作为投射回置于一个由文本组成的实体，这些文本最初是在一个不同的认知体系（episteme）内被生产和接受的，将它回置于高潮现代主义的新历史认知体系，因为这一认知体系在这一阶段晚期开始被文学评论家理论化，他们对早期高潮文学现代主义实践进行了编码，而且还因为几乎在同一时期（20 世纪 50 年代）它开始被一种新型的现代主义电影制作人运用于实践。换言之，三四十年代的电影制作人终于可以被看作导演了，因为，现在的导演以完全不同于更早些时候的电影制作人的工作方式，“第一次”真正地存在并进行操作。这里我想说的是一种症状，它过去就是一套半自主的历史症状：因为欧洲特有的落后，特别是因为法国试图对美国的电影生产进行反省，这些症状在欧洲产生出一套专门的理论——几乎在同一时间内，那种生产本身在美国的实践中被慢慢地改变。因此，法国导演理论的出现——在理论上——相当于有了一种方法，先前的体裁电影据此按照导演范畴的新重组形式进行重写；而在“现实”中，体裁电影的生产正让位于一种特别新式的导演生产类型。但法国人对那种新的生产形式并不反感（他们作为电影制作人也很快投入其中）；而这一整体性的历史转变则在他们遵行新理论的作品中得以体现，但在他处，在实践中，它同时也按照一种新的形式动力学将自身“独立地”表现出来。

首先，通过自己的积极努力，这些新式导演在他们的手中保住了生产的统一性，从而证实了生产的风格统一性这一假设的可行性——《公民凯恩》（*Citizen Kane*，1941）是又一个关于获得巨大成功的故事，立足于此，威尔斯随后遭遇的失败可以解读为悲剧性失败，也可以解读为自杀性失败；而希区柯克则在很大程度上享受了与之相当的（甚至绝对）的权力[66]，而且好莱坞的外来导演常常也能够暂时谋得同样的权威地位。这一概念的符码化紧随各种新形式现实的出现之后，它将这些现实反过来投射到过去身上，将过去进行重写，为的是显现出过去的客观性特征（或其真正的潜力），除非这种新情况对这类新范畴加以强调，否则过去是不可能被看到的。

这就是认为艺术电影或外国电影时代（20 世纪 50 年代早期至 60 年代早期）是那种导演范畴的完美形式的合理性之所在，这一范畴显然是在（同一时间）发展起来的，目的在于将关于上述范畴的新观点组织起来。为什么导演在这个意义上被认为是高度现代主义实践的重要组成部分，这种美学和分期（periodizing）的范畴（它最关键的时期是 20 世纪头 20 年）与 20 世纪 50 年代的电影生产有着怎样的关联性，这些问题现在必须得到解释。[然而，对年代学不甚了了的人却想要在第二次世界大战刚刚结束的那段时间里展示所谓文学的“第二次现代主义”的存在，对此，纳博科夫（Nabokov）和贝克特在早期所创作的美国作品，连同抽象表现主义和残留的十二音调体系的音乐作品一道成为其中的标志性作品。]

现在很多关于现代主义传统的描述特征——如风格、无情节、反讽，以及主体性——都可以通过对美学或审美自主性（aesthetic autonomy）中悬而未决的问题进行重新思考，卓有成效地将它们重写或使之陌生化，但必须使审美自主性得到适宜的扩大。其一，它是自主性这个概念的一个悖谬特征，因为它几乎总是到最后才表明它其实意味着半自主性（按照阿尔都塞的理解）：也就是说，尚存争议的客体或领域内的独立性和自足的内部连贯性（self-sufficient internal coherence）一般可以辩证地理解为与某个更大的整体性相关（仅仅是相对于这个整体性而言，声称它首先是自主的才是有意义的）。换言之，只有斯宾诺莎的

“上帝或自然”才可以被认为是这个观念在严格意义上的自主；一般情况下它所标明的意义是使自己相对而言更加独立于器官，或特殊地带，或部分，或功能。

审美“自主性”的主题或难题已经成为德国各种辩论中的中心话题，尤其是在阿多诺的美学文章中，更近一些的则是彼得·比格尔（Peter Bürger）的著作。[67]大众文化在德国的发展，对大众文化的理论化所给予的关注，连同20世纪60年代的民粹精神，都将这个带着精英气味的主题摆到我们面前，它的重要性已经模糊了（即使是对大众文化研究而言），而且它让我们失去了一个非常有用的概念性难题和为尚存争议的文化设计框架的另一种途径。不过，这个词同时也是个调解性概念，它的丰富性来自它内部存在若干个相互关联却又各具特色的客体这一事实，它们必须在一开始就分辨清楚，即使我们有意继续重建它们之间更深层的相互关系。[68]

因为每件事都是变化的，关键是看目标是否是审美体验的自主性，因为自康德以降，这一点在传统上已经同实用性、工具性、“世俗性”活动区分开来，或从另一方面讲，同抽象思维和知识区分开来；或者是看在一个日趋分化的世俗社会中，相关主题是否关乎文化本身的自主性；或者最后，要看个人艺术作品在没有边界限制的、自我封闭的游牧世界中所具有的自主性。

在这三种可能出现的意义中，前两种——审美体验的自主性和文化的自主性一般来说会相互加强，有时很难确定，关于一种意义的讨论会在某一点上毫无察觉地变为关于另一种意义的讨论。这是因为我们在电影院的门口留下了太多存在主义的包袱——更不用说在拜罗伊特的大门前或阅览室的椅子上了（我们倾向于在空间意义上思考审美体验的自主性，这并不是审美体验最无聊的一个特征）——所以我们不得不继续处理审美和文化实践的专业问题，处理文化与构成我们社会体系其他成分之间的差异问题。(从艺术主题一下子滑落到文化主题本身就是这个包袱的另一个标记)。但是，确切地说，文化领域内的自主性这个概念——它颇具深意地与存在各种问题的整个“公共领域”出现了交叉，就像尤尔根·哈贝马斯（Jurgen Habermas）已经对公共领域做出了详细说明一样，他之后是内格特（Negt）与克鲁格(Kluge)[69]——似乎主要通过它有意要在《蚀》中表明的意义而显示它在今天依然具有的重要关联性。资本主义晚期出现的极端社会分化这个悖论绝对不是证明那些彼此分隔的部分已经消失了，它们在整个社会空间中出人意料地融合了，这就是当时的精神。至少，凭着这种精神，有人希望证实今天文化领域本身会有一个巨大的跃进，它将包含所有其他领域或“各种层次的”经济、政治或心理分析，它们或许曾经在世俗社会诞生伊始就已经相对独立于这个社会了，而且它们彼此也处于相对独立的状态。景观社会（spectacle society）理论、媒体与信息数据哲学、通过商业物化对**无意识的**殖民化所作的诊断、消费主义与广告宣传，所有这些都在现今被广泛称为“后现代主义”的环境中有目的地聚合起来。[70]

文化自主这个概念因此使得我们能够精确地见证它的历史性分解，同时也记录下这样一个悖论，即某件事物的消失并非是因为其自身的灭绝，而是因为它变得具有普遍性。这个概念的历史化由此不可避免地带来关于它自身一个更深刻的真实问题，即它的历史性出现，同时出现的还有它声称要思考和显示的现象：在工业化和官僚组织过程中，建构一个从某个社会自身强取来的高层空间。历史上很狭隘的“符号自主”这个概念的真正意义是从“文学”语言（或绘画或音乐语言）中圈出一块地方，这样，就可以将它理解为一个客体，与日常生活中的说话是不同的——

而且与声音和色彩也不同——同时，它延续至今的常规指涉内容被悬置起来并且最终成为问题。语言在这个意义上的出现——如电影“语言”——本身就是涉及方式的症状，按照这种方式，在那个新的审美空间中的思考和对其专门“语言”的物质性及特征的关注，现在开始将符号与指涉分开，并将符号自身重新组织成一个客体——也就是说，重组为一个有“自主性”的东西。在这里绝对要先行提出的就是这个历史过程与我们所谓的高潮现代主义本身之间的同一性问题，它不会被理解为某些艺术运动的特殊标记，也不会被首先理解成一个风格问题，而应是以某种专门的生产模式为主的文化（或者以这一生产模式的某一特殊阶段或时期为主的文化：因为我在其他地方[71]争辩过，“现代主义”是资本主义的第二阶段——它的垄断阶段或所谓的“帝国主义时代”）。与其他事物一样，这样的系统阐述消除了关于这种分期理论的两个孪生的错误概念：它意味着对一个给定的时期而言存在大量的同质性（homogeneity，即一种“主导因素”控制着众多其他异质倾向），或者严格的年代断裂被预先察觉或为人所期待（通常这个新的“主导因素”——从前某个“次一级的”或“附属的”特征——一个缓慢的重新结构过程的最终结果，如同它过去在谱系学中一样，经常在事后被突然发现）。

这就是为什么现代主义的自主性体验和现代主义文化领域内的体验在记忆中投射出一个与后现代主义那一堆文化制品非常不同的历史形象，有人认为后现代主义文化制品是一大堆没用的录像带，或是那些现实主义时期反映现实的老“图片”或对现实的“表现”，它们有时就像是特写的格利菲斯那张被放大到令人迷惑的脸，所有的纹路和毛孔都清晰可辨，这张照片就贴在你卧室的墙上。但是，这种高潮现代主义的“自主性”在现实当中，我们已经提醒过，严格地说是一种半自主性，文化在这里表现出黑格尔所谓“倒置的世界”的面孔[72]，文化漂浮在这个世界之上，对它进行颠倒的反映——在这样一个空间里，通过这个世界的艺术，通过社会性和物质性的存在，乌托邦式否定同样可以被看作资产阶级美学自以为是且徒劳的、理想主义的滑稽模仿，资产阶级美学已经不得不接受自己被结构性地从实践和世俗性活动中（以及认识论权威中）驱除这样的处境。赫伯特·马尔库塞（Herbert Marcuse）那篇关于“文化的肯定特征”[73]的著名文章是对这种辩证法的经典探讨，对这篇文章，我们需要补充的是它同样也是这类哲学美学产生的先决条件，其德国传统随后在阿多诺的《美学理论》中达到了高潮和顶峰。可是，我们在此还需要补充那些阿多诺已然明了（至少以悲剧意识的形式）却没有出现在马尔库塞的批评阐述当中的东西（这些东西也没有出现在他后期的美学著作中），即“文化”在这里的意思是现代性的，而且这个存在很大争议或者说是辩证的概念在后者对文化感到厌倦时被修改了。

然而，在此我们需要现代性这个概念；特别是在这一点上处理与这一主题最初的两副面孔——审美体验的自主性和文化的自主性——与它的第三张面孔，即作品本身的自主性之间的关系。将要发生的事情似乎是在现代主义时期，个体作品好像是要在象征意义上实现文化作为一个整体的自主性使命；而且要在超出且高于作品内容的层面上来“反映”并包含这一项，不过这里所采取的是萨满教的模仿形式和自身生产模式，将自己生产成为象征性替代品、代替物或部分取代的客体（replacement part-object）：文化部分现在等同于自主性文化的新历史整体。**世界之书**想要比世界上其他书籍中的单独一本更加重要：这一新的寓言性使命，正如乔纳森·阿拉克（Jonathan Arac）所说，“出自其与自主性文化本身这一制度之间的关系”[74]。

因此，已经被描述为不同现代主义派别的反体裁推动力的东西，它们拒绝滞留在作为商品和专业的技术（如果不是工匠的）产品这个可怜的体裁范畴内——它们新发现的使命是成为世界之书——同样可以解释为一种努力，在世俗和分化型文化的动力学范围之内，利用符码的巴别塔和碎片化的公众重新发明一个单独的、决定性的“神圣文本”，它——《芬尼根的觉醒》、马拉美的《书》(*Livre*)、拜罗伊特，或**光芒四射的城市**——可以具体地通过删除或赋予它一段新经文来“完成”文化的世俗自主性，对这段新经文的注释和解读在同一个时间里也适用于**真实**本身。关于不同的现代主义派别，要正式说明的一点是刚刚列举的现代主义作品那种徒劳的**绝对性**（Absolutes）在有人遮遮掩掩地将较次要的现代派称之为导演的这个转变过程中以更弱的强度在更远的距离上被反映和投射出来。换言之，研究现代派作品的现象学方法提供了关键的重写技巧，这种方法将某个创作者的不同作品看成是某个“世界”的许多碎片，因为重写，各个艺术客体或“文本”的集合就可以被改变成与最高级现代派的《书》十分相似的东西。

这个重写过程很自然地将伴随着对新型意义—效果的构建：现代主义作品将投射的是形而上学和存在主义的，而且通常在美学上有自我指涉物的共鸣，它在现实主义时期是不可能实现的，而在后现代主义时期它则是过时的或不受欢迎的。这类意义—效果的结构——一般来说是它们可能实现的条件——比已经提出的各种阐释内容更有趣，这些解释涉及的领域从心理分析——从罪与愧疚、牺牲与惩罚的角度，根据盎格鲁—天主教的教养[75]来解读希区柯克的作品——到美学—意识形态——将他的电影分析为关于电影制作本身的可能性以及电影制作“伦理”[76]的若干思考。现代主义作品的结构包括并且需要进行阐释的时刻，而且还提供了加注的空白处，同时也提出了一个要求，即你必须发表意见（除非"无言"就是你的解释）。

X

不过，前面的解释与其说是现代主义理论，不如说是现代主义理论的一个序言：这样一个理论（它不会比这里的简单说明包含更多的内容）以勾勒刚才描述过的情形的形式后果开始，它所使用的方法正是各种"自主性"将自身铭刻进个人作品结构中的方法。所以，我们现在想要辨明的是"自主性"在结构过程中留下的痕迹，即必须用新词的暴力作用加以标示的东西，如自主化（autonomization）——由此也可以在历史环境、高潮现代主义的先决条件以及对其作品的形式结构分析之间画一条概念性的线条。现在自主化可以开始在一般性现代派作品的两个层面上进行观察，或者如果你愿意，可以从两个与整个作品距离不等的立场来进行观察。这两个距离之一——较远的那个——揭示了在情节形成中发挥作用的那个过程；而邻近的那一段则深入到单个句子本身的动力学内部（或同样形式句法的最终"自主性"单位）。

不过，这两个层面之间的张力或不兼容性较之人们想象的要少：正在阅读的大脑会对某个情节逻辑的编程进行调节以适应情节性或自主性句子本身偶尔出现的夸张，就像纳博科夫对亨博特·亨博特的冰箱的描写："当我将冰块从它的心脏中取出，它便对着我愤怒地咆哮。"[77]但最终，因为沉溺于这样的句子，通常会付出损失寓言意义的代价，除非像在马拉美的"Un coup de des"（万国造成的改变）这句话中，这个自主性的句子凭借整个作品本身成为位格（coterminus）。危险并不比某个单独作品集中的多，尽管在纪德的《傻剧》（*Sotie*）中，叙述者直到结束时才发出邀请，让我们列出"《帕吕德》（*Paludes*）中我们最喜欢的句子"：因为如果句子或材料能指已经获得与现代主义作品的半自主性相抗衡的真正的主体性，那么我们就已经属于完全的后现代主义了。不过，只要证明那些半自主性的句子有权利、有能力在开始的虚空状态中完全依靠自身存在下来，它们就会有倾向性地提供其自身的微观阐释。那么实际发生的事情就是这个句子将其自身化解在无事件的纯净状态中："Zwei Wochen spatter war Bonadea achon seit vierzehn Tagen seine Geliebte。"[78]或者像电影中使用现代主义的视觉符号一样，部分将取代整体成为后者的速记形式、题记或签名。

当然，在现代主义电影中还有各种各样的"句子"，从爱森斯坦的《波坦金号》（*Potemkin*，1925）中那些摇来摇去的托盘到希区柯克：用巴特的话说，他们都在某种程度上只埋头写（scriptible），他们无视批评家的存在，想要发明一种适宜的语言对等物来表现，比如说一只软弱无力的男子的手在优雅的绝望中努力要抓住和它一样被铐住的女子的手时的死亡分量，而后者则从那个奇怪的第三者，一个被雨淋透的女人的腿上笨拙地脱下一只丝袜。像布努艾尔（Bunuel）那个表现梦的连续镜头一样，这种无缘无故的句子——那根致命且同时电影也因此得名的绳索，从距离一扇摆动的厨房门的近点和远点之间一闪而过——似乎曾经（如同普鲁斯特和亚里士多德笔下的隐喻）是希区柯克"才华"的标志，同时也是一种愉悦，正是因为这种愉悦，其他的一切都不过是假象。

但是这些插科打诨的"自主性"在它们各自的结构本身中间已经表现出来了，它们既不是巴赞式现实主义**存在**的黑白掠影，也不是后现代派那些杂乱无章的"形象"。它们与更大的整体——不是作品本身的整个结构，而是当下的情节——之间的关系是程度而非种类上的关系，因为，如同已经引用过的某些语言句子，它们可以被看作凭自己的力量完成的微缩情节化。这种刺激不像希区柯克的微缩模型，它似乎会生成一幅图画，可以在所谓现代主义的符号中看到以不同方式实现的这种刺激，如伯格曼的《第七封印》（*Seventh Seal*，1957）结尾部分那场死亡之舞中的情景。这不停运动着的最后一幕与其说是一个形象，不如说是知识在严格意义上的一个幻象，尽管如此，它——决不是要突出作品，或出人意料地、无缘无故地对作品进行修饰——以一种炫耀的方式恢复叙事的基本要素，尽管拍电影原先就是为了在这个如故的未来或片段上结束：是某种布努艾尔的《维莉迪安娜》（*Viridiana*，1962）中**最后的晚餐**用滑稽的手法表现的东西。毫无疑问，由于对有关电影阐述的书籍过分熟悉，所导致的结果是很难判断这种"著名的时刻"是否仅仅凭借重复的力量从形式内部或者外部产生。尽管如此，这种物化和视觉（在希区柯克的心中被主位化了，成为视淫癖的内容）所产生的危险与现代主义本身是一致的，它的顺势治疗（homeopathic）策略使得物化与其自身相抗衡，通过自我防御，用它专门化的形式语言繁衍出一种社会过程；但如果不摧毁现实主义作品的结构，这种危险便不可能发挥作用。或者换言之，通过突出这些书中句子周围的沉寂（像福楼拜作品中那样），我们可以决定将这些书重写成后现代文本；甚至可以试着以更猛烈的方式通过从一个"形象"或框架跳到下一个形象或框架来对现代主义电影进行误记（misremember），这种跳跃是不连贯的、异质的。然而，形象的现代主义版本（即我们现在所谓的视觉符号）在整体上重新唤醒了后现代主义者的疑惑，他们的意图是谴责"有机的"艺术作品，因为它似乎与那个更大的形式保持着一种相关性共鸣，对于这个更大的形式——作为一种“句子”——有机的艺术作品本身就是其中的一个部分，也就是情节。

不过，一般来说，“有机作品”这个极端概念与对所谓“线性历史”所作的传统的、相关的谴责一样是用错了地方，特别是在有机作品的语言这一范围内，它是已经得到明确标示的功能差别，是在一个与它们都不一样的生命整体内部，对极为不同的有机体所作的专门处理，同时意味着存在某种与任何形式上的同质性都不一样的东西。正是在这种意义上，《尤利西斯》用人体的不同器官来标示它的每一个章节；乔伊斯关于章节是一个形式单位的思想的确是现代主义运动最重要的哲学成就之一，可以与（正如普鲁斯特曾经谈到福楼拜使用过去时态或简单过去时态时说的那样）康德发明各种范畴相媲美。它的谱系可以围绕福楼拜小说［《情感教育》（*L'Eduction sentimentale*）开始，然后用左拉那种十分官僚的方式来进行编码］章节的原则来进行建构，并且将事件或生活这类抽象范畴与存在时间（“一天”的概念）的具体或微观经验之间的距离物化。不管怎么说，乔伊斯式的章节实际上就是现代主义情节化过程中的原型标志（“不是每章都必不可少，真是一种新风格！”庞德在读完“塞壬”这一节时筋疲力尽，而后提出了这样的建议；这种巨大的误解——而且出自这样一位特殊的读者——一直到今天仍然让人觉得新奇和丢脸）。

但是，在该书中，在情节与完整性之间有一种组织性张力，它不一定出现在句子本身这个层面上（正如我们在马拉美的诗中看到的那样，它可能以某种方式成为一个整体，而情节，实际上是因为定义，却做不到）。正是这种张力，甚或冲突或许可以解释现代主义小说中“无情节”这个顽固的套路：就好像《尤利西斯》当中（或弗吉尼亚·伍尔夫的小说当中，就是因为那个缘故）没有任何的非叙事时刻！但他们的叙事性是情节的叙事性，而不是作品“作为一个整体”的叙事性，说到作为整体的作品，我们可能是指它的“思想”(idea)，它的“概念”，例如，乔伊斯这本只用一个单词作标题的书想要传递什么样的信息。自主性——或者，如果你喜欢，半自主性——带着一种复仇的力量重新出现在这里，在这里所有章节都与它们的前文本（pretext）联系在一起，每个章节都依照某种特定的辩证独立性确定自己的规则，每个章节本身随后便被权威化并且因为该章节表面上作为一个整体暗指《奥德赛》的某个相关部分而再次得到确认。我认为，这种张力与某种区别是相对应的，柯勒律治在他自己坚持使用18世纪的典故时已经预先将这种区别在理论上概括为**幻想**和**想象**之间的区别，他的用典在当时也颇遭人诟病，也对应于被德勒兹在他那个非常不一样的坐标系中理论化了的区别，即分子与克分子（molar）之间的区别。对于任何这类现代主义理论来说，对这种张力的分析都是至关重要的，因为如果这两个极端最终分裂成碎片（换言之，如果半自主性只是分裂成为简化了的［tout court］自主性和各种异质性的一个随机游戏），那我们就进入了后现代主义，它会带着一种真切的、本能的同情与喜悦为处于孤立状态的差异的分子幻想（molecular fancy）提供栖息场所。后现代主义如何对“克分子”、对**想象**、对虚空中的整体性这个没有内容的“概念”保持同样的热情——这种对称的运作状态看起来更像是一个谜，直到我们回想起不光是那些博尔赫斯所强调的想象性书籍——这些前面已经涉及到了，最重要的是我们还想起史坦尼斯劳·莱姆（Stanislaw Lem）对这种风格的宣传，他写了一本又一本的书评去评价各种根本不存在的书[79]，在这些书评里，很显然是作品的思想在起作用，但他没有考虑实现这种思想需要任何条件。如果我们沿着这个方向再稍微向前走一点点，我们或许会忍不住想看到任何作品的“思想”——例如《包法利夫人》的思想——在这个意义上，而且我们不会走得更远，直到得出一个结论，这种文学批评——它本身就是与现代性运动联系在一起的——是在情节性作品产生的那一时刻从作品中压榨出来的克分子卫星，这个卫星是作品不在场的、无法实现的原则或概念，它在远远的地方陪伴着作品。

克拉考尔已经注意到电影中的情节化动力学[80]，他当然没有将其与现代主义概念联系起来，无论怎样，现代主义都与他背道而驰，但他尤其低估了特殊体裁和电影内容与新形式原则的出现之间存在的亲缘关系。例如，希区柯克的可能性很显然有赖于恐怖片等留下的开放性情节空间。在那个空间里，伪造的踪迹和错误的线索就会作为假象，为看似与内容关系不大或没有任何关系的心理能量的释放和表现做好准备，这种释放和表现实际上是自主性的。例如，希区柯克影片中那种恐怖的伤感从何而来：小路上那无人注意的鹅卵石，伦敦这座大都市内部一个无人的角落，在那个角落的院墙内詹姆斯·斯图尔特扮演的角色蹑手蹑脚地在搜寻他唯一的线索（一个叫安姆布罗斯·查贝尔的人），他的身体极度虚弱，这意味着他是一个受害者而非搜捕者（让人想起《爱德华大夫》［*Spellbound*，1945］的结局部分英格丽·褒曼的身体在左轮手枪前紧张地退缩——真正的电影“句子”，这些身体姿势的句法会在一部又一部影片中重复，从而以诗的形式出现）。这种伤感的空间在希区柯克的影片中却是历史性的：《夺命狂凶》（*Frenzy*，1972）复制了《擒凶记》（*The Man Who Knew Too Much*，1956）第二版中的那个没有被毁掉的伦敦，在中心城市内部，在那条无人的街道上，主人公前妻的办公室很要命地就在那里（但是在这里，关于街道上没有一个行人，能想起的解释是当时正是午饭时间——在这部影片中这是唯一一个太有意义的时刻!）；《精神病人》（*Psycho*，1960）中的美国背景需要补充一种哥特式想象和建筑——一种戏剧性扩张（amplificatio）——来将这种古老空间的对等物嵌入美国这块土地。因此，在这些电影中，伦敦的传统部分所标志的并不是历史的记忆，而是重复本身：伯纳德·赫尔曼（Bernard Herrmann）创作的出类拔萃的音乐不仅仅是影片视觉内容的外在装饰，因为它同时告诉我们可怕的恐怖不可避免地要回归，让我们了解那种尖锐的厌倦感，那是因为死亡和恐怖依然掌握着控制权，它还让我们知道"悲伤"一词早已废弃的曲折变化（就像艾略特在《荒原》中赋予这个词以死亡暴力和被遗忘的历史的无力感）。不管怎样，不仅是在希区柯克的电影中，在现代派松散的结构中电影音乐都要求保持自己的自主性，而且经常发展出一种并不亚于视觉形象本身的形式力量。

克拉考尔的确尖锐地注意到忧伤与视觉之间的普遍关系，他从本雅明式悲剧（Trauerspiel）和本雅明式浪子（flâneur）的角度来解释这一关系：

> 纽霍尔（Newhall）在他的《哲学史》（*History of Photography*）中绝非是不经意间提到，在两种不同的情况下，伤感在摄影精神中与影像作品联系在一起。他说，马维尔（Marville）那些在拿破仑三世统治下拍摄的注定难逃厄运的巴黎街道和房子有一种"消失的过去的伤感之美"；他也说到阿歇特拍摄的巴黎街景，称其充满了"一幅美好的照片所能强烈激发起的伤感"。现在，伤感作为一种内在气质不仅能使哀伤的对象显得具有吸引力，而且还带来另一个重要的启示：它欣赏自我疏离（self- estrangement），它同时也包含对各种对象的认同。灰心丧气的个体容易因为他所处环境中出现的某些偶然性因素的组合而迷失自己，他会用一种不偏不倚的热情接受这些组合，不再受自己先前那些好恶的支

> 配。他的这种接受状态很像普鲁斯特笔下那个摄影师扮演一个陌生人时的状态［参见《盖尔芒特家那边》（*The Guermantes Way*）中的一段］。电影制作人常常利用伤感与摄影方式之间的紧密关系试图用视觉形象将这样一种心灵状态表现出来。一个反复出现的电影连续镜头是这样的：伤感的人物漫无目的地走着：他向前移动时，他周围的环境不停地变换成无数并列的点，它们是房子的正面、霓虹灯、零散的路人，以及其他类似的事物。观众不可避免地会将它们无缘无故的出现归结为他的沮丧和与世隔绝所带来的结果。[81]

我们会在后面讨论它的后现代变体时再回到伤感与形象之间的关系这个问题。

不过，在希区柯克的电影中，伤感的意识形态素（ideologeme）所发挥的作用似乎不仅仅是激活视觉形象并使之理性化，尽管它毫无疑问起到了这样的作用：有人可能喜欢说，它是在对刻板的体裁本身进行评论，情节出自体裁，而且体裁的“现代主义”正是它的蜕变：“同样事物”的体裁性重复使得恐怖片的观众在第一次没有任何意识的情况下看到空旷的街道或空荡荡的房子时发出尖叫，在这里，它却代表着形式本身更深刻的无聊或宿命，这种形式只能传送货物，提供死的东西——但它抽干了体裁符号系统并将后者的能指改造成拥有能力的自主性符号，从而使得在历史和审美意义上有独创性的价值成为必要条件。所以即使是笑话在这个过程中也会令人不寒而栗：在动物标本商店里出现的充满谬误的喜剧——《擒凶记》中的片断——变成了食肉动物的芭蕾（这些动物后来在《精神病人》中又恢复到静止状态，回到汽车旅馆的墙上），将这些数据或插科打诨的连续镜头组织起来的是空间。特别是“安姆布罗斯·查贝尔”不是一个人（他在神秘的两性亚文化群中猜想斯图尔特扮演的人物是要引诱他呢，还是要绑架他)，而是一个地方——这种“伤感”的视觉和建筑内容或许一开始就对我们发出了警告。这个笑料在《擒凶记》的早期版本中是找不到直接对等物的，至少在某种程度上是因为1934年的版本中情节尚未彼此独立，所以需要通过对这个能指的重新排列来取得这样一种联系：“小教堂（Chapel)，安姆布罗斯”对“安姆布罗斯·查贝尔”。当小教堂进入视线的时候，它同样空无一人而且透出一种伤感：对于伦敦阴郁的街道而言，孤寂原本就是很容易传播的，就像与马拉喀什熙熙攘攘的市场形成对照，英格兰唯一能够加以排列的人群是那些排队买票去艾尔伯特音乐厅（“音乐厅，艾尔伯特”）的人们。

但事实上，这一情节中带有情感力量的内容不如解放和自主化——相对于情感本身而言——那么重要。正如“插科打诨”这个词的技术性用法所示意的那样，喜剧或闹剧——在他们不连贯的结构中——同样参与到或者说更多的是参与到这个过程中来，而不是去做与整体格调对立的事，它们参与过程的程度使人确信在喜剧操作与不同的现代主义流派的情节化逻辑之间存在着更深刻的亲缘关系，条件是前者被恰如其分地按照非人道主义甚或非人性的方式理解为非个人的过程，比如温德姆·路易斯的《泰罗斯》(*Tyros*）中的放声大笑和咧着嘴傻笑。在希区柯克的影片中，例如，将英国人绝妙地转换成极为不同的美国人（包括一个全新的人物系统）意味着在美国背景下（它也是“现代主义”电影的背景）由某种类似于巴赫金-伏洛希诺夫（Bakhtin-Voloshinov）提出的异质性话语（alien speech）的东西在发挥作用，异质性话语是一种外来语言，它在语言经过伪装的背后发挥作用而且使语言具有某种模糊性和密度[82]，就像弥尔顿或纳博科夫、康拉德或雷蒙德·钱德勒（Raymond Chandler）作品中的情形。不管怎样讲，一种非个人性的闹剧或幽默——无论是在乔伊斯还是穆齐尔（Musil），波德莱尔还是卡夫卡的作品中——他们的历史原创性常常因为“反讽”一类概念和价值的产生而变得令人困惑——就是自主性过程完成的标志，也是现代主义语言凝固为一种具体条件的标志。

在电影中关于卓别林的一个显著事实足以证明现代主义和闹剧之间存在着更加深刻的“预设的和谐”（preestablished harmony）：它随后被基顿（Keaton）（反卓别林的一派）再次证实，后来也被雅克·塔蒂（Jacques Tati）的电影所证实。但在这一点上，其他中介变得清晰可见，尤其是轻歌舞剧或音乐厅程式，于是产生了视觉上的插科打诨本身：并非是笑声的意义或某种“喜剧精神”或世界观，而是多样性的不连贯结构解释了这个形式亲缘性，就像是忧郁症患者或浪子的行为而不是现代的时代精神（Zeitgeist）中某种更深刻的消极主义或虚无主义解释了伤感和情节之间的形式联系一样。

Ⅺ

多样性使得我们可以通过爱森斯坦的实践和理论在现代主义的自主化过程与“蒙太奇”这个开创性概念之间确立最终的历史性和逸事性联系：因为爱森斯坦的理论确定无疑是出自音乐厅里的经验，它是第一个不用镜头和编辑技术语言写成的理论，而是作为“有吸引力的蒙太奇”[83]完成的理论，在很大程度上遵循了某种纯粹属于形式变更的原则，在这种变更中，它之前和之后所给定内容存在巨大的差异，这一点比内容本身的性质更重要。福楼拜曾这样描述这种动力学，“每一页上都有关于吃喝的内容”。对此，当代的电视敏感型观众（television-sensitized audience）可能禁不住要从快速剪辑和越来越有限的注意时间（attention span）这个角度来进行思考。

爱森斯坦的理论——正是本着这种精神提出了一种类似于“并列演算”（calculus of juxtaposition）的思想——使得我们能够从另一个方向，即它开始出现的时刻，按照它本来的样子继续探索自主化或情节化的过程。他的“蒙太奇”概念因此需要将每个镜头浓缩到它的最大色调强度以突出反差性语言以及因其与下一个镜头之间的冲突而造成的震撼。在这个过程中最有趣的其实是开始时两个镜头之间的并列状态如何逐渐凭自身的力量变成了一个单独的自主性片断（完全的蒙太奇）：纯粹关系的，或理解二元并列和差异的精神活动这一事实，似乎是扩张性的，而且倾向于演变成一个新的、更大的形式，而不可能被还原成它的任何原始成分。但这个过程并没有在那里终止，爱森斯坦后来的作品继续验证了这一点：在他后来对《亚历山大·涅夫司基》（*Alexander Nevsky*，1938）[84]里那个连续镜头的解释中，构成蒙太奇的两个镜头之间的插科打诨或张力呈现出开放的姿态并且凭借自身的力量取得了作为一个形象的地位，成为将这两个镜头连接起来的第三个实体，而且在这种情况下其内容不是中立的，因为它的特点是鸦雀无声或“黎明中的焦急等待”（俄罗斯军队在等待条顿骑士团的出现）。蒙太奇因此设想在两个镜头之间（即等待过程本身）存在一段时间，仿佛它回过头将它先前动力学的两个极端都包含进来，从而将其自身体现为可视性虚空——远处俄罗斯武士的阵形，甚或更多的是因为气候上的原因，空旷的冰原上，条顿骑士团尚未出现便令人感觉到逼人的气势。

这里遇到的悖论和一般情况下现代主义时期在结构上的不稳定使我们又退回到在自主性之前出现的半自主性问题，以及与某种更重大事物之间微弱但无法抹杀的联系问题，这一事物意味着情节即使在其独立发展最丰满的时刻也仅是另一事物的一部分。

它是一种现象，这种现象有时会因为具有现代主义特征的阐释学的过分简化而显得形容模糊，按照现代主义阐释学的观点，“意义”可以通过翻译回置于常规的抽象语言。以爱森斯坦所谓的“智性电影”（intellectual cinema）为例，它常常被其发明者表现为将抽象思想转变成形象，而抽象思想无疑可以用常规的语言来表达，例如，上面提到过的“焦急等待”，或莫泊桑的《漂亮的朋友》中的“致命的午夜时光”[85]。艾略特的“客观对应物”和弗洛伊德从相对比较乏味的愿望满足这个角度用直截了当的模式阐释“梦的思想”（dream thought）——甚至乔伊斯在《尤利西斯》中对他每个章节所作的图式概论——与爱森斯坦对一种趋势的描述有共同之处，这一趋势是将新材料压缩为某种可以辨识但尚未形成成见的先验“思想”或意义，而不是沿着某种尚不存在的语言乌托邦生产这个方向对其进行投射，也不会在某个尚待命名的内容方面对其进行投射。同时，对平常语言中某个语言意义的阐述通常会在最严格、最绝对的意义上过分强调审美符号的独立性和“自主性”，并且易于将它们物化，对韵律变更的强调则不会这样。例如，当运动和骚乱活动在急速的蒙太奇中与一片空旷土地上持续很久的静止状态形成对照之时，在其不同的部分和元素中便不太会出现某个行动或事件的现实主义意义，而是会出现一种新型的知觉抽象（perceptual abstraction），它是对激动与贫乏之间的色调对立的一种新型理解。尽管有爱森斯坦智性化的语言，但这不是一种新的抽象思维，而是一种感知思维，它类似于列维-斯特劳斯的野性思维（包括非概念性象征对立的伸缩），与“质性进展”（qualitative progression）更相近，艾沃尔·温特斯（Yvor Winters）曾用这个术语来描述文学现代主义本身的逻辑特征。[86]这类描述为爱森斯坦对这一抽象过程的另外一种解释增加了不同的含义，这种解释认为这一过程是“将整个行动从确定的时空中解放出来”，同时也使得它与这里提出的现代主义分析，即符号（以及文化本身）的自主化过程更加一致。

然而，不同现代主义流派的不同逻辑在结构上各有特色，条件是它由某种总体化原则来加以协调，或者如果你喜欢，由一件不朽之作的纯粹思想或总体性来协调，不在场的总体性原则从未在任何已完成的合成物中具体地实现过，不过，这种原则在它对情节及情节内容的扭曲变形中还是有迹可循，就像我们的裸眼看不到某些天体卫星或隐藏在地平线下面的实体的运转。这种奇怪的轨迹（我总是称之为形式领域中的“最终决定实例”）能够被保全的方式并没有预先给出，而且它还因为现代主义流派本身难以计数的差异而有所不同：艾略特关于以现代方式运用神话的理论是对形式化所作的一次尝试，但是体裁或形式逻辑提供了一个非常不同的统一原则，例如，在希区柯克的恐怖片中。不过，接下来我禁不住要提出这一原则的第三种形式，或许它更接近于心理学，目的是为其操作增加一个更具变化性的意义，也为其功能提供一种隐晦的比喻意义。

例如，我在想一本玛格丽特·杜拉斯早期非常著名的小说《直布罗陀的水手》(*Le Marin de Gibraltar*，1952)，在这本小说中，某种类似于形式总体性原则的东西被转换成了作品的内容，而且从爱情心理学的角度被重写。故事开始时一名法国政府官员在度假，他对自己的生活总体来讲不满意，然后遇到一位富有的美国女人，这个女人正开着自己的私人游艇周游世界，当他们携手合作之后，小说透露出一个秘密，即她是负有使命的：她在寻找一个地方，这个地方在地球上的某个角落。美国女人在直布罗陀曾邂逅了一名水手，她确信这个水手就是她最终要托付自己情感的人。主人公于是抛弃了自己的工作和过去，陪她一起寻找。

我们最后终于明白了：如果我们坚持使用那个词，那么——“爱情”——就是男女主人公在周游世界寻找那个来自直布罗陀的水手的过程中从对方身上体验到的东西。另一方面，如果他们只是碰巧用到这个词，那么整个事情就会消失得无影无踪（通过司汤达那个著名公式提供的阴郁的戏仿式翻转：但玛格丽特·杜拉斯的作品在任何情况下都充满了对语言的不信任和怀疑）。这两个主人公在任何地方都必须相信超验的爱情，或那件真实的事情是存在的，只不过存在于另外某个地方（在那个女人对水手的迷恋中）。他们自己的体验必须保持偶然的性质以保证爱情的生命力：它需要分散心神，需要有偏向性，才能在存在中始终保持其地位，它经不起绝对的重量或正面的注视，也经不起两个人的彼此凝视。他们必须向外看，就像手握在一起：这部小说并不是一个关于自我意识之危险性的警诫性寓言，它是一个现代主义形式的寓言，普鲁斯特关于当下未完成体验这个同样是心理学性质的概念产生了与形式激发（form-motivating）相似的结果——一个存在于内容当中的期盼寓言，它期盼的不是形式，而是形式的思想。杜拉斯的小说用相似的方式表现了小说的一个“大思想”（great idea），它从定义上说是不可能实现的，因为任何能产生后果的事情（除了爱情本身）在追寻的过程中都不可能发生。

希区柯克影片中的罗曼司起到的是相同的作用，所以将他影片中的整体化原则只限定在恐怖片的体裁动力学是不准确的：大部分篇幅里展现的都是某个合伙人的体验，但有了这个条件，再加上对差异的展示和忧伤浪子嘴里的冷言热语，这两点是情节自主化的第三个决定因素，“恐怖片—罗曼司”或许就站得住脚了。如同杜拉斯这个寓言里的情形一样，因为合伙人的作用不是要体验这爱的激情，而是要全面研究，要经受得住，而且能操纵这情节叙事的冒险：这种冒险常常因为开始时的反感和未来女主人公对已经受到威胁的男主角不信任而遭到贬低［在《三十九级台阶》中，她拒绝了他；在《贵妇失踪案》（*The Lady Vanishes*，1938）中，她不喜欢他；在《声名狼藉》（*Notorious*，1946）和《西北偏北》（1959）中，她似乎背叛了他；在《后窗》（1954）中，她无法和他和谐相处；最后，在《群鸟》（*The Birds*，1963）中，所有这些事情都被搜罗进来］。这些影片的正式情节使我们有信心相信两人关系出现逆转有这方面的原因，即女主人公逐渐相信男主角是无辜的；但要确定谁先出现还是够难的。不过，要说男主角的兴趣只有在女主角成为视淫（scopophilic）对象[87]时才被激发起来恐怕也不合适——这里指的是《后窗》中的那个时刻，格雷斯·凯利进入公寓，穿过院子第一次出现在斯图尔特所扮演人物的变焦镜头里：而在那一时刻，她无疑已经进入合伙人的关系，对此这部影片一度表现得非常明确。这种表现也可以以相反的形式进行，像《迷魂记》（*Vertigo*，1958）中那样通过合作关系的破裂来表现：巴巴拉·贝尔·戈迪斯所扮演的人物提供了希区柯克经典类型中的一个共同点，性迷恋是禁止这一点的。在《精神病人》中，合伙关系的可能性被移位到两个幸存下来的小人物身上，他们是希区柯克传统影片中的主角，但在这部影片中已经不再是主角了；而《群鸟》中整个虐待狂的暴怒通过牺牲和喜剧性剧变被重新排列，从而创造出这种合伙的情景。

这些影片没有一部有意要否定在希区柯克的电影中也存在视淫或物神崇拜的冲动，女人便是被窥视和崇拜的对象；但是在其他的角色或地位上，即我们称之为合伙关系的情况下，她们当然也是主体。实际上，这种主客体地位之间的转换并不是一种心理状态的转换（例如，男性窥视者），而是形式层面上的一种转换，而且最好是从本文简要介绍过的现代主义辩证法这个角度来加以理解：即总体性原则（合伙关系）和情节本身的内容之间存在的对立和张力，在这些情节当中，物神崇拜和视淫癖得到具体的表现。

无疑，视觉迷恋和合伙关系之间的辩证在希区柯克最不应该被忽视的影片《欲海惊魂》（*Stage Fright*，1950）中得到了特别清楚的表达，这部影片非常像玛格丽特·杜拉斯小说中的情形，或许可以称之为“日常的”或偶然的恋爱发生在女主角和她的警察同伴之间，这场恋爱的主导框架是女主角对理查德·托德所扮演人物“绝对的”或浪漫的激情。[这种关系因为女主角和父亲（阿拉斯泰·希姆扮演）有一个试航的合作场景而具有双关含义或者说预先设计了铺垫：试航这场戏对一个满脑子都是专制母亲这类形象的电影制作人来说是一个非同寻常的瞬间，当时在影片中他也不急于去折磨那些笨手笨脚、痛苦不堪的女演员—女儿。]这个双重结构后来在男主人公所处环境的映衬下被重演了一遍，在男主人公的生活环境中，理查德·托德对玛琳·黛德丽的性迷恋不可能形成性伙伴关系，因为那仅仅是在冒充与真正的女主角（简·惠曼饰演）的关系。视觉迷恋因此是希区柯克电影的中心内容，而且对最令人怀疑和最广泛的力比多投入程度持一种开放的姿态：但它必须以其结构中的另一个极端作为参照来加以解读。在迷恋的那一瞬间，与从前一样，男人凝视着女人（或者倒过来，强调希区柯克对冰与火或格雷斯·凯利—性冲动的着迷这一点很重要，这种性冲动是女人表现出欲望或凝视着男人）。但是，在伙伴关系的情境中，男人和女人就情节而言都是共同注视着外面：这种情形在《欲海惊魂》中简·惠曼和平凡的史密斯在出租车里的那场爱情戏中再一次展现，在这场戏中，懒洋洋的着迷在不知不觉间渗透进关于案件事实越来越不着边际、越来越支支吾吾的谈话中。

在希区柯克的现代主义中，如果用另一种方式来谈论这一切，镜子迷恋（specular obsession）仍然需要视淫癖这个“主题”的推动：当我们在观察吉米·斯图尔特的观看情形时，我们自己并没有陷入到这类形象本身当中。视淫冲动不仅包含在精神病主题这个概念中，在情节及其形式逻辑中也表现出来，它使得叙事能够分割成各具特色的或半自主性事件，这些事件可以这样看，也可以那样看。不过，当精神病主体完全消失之后，观看在现代主义影片**内部**被专门突出为特殊因素和心理动机的过程也随之消失，这时我们就不再处于现代主义的最后阶段，而是完全处于后现代主义之中，这时把窥视作为一种症状甚至作为一种意识形态立场来进行分析便毫无意义。后现代的窥视不需要动力，因为它本身已经成为存在的理由：一个迷恋于观看的主体不需要再被“建构”，因为再也不存在那种居于中心地位的主体，在这个“景观社会”（society of the spectacle）里，观看这种动作无处不在，又处处不在，于是一种与电影形象的全新关系便出现了，在这种关系中，观众只是撕下一个形象，然后把它拼贴成一件“艺术品”，这件艺术品是为了那个目的而设计的，十分随意地——但具有很强的可视性——挪用它的“快乐的红利”（bonuses of pleasure）。所以，回过头来看，希区柯克将窥视主题化之所以打动我们，或许是因为它极端地具有自我意识意味：在形象文化中，对形象的特别迷恋已经不再具有任何的临床趣味，就如同现代时期的各种语言学和文体学实验在**语言**或文本的普遍统治之下失去了要点一样。

XII

另一方面，所有这一切都可以换一种方式来谈论，我们以此来庆祝本雅明式芬芳重新回到电影屏幕上，观看从录像和电视的感知习惯中找回一种辉煌和真实感："好胶片"也就又变成某种类似于"原创性的"东西。然而，在摄影中，正如苏珊·桑塔格所指出的那样，事情有些不同，老化的标记——褪色、发黄，诸如此类——提高了黑白胶片的价值，而且对我们来说提高了它作为客体的趣味。[88]不过，彩色胶片随着时间只能退化：只有无污损的颜色才有价值，所以，在某种意义上，照片以转喻或再现的方式作为过去标志的能力，主要体现在已消失或忘记的各种色彩系统之中——于是才有了色彩复制和后现代永恒现时之间的亲缘关系。[89]这一特征在古巴电影《机会主义者》（*The Opportunist*，1986）中得到了鲜明生动的表现，电影一开始是斑驳褪色的黑白（虚构的）新闻片镜头，内容是1932年那位警察局局长返回哈瓦那，影片突然改用彩色胶片，而摄影机却在宫殿那非常雄伟的内部停了下来；这个十分有效的机械把戏意味着历史距离的消失，我们立刻被投射在一个完美现在（mint present）所产生的即时性当中。无论对错，我们就是带着这种成见接近所有的历史形象，至少从19世纪早期历史小说诞生起就一直是这样：因为《机会主义者》也是古巴第一部"怀旧电影"——绝对是后现代类型——所以它提供了一个好机会让我们以多半是传统"现实主义"影片的权力和限制为背景来衡量后现代性的历史形象。

不过，我们对现代主义的说明——说明情节之间的联系断裂，作品中迄今只是半自治的成分正变成完全自治的，一直到对句子和能指本身的解释——其合乎逻辑的后续工作包括对独立影片和实验录像的分析。这些问题我在其他地方也曾谈过。[90]

但是关于这一方面，在对怀旧电影的讨论中没有得到充分强调的是怀旧电影本身，确切地说，是它的风格与某种对立的、有反差的美学理论之间的辩证关系：这种关系确实可以被理解为一种对抗性交流。在这场对话中，每一个位置的象征意义都无法得到全面的理解，除非将它看作对其对应物的批判。所以，高度后现代主义中形象的物化——它的电影及电视语言的华丽假象［特别是在怀旧侦探系列的新浪潮中——《犯罪故事》(*Crime Story*)，时运不佳的《私家侦探》(*Private Eye*）——将《迈阿密风云》(*Miami Vice*）的优雅洗练回置到它四五十年代的历史环境当中］——与同样繁荣活跃的另一种语言并肩发展，即 B 级形式、朋克电影（punk films)、共谋型或偏执狂的制品，它们自愿地选择劣质和不完美的事物，乌七八糟的垃圾场面，在不是全部黑白系统时刻意选择俗气的或过于艳丽的色彩，这些标志着一种不真实性的意愿，把不真实性作为现在已被社会边缘化的**“真实”**（real）的符号，作为后现代主义霸权统治的虚假形象文化中唯一真实的空间。

因此，这种对立——我们的最后一个话题——切入到了更深的层面，而不仅仅是风格，尽管风格在传统意义上为讨论这种对立提供了最方便的语言和范畴，就像最引人注目的那些第三世界理论，其中包括所谓的“不完美电影”（imperfect cinema，Julio Garcia Espinosa，朱利欧·加西亚·埃斯皮诺萨)[91]，它为 20 世纪 60 年代的革命艺术标示出一个新的地位，这是一种非常不同于旧式左派理论的艺术，它不属于社会主义现实主义或其他激进传统，同时，它实际上是对意大利新现实主义（在世界电影中具有相当的影响力）实践的符码化，也是对同时代第一世界处于对立面的电影人如戈达尔的实践做出的回应，这些第一世界的电影人使用手提相机，故意在剪辑时做得松散粗糙，留下明显的编排痕迹，他们以夸张的方式对家庭电影进行修正使之取代了好莱坞电影（但同时它也是认同好莱坞电影的一种替换物）。不完美电影的美学理论因此是一个寓言性理论，在这一理论中，形式被召唤出来以传达对内容的特殊立场，同时与从前一样也暗示了它的基本特征：所以，如果说技术上的完美意味着先进的资本主义——它用效率获取最大利润的价值观与由这种技术和价值观所产生的先进资本主义的技术和劳动过程完全一样——那么可以预料，“不完美”就像抱守清贫的诺言，不仅意味着不发达状态下那种无可奈何的必然性，这种不发达状态是迫不得已存在的，是某种力量“发展出来的”，同时也意味着在与其他第三世界国家的团结中愿意放弃社会主义发展的剩余价值，作为一种美学，它与切（Che）在三大洲会议上的讲话中阐述的全球政治伦理相互呼应。但是，随着 20 世纪 60 年代这个过渡时期的结束，文化与技术空间与以往大不相同：电影胶片的质量不一样，合成风格造成了诸多后果，这一切所具有的意义只能作为限制和**必要性**经验。事实上，我们已经知道，古巴现在也拍摄怀旧电影［不仅是《机会主义者》这部影片，苏联—古巴联合出品的《卡帕布兰卡》（*Capablanca*）也值得一提］；戈达尔描述过一个出乎意料但却值得效仿的轨迹，从真正的不完美一直到最先进的电影—电视实验室。说实话，正是电视继承了本来属于原先那种不完美电影的优点：它得意洋洋地保住了自己作为后者寒酸远亲的地位，同时也模模糊糊地将“先进技术”和“糟粕”一同收入囊中。但电影却是在一种有选择性的情况下选择各种风格和种种人为的不完美，力图保存其社会内容（富裕与贫穷，垄断阶级与处于对立面的个人或群体），在这些方面，电影没有堕落到自鸣得意或自我陶醉的地步，它们非常精确地运用了 B 级能指中的华丽场面，B 级能指已经被详细列举以讨论我们称之为“共谋电影”（conspiracy film）的电影，电影还以一种非政治的新方式将政治对立重新内在化。

同时，阿莱弗莱克斯（Arriflex）——不管它怎样暗示出电影制作人的经济可能性——也是凭借自身的能力成为一种新的技术形式（不是回归到笨重、过时的设备）。事实上，这个有点像第一世界接受了古巴理论家提出的寓言性挑战：因为做出那种新的怀旧式俗艳电影产品在技术上“完美”得无所不包的假设本身就是个错误，例如对其自身生产的隐匿或压制，以及“抹消后者的痕迹”。相反，这类影片的优雅风格——而且很显然这是一种商业化的优雅，我们消费的就是这种优雅，而且它在很大程度上就是我们的“快乐红包”——最重要的一点是它在生产过程本身的指示标记：通过这些形象特征，我们同时消费了新技术的最新型特征，这些新技术包括艺术—状态的最新模型、计算机化、混合系统，兼有柜台和拨号装置的综合银行（它特别包括银行投资者，只要不兼任监管者，需要的专业人员）——整个这套再生产机制的目的就是作为一件商品被消费（它的终极产品——艺术形象、电影实体——同时也是它的包装）。在这个由商品生产商品的最后阶段，手段与结果之间的差别被抹杀了，我们也就可以在消费宝丽来最新快照的“思想”的同时也在消费宝丽来本身的思想，而且正是通过宝丽来快照来消费宝丽来本身的思想。色彩显然也是这种辩证法的符号，它是一种“补充”，一种没有为其内容增加任何成分的快乐红包，但这种“没有”——作为新的再生产制度的符号——为力比多投入打开了“补充性的”新空间。

怀旧电影因此包含着生产过程，同时它也象征并且暗示了它完全像其对应物在“不完美电影”或者在 B 级阴谋电影和朋克电影中的情况一样。但有人可能会提出争议，它们当中表现出来的怀旧电影在形式及社会—经济等方面的差别，恰恰产生于它的劳动商品化以及它对参与其生产的人员实行的组织化和制度化：这些东西尚未在不完美电影中出现，不完美电影仍然是一个集体行为；也是阴谋电影的内容明确要使自己与之保持距离的某种东西，所采用的方式就是表现那些浅薄的或前资本主义的“进取心”[《录影带谋杀案》(*Videodrome*，1983)，大卫·柯南伯格色情电影的制作就是一个例子]，这种情形或许与这部B级电影真正的生产本身不相符合，但它至少意味着在商品化过程中存在着未完成状态。对德国理想主义而言，“游戏”(play)一词仍然试图标示某种类似于集体活动的、精神的东西，这种东西在新系统中尚未谈及或没有得到完全的组织：它的当代形式——例如杜拉斯或文德斯(Wenders)劳神费力又令人难堪的即兴作品——远不是消遣娱乐的东西，甚或不是提供商品快乐，他们竭尽努力而且付出代价要抗衡的正是这种商品快乐：在这类作品中，社会集体的存在较之对象的娱乐性或许是一个更确定的非商品化符号。无论怎样，在今天，“阴谋”已经完全成为这种作为游戏的集体活动的象征和色情替代品(除了安东尼奥尼在《放大》中所作的戏仿这个很勉强的例子中的情形)；而愉悦已经变得越来越具有关联性，在意识形态意义上资本主义形象对其所作的合并和这类形象生产则已经“失去信用”，如果可以这样说的话。如果在最近的时间里各种左派和激进的文化生产所追寻的“真理”老是围着生产转，那么怀旧电影的主导因素就是接受和消费。

但是结果远不是直截了当的东西：例如，怀旧电影——连同诸多其他后现代主义派别，如冠以不同名称的新表现主义或新形象派——涉及到向讲故事的回归，这是在效法有时被不准确地理解为现代性的“抽象化”(abstractions)。像它的名字一样，它似乎也包含一种回归**历史**的新方式，但在那种情况下，或许可以在其他后现代主义各种折中的历史主义当中——而不是在某种更新的或原初的历史性本身当中——找到它的亲缘关系。

不论在何种情况下都显而易见的是，这两种趋势互相干扰而且经常彼此造成短路，这样便使初看之下是向历史盛典或“史诗”电影的回归陷入麻烦——例如贝托鲁奇（Bertolucci）的《随波逐流的人》（*Conformist*，1970）是某种新体裁的开山之作，这一点仍有争议［尽管1974年的两部作品《拉孔布·吕西安》（*Lacombe Lucien*）和《午夜守门人》（*The Night Porter*）都标志着同一个术语的出现——在法国称之为“复古时尚”（la mode retro)］，这种新体裁在时间上从30年代初期一直延续到墨索里尼政权垮台；《教父》（*The Godfather*，1972，1974）覆盖了第二次世界大战结束到20世纪60年代早期这样一个纵向时间，但它用闪回的方式回到世纪之交和西西里的30年代；最后是《随波逐流的人》，它从马沙杜时期（Machado period）开始，结束于**革命时期**——大约占据了17年的时间。这些史诗阶段无论怎样都意味着只能对各个历史时期进行抽样探索，而且巨大的鸿沟和跨越必须用我们自己的历史成见进行处理。

事实上，先前的知识至少提供了一条有用的途径来区分传统的历史表现形式（如历史小说，正如卢卡奇对其所作的研究）和这种新的表现形式。卢卡奇的立足点是教育小说（bildungsroman），在这类小说中，一个“平凡的主人公”（如韦弗利）逐渐地靠近、瞥见，而且与一位世界—历史人物（world-historical figure）匆匆一晤，对这位历史人物，可以期望读者在历史书里以及在传言和传统中有所了解。[92]这些小说中的“体验历史”就是对在场和感知的一种渴望，最后由于这样一位知名人物“就是其本来面目”，这种渴望便得到了满足。显而易见，这种形式是将历史预先设定为“伟人”的历史；但是这些伟人的名字也标示了各具特色的历史地形的日期和差异。尽管如此，以“人物”范畴为中心的历史编纂学可能比围绕历史各具特色的年代地形所组织起来的旅行见闻更有助于叙事，或讲故事。

但是，我们在怀旧电影中见证了类似于这最后一项的某种东西，在怀旧电影中，世界—历史人物不再是叙事人物而且已经转变成为不同时代的人或各个历史时期本身。他们的“名字”现在与其他客体和古董掺杂在一起，这些客体和古董的在场作为一种名人标志，与其他三种重要的时代标志或阶段特征，即发型及时装、汽车、音乐（包括各种舞蹈热）一样，代表了一个既定时期的特征。例如，在多克托罗的《拉格泰姆》（*Ragtime*）中，“侯迪尼”、“亨利·福特”、“J. P. 摩根”（与其他事物一样）不过就是那个特定时期时尚和公共领域的名称。但是列举出来的这些客体类型已经暗示出这些新的表现形式在时代内容上存在严重的局限性：以各种车辆的风格为例，作为一个特殊时期的标记（见《拉格泰姆》），对我们而言，它们所发挥的作用甚至与最古旧的汽车都不一样。我们也不明白，比如说，在音乐风尚之初（拿破仑战争结束之时，一种新的肉体性甚或是一种新的暂时性和空间体验诞生了），与探戈一样，华尔兹变成了一个历史细节，甚至可以说是一个承载着历史厚重感的事件。发型和服装风格也不是我们当下超越某个“时间点”的特殊变体：20 世纪 20 年代男士那种直直地梳下来，然后向两边截然分开的发型直接将矛头对准我们的批评——更不用说政治和意识形态战胜 18 世纪权力和假发的残暴斗争——浪漫主义的一头乱发再也不可能这样了。更加古老的那些风格的意义绝对可以用于政治阐释学；但是它们似乎在怀旧电影的新型历史艺术语言中不能为我们所用，它们是一种将为其终极意义提供重要线索的限制。

同时，我们也见证了这类作品叙事内容的转换，变得像是一种阅读，一种对历史参数和标志的解释，一种对时尚样本的审查，以及对历史精确性标准的一次评价（尽管有人愿意相信在历史编纂的复杂性中有某种收获），虽然这一标准较之一种全新的视觉“真实性”形式［雷德利·斯科特（Ridley Scott）在《决斗者》（*The Duellists*，1977）中的叙事建构是那一时期一系列浪漫派绘画的模拟物，这是一种指导性的、象征性的姿态］[93] 显得不够新颖。怀旧电影在接受素材时所作的类似修正对人物在文本中的地位将产生重要的影响，人物现在必须像观众本人一样，开始欣赏这里所说的事件和行动之间相对而言更具冥想性的关系，这些事件和行动被召唤出来并不仅仅是要解释或以实例证明关于那一时期某些固定的、先在的“知识”（与我们自身不同，20 年代的人们以各种方式行动：因为如果他们与我们没有区别，如果他们不是强调**差异**而是**认同**，如果他们没有表现或体现过去那特定一代人的“历史”特征，表现本身的原则可能便不是一体的了）。

因此，即便是怀旧电影主人公身上的某种消极性，将它与刚才提到的其他修改结果放到一起考虑，就可以在某种程度上解释我们似乎无可避免的失望，对这些制作昂贵、在视觉上令人兴奋的影片叙事所产生的失望：在某种程度上，这种叙事必须始终让我们看出已有的老生常谈的知识，而且这种知识总是以某种方式被召唤出来——但无疑要尽可能地细微——进一步确认。主人公提出的组合问题因此显得十分清楚，十分尖锐：尽管他们必须以某种方式集中开始这类影片中的行动，但他们的个性和行动风格必须再次确认我们先前的知识，必须是典型的或有特点的，但方式却极为不同。众所周知，卢卡奇是将此铭记在心的：总的看来，在姿态和决定上没有什么有趣的自发性或武断性，没有什么“个人的”东西，打个比方，来损害这一系列事件的代表性。（怀旧电影的弱点一般来说在于这种对“宏大叙事”的规避，宏大叙事现在已经属于我们前面已经了解的范围，没有任何细小的言语行为、趣闻逸事、谎言或微观叙事能够代替或置换宏大叙事。）

斯科特“平凡的主人公”无疑也是消极的，但这种消极性再一次被年轻这个事实本身控制住了，也被新出现的教育小说这种形式所带来的规约给控制住了。[94]但在怀旧电影中，形式上的要求决定了我们在前面篇幅里已经有所涉猎的伤感在这里以历史的原初形式重新出现：《机会主义者》中的特兰蒂尼昂，最生动的是《教父》的整个基调，它似乎出自迈克尔的［艾尔·帕西诺］困境；甚至《孤单》（*Solas*）中主人公的消极性也受到这种特殊情调（Stimmung）的感染，它很容易便将自己伪装成与过去、与时光的流失有着一种哀伤的联系。莫拉维亚（Moravia）写于1951年的《随波逐流的人》是在战争结束后不久出版的，完全是工业性地重新建构，它清楚地提出了关于纳粹主义本身的起因和根源这个当时尚不具备"历史"意义的问题，对这个问题，影片的题目——主人公的心理——做出了明确的回答，其形式就是当时非常流行的"逃离自由"这一存在主义原则，一种在一个大的群体中间遮蔽个体焦虑的期望。（"这是一件单独的、已经完成的事情，在这件事情上他同这个社会和所有人都没有分歧，他就生活在这群人中间。他不是一个独居者，不是一个异类，不是一个疯子，他就是他们的一员，是他们的兄弟、同胞、同志。"[95]）

因此莫拉维亚的主人公是一个面容模糊的无名之辈，没有任何发自内心的爱好，除了一个有趣的心理病例：在任何情况下几乎都不能算作主角。贝托鲁奇的人物与这种类型正相反，是被宿命所驱使：特林提格南特（Trintignant）对事物、事件以及人所做出的积极反应开始与莫拉维亚的组织安排发生冲撞并最终在形式上产生矛盾时，各种鸿沟便被"有趣的"沉默掩盖起来，这种沉默的本质却是伤感。在小说家那俗不可耐的心理召唤中，童年的虐待和"谋杀"构成了不同的情景，对此克莱里奇（《随波逐流的人》中的男主角）必须逃入一个能够安逸地与某个群体认同的状态；在贝托鲁奇更具特性的60年代风格的心理分析过程中，克莱里奇的“受虐”（可能带有“隐性的同性恋”成分）本身就是他承担法西斯任务时的无意识驱动力。无论怎样，莫拉维亚进行心理分析的动机（在这部小说中）使这部小说本身很难改编成电影，因为它注定有一种不在场和缺失的行为，而不是视觉上有趣的行为（我们在贝托鲁奇的影片中看到的是特兰蒂尼昂把这种难以理解的缺失和消极性表演了出来）。

这些电影及其主人公的伤感似乎都表达了，好像也传达出某些意义：但实际上就是俄国形式主义者所谓的“方法动因”(motivation of the device)，是利用某种情节必然性的方式，并且同时赋予形式限制某种凭其自身力量存在的内容表象。所以，《教父》的格调似乎表示迈克尔做出了一种不高兴的选择，放弃他多余的家庭责任而选择暴力（以及巨大的生意上的残酷性）：然而，事实上，我们是被有意放在这样一个怀旧的精神框架内，在这个框架里，我们特别容易以接受的心态去看那些老照片，在保持一定审美距离的情况下去凝视那些逝去的风尚和过去的景象。

不过，正如我们已经说过的那样，只有过去那些策略性的片断才可能这样表现，它们的局限性由此在年代和符号意义上都被固定下来。例如，19世纪的内容［如《天堂之门》(*Heaven's Gate*，1980)］，要么在类属上按照时间被西方语言和边界事实所决定和固定；要么通过女性服饰的宽松邋遢和服装民粹主义(vestimentary populism）表达了20世纪60年代一种非常普遍的意义，这种民粹主义依然带有社区政治以及当时回归自然主张的痕迹。否则，这类符号便不能在视觉上详细说明过去美国前工业化时代的特殊十年，毫无疑问，怀旧电影所依赖的正是这种对几乎整个一代人的精确、详细的视觉解释。

XIII

事实上，这类影片中优先出现的历史内容在很大程度上都是由20世纪20年代和30年代的历史组成的，因为这两个十年里，在我们对美国历史的先入之见中流行一种符号性的二元对立：一端是各种富足的流行形象，如奢侈的生活方式和时尚、夜总会、舞蹈音乐、跑车以及艺术展览；另一端则依照惯例透露出现实的黑暗面，其表现形式是大萧条、匪帮及其冒险故事，以及具有特色的素材。[96]但这种对立的表述方式还是源于美国历史的"特殊性"：因为无论是意大利电影还是古巴电影，它们展示给我们的都是在战争期间两套符号的共存——这些符号是从一个连贯的二元阶级体系中被拉到一起的，上等对下层，特权对劳工，文化对暴力。[97]这个表述系统的第二个层面或第二种语言——我们将其与20世纪30年代和"社会现实"联系起来——会因为某种有限的自由而在年代上滑向这两个方向中的任何一个：装点第一次世界大战前各种表现形式中的"种族"内容，就如同它可以将30年代本身延长至第二次世界大战之后的某个时间点。但这一体系中的上层成员却远非僵硬地固定在某个时间里或仅与战争期间这几年有关联。因此，它便对阶级内容和阶级特权与体面表现出一种真实的怀旧和渴望；30年代的材料在很大程度上满足了"新历史主义"的需求，"新历史主义"的出现是当代不同种族的对手以及各种伪装的民族身份所造成的结果。但是，这个系统的两个部分对阶级斗争和阶级差别以及由此出现的历史和政治动力论（dynamism）表现出一种怀旧情绪，当代人盲目地相信这一切在晚期资本主义和跨国资本主义当中是不存在的。但它们确实以某种结构独特的美学或风格作中介，对此，我们在前面的某种语境中已经谈论过：即艺术装饰本身作为现代化（以及改进过的机器）和现代主义（风格化形式）之间某种合成物的形式表达，正如我们已经看到的那样，它可以沿着一种风格的（或“20 世纪 20 年代”）方向或一种民粹主义（或“20 世纪 30 年代”）的方向伸缩变化。因此，我们所谓的怀旧电影或许可以称之为怀旧性装饰（nostalgia-deco）电影，这样就可以弱化它对早期文化语言的依赖。通过早期的文化语言，它实践着自身特殊的历史和政治**想象**。

事实上，在 20 年代和 30 年代的这些模式之间有一种奇特的意识形态“介入”，这种“介入”表明，无论这些模式如何被再次挪用，它们内部也存在着某种更具规则的叙事，并在特殊情境当中为它们所产生的共鸣增加弦外之音。不同的意识形态素，如体面、休闲阶级特权，在 20 年代的一般符号或能指上是相互协调的，这些意识形态素都是出自欧洲人的观点，几乎根本没有资产阶级的观点，但它们提醒我们，按照阿诺·梅耶（Arno Mayer）那本最重要的著作《旧政权的韧性》（*The Persistence of the Old Regime*）[98]的观点，“文化”在一般意义上曾被标示为古老贵族的遗产和他们的持续在场，文化为新权力实践提供服装和装饰（换言之，真正因害怕激进的全新主张而“为自己披上过去的服装的”并不仅仅是革命运动）。那么，如果 30 年代因其暴力和劳动纠纷而运用了以 20 年代语言为主的好莱坞体裁的轻佻娱乐的社会“现实主义”，从而代表了作为一种新型工业体系的资本主义本身，那么这两个孪生的时代符号共同表达的信息就是一个历时信息和一个叙事信息：从贵族文化到资本主义“基础”和“基础设施”的信息，或换言之，神话时期。这一时期在马克思主义研究中大多数时间被称为从封建主义向资本主义的“过渡”：神话是起点，历史本身出现了。

在我们这个时代，对“主叙事”（master narrative）的怀疑已经在J.-F. 利奥塔的作品里得到最典型的阐述（通过宏大叙事和言语行为之间的对立，乔纳森·阿拉克已经将言语行为有针对性地重新翻译成“荒诞故事”对“白色谎言”[99]）。因为进步的自由叙事或资产阶级叙事在利奥塔看来代表了对主叙事唯一不同的阐释，它已经绝迹了，这一形式范畴可能主要是为了包容马克思主义及其哲学或历史“观”。我已经感觉到马克思式生产模式序列不属于那样一种叙事，甚至根本就不是一种叙事；另一方面，我同时也感觉到某种更深层次的无意识叙事与马克思式历史记录和讨论相对应，而且不仅仅是与马克思式历史记录和讨论相对应。但在那种情况下，主叙事并不绝对就是社会主义的胜利或人类的解放，对此，没有人清楚它会“不可避免地”或并非“不可避免地”采取什么样的形式；主叙事是另一场胜利与另一次转折的结合体。

我相信，这是从封建主义向资本主义的过渡，一个遵循资本主义法则却顶着“现代性”之名号的故事。的确，我认为我已经走得很远，可以提出这样一个推测，即这个特殊的故事在大多数当代历史编纂中正在被秘密地（或更深刻地）讲述着，不管它的表面内容是什么。这样一个命题显然意味着历史书写同样了解某种政治无意识，而且历史书写的表面或它展现出来的主题也同样在象征意义上表现出更深刻的困惑以及解决矛盾的努力，这些矛盾常常与学者手头的正式主题没有那么大的关系。换言之，这就是将列维-斯特劳斯在分析神话和部落故事时所表现出来的精神——已经被引入高雅文学和大众文化等研究当中——迁移到过去通常被看作经验事实的（如果不是科学本身的）领域当中。但正是由于叙事的在场，这种迁移才得到认可，在某一个时期里历史学家已经敏锐地（或不太情愿地）意识到它们的基本叙事性，我们也才能够假设有一种力比多经济使得讲故事的形式本身承担着意义的负担，除了其即时的或局域性的历史编纂指涉，这种形式还讲述了一个附加的故事。有人因此会想象拉古萨的档案管理员或彭巴斯农业系统的档案管理员在解决手头那些有据可查的问题时有意识不停地工作，而叙事系统本身则自顾自地痴想社会矛盾的难题，它无意识地将这些难题变成了象征性的解决办法或和谐状态。

但这里还可能出现第二个命题：即在那种情况下，象征性地预先控制了现代历史编纂的矛盾是一个彻头彻尾的过渡问题，现代世界或资本主义的出现、现代性或俗世市场体系的神奇诞生、所有形式的过渡性社会的结束。[100]但如果这是某种类似于基本谜团或某种不可思议之事，那么很显然这些描述当中没有一个是中立的或纯洁的，因为所有的描述都是经过意识形态的思考后为我们留下的（按照集体无意识）唯一真实的历史**事件**。“现代化”是一个用来署名那个事件的词语，一个在工业化晚期经过当代（甚至是赞同技术统治论的）资产阶级意识形态过滤的词语。马克思本人这样解释早期资产阶级政治经济学家和市场理论家遇到的这个难题的特点：“他们相信过去是有历史的［例如在正在被社区和资本主义所取代的传统社会中］，但现在不再有了。”同时，尽管马克思主义者将这一“事件”固定在问题的名头下，“从封建主义向资本主义的过渡”，但它就是一个可以用任何方式来讲述的故事。

这并不是暗示说这第二种或无意识叙事总是以同样的方式来结构：有人想要说，“同样的”就是这一**事件**本身，但它遵循一种意识形态的海森堡（Heisenberg）原则，对于精神和裸眼而言，它永远不可能在场，它永远向后退缩，只能在某个部分性解决当中察觉得到，它似乎是无意识地被某个重要事件所困扰，对这个事件，他们一次又一次返回去求助于弗洛伊德式的重复与创伤模式。却不能向他们解释这个事件或消解他们的困扰，故事讲述者们一遍又一遍地讲着他们的故事，反复叙说着这个事件本身的灾难性质。同时，“起源”这个词对于这种特殊的困扰而言是一个误称，它不是将它的对象塑造成一个绝对的起点或无中生有的创新，而是竭力了解其之前和之后神秘的东西，并竭力假定一个可能发生变化的先在的状态或条件。关于起源评论，弗洛伊德比较软弱无力的见解——将这一切都依照俄狄浦斯三角和父子关系（或按照更近一点的父女关系）来进行重写——有一个优点，就是承认有某种形式的“预定状态或条件”。但弗洛伊德“最终的决定性例证”在某种环境中似乎不再具有说服力，这种环境就是各个地方的核心家庭本身都呈现分解的趋势，而且都对各种尚未被认可的社会污浊现象敞开怀抱。有人可能会认为，弗洛伊德范式之所以拥有持续的力量和解释权力，是因为它本身就象征性地被历史事实和某种意义上的绝对历史变革时期赋予了一种神秘感。

但是，没有哪一种心理学解释需要用实例证明所有类型的历史编纂都在这种更加深刻的象征性叙事方面有所投入。有人可能会想，这种现象在很大程度上是一个形式问题，而且因为被调查历史对象的构成，因为某个专门的焦点，这种现象能够获得权力，这个焦点将其他所有的主题都摒除在外，目的是绝对不脱离这个特定的内容，这个内容因此也变成了某种形式上的现在，一个对这一有时间性的特殊现象来说经过重新建构的在场，这一现象开启了那种绝对的“力比多投入”。如果如这种形式让我们确信的那样，这是当下这个世界唯一的主题，那么就一定有必要要求它涵盖所有在其本身内部其他被压制的困扰和兴趣：正式的主题因此便开始将“欲望主体”也表现出来，并且为重新表现历史创伤提供优先的机会。

这一假设——它显然要求通过一系列的历史编纂材料进行“确认”——至少对文化文本而言似乎在最低限度上是可信的。(现在将它限制在甚至更大的范围里）尤其是它一直是我们的论据，即“装饰艺术”的风格单位包括对20年代和30年代之间的对立做更深刻的象征性表述，20年代和30年代需要按顺序进行解读，而且似乎也象征性地表现出封建时期和资产阶级时期之间更宏观的历史过渡，它是在20年代的“贵族式”高雅生活和30年代劳动、金钱、暴力大杂烩的伪装下做到这一点的。这样一种解读具有即时的和当代的含义，因为正如我们已经看到的，装饰艺术的范式绝对不是一个封闭的历史话题，而是大规模地回归我们现在所谓的后现代。那么，这样是否等于说历史性甚至在后现代时期极端丧失的情况下，某种关于历史的更深刻记忆仍然在隐约地骚动？或者是否这种坚持——对差异仍然在场的历史时期那个终极时刻的怀旧——预示了后现代过程的未完成性，在这一过程中，过去的残留物能够保留下来，它们还没有像在某种难以想象的完全实现了的后现代主义中那样被消解得了无痕迹？

(1988)

[注释]

[1] 例如，可参见 Jurii Mikhailovich，*The Semiotics of Russian Culture*(Ithaca：Cornell University Press，1985)。斯宾格勒的计划可以用他自己的话来加以赞扬：

> 迄今为止，我尚未发现一位（当代历史学家）对从内部将所有文化分支的表现形式连接在一起的形态学关系进行过仔细的思考，没有一位当代历史学家能够超越政治的局限去把握希腊人、阿拉伯人、印度人以及西方人的数学思想，把握他们早期装饰的意义，他们建筑的基本形

式，把握他们的哲学、戏剧和抒情诗，把握他们在重大艺术上所做出的选择和发展，把握他们的工艺细节和材料选择——更毋论领会这些事物对于历史的形式难题所具有的决定性意义了。在他们当中，有谁意识到路易十四时代的微分学和政治的朝代原则之间、西方油画的空间视角与铁路、电话以及远距离武器所控制的空间之间、对位音乐与信用经济之间存在着深刻的一致性？但是从这个形态学的立场上看，最平凡的政治事件也可能具有象征的，甚至是形而上的性质，而且——迄今为止，或许一直都不可能的事情，例如埃及人的管理体系、古典货币制度、解析几何、支票、苏伊士运河、中国人的活字印刷、普鲁士军队，以及罗马的道路工程却能够作为标志获得统一的理解和重视。(Oswald Spengler，*The Decline of the West*，New York：Knopf，1939，pp. 6–7)

福兰克·墨罗蒂（Franco Moretti）认为，这种阶段—风格的处理方式与卢卡奇在《心灵与形式》和《小说理论》中大胆提出的，或许可以称之为历史—体裁批评的批评方式在方法论上是不相容的，墨罗蒂本人是卢卡奇批评方式在当代最出色的实践者（参见 *Signs Taken for Wonders*，London：Verso，1983；and *The Way of the World*，London：Verso，1987）。后一种处理方式可以描述为方法的重构。凭借这些方法，某个特定的、具体的历史场景（及其内容逻辑）的结构为某些特殊体裁打开了通路却排除了其他可能性。(墨罗蒂本人也强调这种方法与当代进化主义的关系，当代进化主义回归至达尔文本人最初使用的那种被极度污蔑和歪曲的方法。）在下文中，特定阶段中的文化“主导因素”被理解为对经济系统中具体结构调整所做出的反应。但我同意这样一种看法：可能除了不同媒体不断移动的格局，在很大程度上，体裁动力学在此处尚未涉及。关于“当代批评与理论”所进行的思考或许期望将这个（在我看来）非常有趣的问题纳入议程。

[2] 关于这些假设更完整的理论叙述以及关于我在该文结尾处重新谈论的“怀旧电影”，参见 *Postmodernism, Or, The Cultural Logic of Late Capitalism*，Durham：Duke University Press，1991。

[3] In correspondence.

［4］关于我本人对新媒体的初步思考，参见“Surrealism without the Unconscious,” in *Postmodernism*（cit. note 2 above）.

［5］P. Anderson，“Modernism and Revolution,” *New Left Review*，no. 144，March-April 1984，pp. 95－113. 阿多诺也常常认为，现实主义时期与后现代主义时期相背离，使得艺术（在资本主义时期）在其本质上与现代主义重合。

［6］以上参见 David Bordwell，Janet Staiger，and Kristin Thompson，*The Classical Hollywood Cinema*，New York：Columbia University Press，1985。

［7］Dudley Andrew，*Concepts in Film Theory*，Oxford：Oxford U. Press，1984，pp. 119－27. 托马斯·艾尔萨瑟（Thomas Elsaesser）最近提出了一个与克拉考尔（Kracauer）的表现主义平行的理论（见 *From Caligari to Hitler*），这一理论同样出自对（“精英”）意识形态所做出的判断，而非任何即时的政治评价：“克拉考尔之所以对魏玛电影反感，更多的是因为它们使电影贵族化，而不是因为对以叙事和虚构形式出现的历史进程的任何期待。”“Cinema—the Irresponsible Signifier or The Gamble with History,” in *New German Critique*，no. 40，Winter 1987，p. 84.

［8］现在这类分析的经典模式是 *Cahiers du cinéma*（1970）的编辑们在“John Ford's Young Mr. Lincoln”中的分析，translated by Bill Nichols，ed.，*Movies and Methods*，Vol. Ⅰ，Berkeley：University of California Press，1976，pp. 493－592。

［9］保罗·德·曼对反讽概念在哲学和文字方面的解构也是准确的。

［10］本雅明·H·D·布哈洛（Benjamin H. D. Buchloh）对这类对立形式有权威性著述，例如“From Faktura to Factography,” in Annette Michelson，et al.，eds.，*October*：*The First Decade*，Cambridge：MIT Press，1987，pp. 77－113。关于某些文学对应物的开创性论述，亦参见 Barbara Foley，*Telling the Truth*，Ithaca：Cornell University Press，1986。

［11］例如，参见“Anatomia del testimonio,” in John Beverley，*Del Lazarillo al Sandinismo*，Minneapolis：Ideologies and Literature，1987， pp. 153－68。

［12］Roland Barthes, "Rhetoric of the Image," *Working Papers in Cultural Studies*, University of Birmingham, Center for Cultural Studies, Spring, 1971, p. 41.

［13］"境遇"（situation）这一概念很显然是萨特式的，但形式本身是对给定的个人"境遇"中精神分析层面的矛盾以及社会性矛盾做出的回应这一思想，我认为是在 *Search for a Method*（New York：Vintage，1968）一书中才全面提出的。至于某一时期的意识形态和风格可以以何种方式理解为对某个集体性的阶级环境做出的回应，这一问题在 *L'Idiot de la famille*, Vol. III（Paris：Gallimard，1972）中得到进一步的阐发。在我看来，卢卡奇提出更具黑格尔风格的模式也是有道理的；在对反映和回应理论（这些东西后来带给他不少政治灾难）进行抨击之后，他谈道：

> 思想与存在在相互"回应"或相互"反映"这个意义上是不同的，在彼此"平行"或"同时发生"（所有的表现都隐藏着一个严格的二元性）这个意义上，它们也是不同的。它们的相同性在于它们是同一个历史进程和辩证进程的一个方面。（"Reification and the Consciousness of the Proletariat," in *History and Class Consciousness*, Cambridge：MIT Press，1971，p. 204）

这里提出的模式是一种独特的、半自主性的循环，其中主体和客体是在没有以任何方式相互"表现"的情况下发展，但彼此相关的［卢卡奇仍然是在黑格尔"同一性与非同一性的同一性"（identity of identity and non-identity）这个意义上使用"同一性"这个词］，因为它们都是社会整体的一部分，或换种说法，它们都是现在历史的共同参与者，因为它们都是真实的（pp. 157－159）。我们谈到技术问题时，第二种模式会变得清晰（见正文第五部分）。

［14］例如，参见"The Realist Floor-Plan," in Marshall Blonsky, ed., *On Signs*, Baltimore：John Hopkins University Press，1985，pp. 373－383。空间分析新方法的哲学基础是列斐伏尔奠定的，参见 Henri Lefebvre, *La Production de l'espace*, Paris：Anthropos，1974。

［15］关于我对那些发展的部分评价，参见 A. J. Greimas，*On Meaning*，Minneapolis：University of Minnesota Press，1987，pp. vi－xxii；关于我本人的叙事分析实践，参见“The Vanishing Mediator，” in *Ideologies of Theory*，vol. II，Minneapolis：University of Minnesota Press，1988，pp. 3－34；以及 *Fables of Aggression*，Berkeley：University of California Press，1979。

［16］参见“Ideological State Apparatus，” in *Lenin and Philosophy*，New York：Monthly Review，1971，pp. 127－186。

［17］参见 Alain Robbe-Grillet，*For a New Novel*，New York：Grove Press，1966。

［18］空间似乎是最近最令我产生联想的范畴，由此超越了那部关于“主体位置”的当代作品（其大部分内容是关于电影理论的），这部作品现在或许正接近其极限。例如，关于一次方法论上的腾跃所做的很有启发性的展示，这次腾跃突破了社会—科学与精神分析之间的传统对立，也突破了那些目前感觉到的主体位置分析的确定发现与叙事分析动力学之间的对立，见布尔迪厄关于卡贝尔村庄的研究（它被分割开来作为一个不间断的实例贯穿于他的著作中，参见 Pierre Bourdieu，*Outline of a Theory of Practice*，Cambridge：Cambridge University Press，1977）。

［19］这个关于诃德的权威姿态被 Roman Jakobson 加以理论化，见“On Realism in Art，” L. Matejkaand and K. Promorska，eds.，*Readings in Russian Poetics*，Cambridge：MIT Press，1971，pp. 38－46；更详细的阐发见 Harry Levin，*The Gates of Horn*，New York：Oxford University Press，1966。

［20］例如，参见 Michael McKeon，*The Origins of the English Novel*（Baltimore：Johns Hopkins University Press，1987），其第一章可以“单独”与 Jane Feuer 关于音乐电影中陌生化手法的那部著名作品相提并论，即 *The Hollywood Musical*，Bloomington：Indiana University Press，1982。

［21］“Social Class，Language，and Socialization，” in Basil Bernstein，*Class，Code and Control*，Vol. I（London：Routledge and Kegan Paul，1971），pp. 170－89. 以及 Elaine Showalter，“Feminist Criticism in the Wilderness," E. Showalter, ed., *The New Feminist Criticism*, New York: Pantheon, 1985，她关于所谓霸权空间以外的语言“荒野”的不同讨论，尤见 259～266 页。

[22] In Alvin W. Gouldner, *The Dialectic of Ideology and Technology*, New York: Seabury, 1976, pp. 58－66.

[23] William Labov, *Language in the Inner City* , Philadelphia: U. of Pennsylvania Press, 1972, esp. chapter 5.

[24] Karl Marx, 1857 Introduction to the *Grundrisse*, trans. M. Nicolaus , Harmondsworth: Penguin, 1973, p. 101. 亦见萨特关于生产方式与思维方式之间关系所做的颇具启发性的讨论，*Anti-Semite and Jew*, New York: Schocken, 1948, pp. 34－43。

[25] Walter Benjamin, *Illuminations*, trans. H. Zohn (New York: Schocken, 1969), p. 233.

[26] Ibid., pp. 236－237.

[27] See my "History and Class Consciouness as an 'Unfinished Project,'" in *Rethinking Marxism*, Vol. I, no. 1 (Spring 1988), pp. 49－72.

[28] *The Image of the City*, Cambridge: MIT Press, 1960.

[29] Rem Kohlhaas, *Delirious New York* , New York: Oxford University Press, 1978, pp. 13－16.

[30] J.-F. Lyotard, *The Postmodern Condition*, Minneapolis: University of Minnesota Press, 1984, pp. 18－23, 31－37, 64－67. 宏大叙事与微观叙事之间的差异仍然值得注意，它显然与某种理论和文化需求相对应，而且它也获得了巨大的成功，但这种差异在利奥塔的理论中不是以这种形式在场。他使宏大叙事和“言语行为”对立起来，尽管后者的概念是在诸如此类的叙事这样一个普遍的哲学定价范围内出现的，但选择第二个术语使其对象重新转向一个非叙事的新方向，趋向于谬论和“打断”。

[31] Gilles Deleuze and Félix Guattari, *Kafka: Pour une littérature mineure*, Paris: Minuit, 1975.

[32] 我曾经从不同的角度为第三世界文学的结构政治性辩护，见

"Third World Literature in the Era of Multinational Capitalism," *Social Text*, no. 15 (Fall 1986), pp. 65－88。

［33］我在 *Postmodernism* 一书的结论部分对此作了进一步讨论，引文中引用。

［34］Edgar Morin, *Les Stars* (Paris: Seuil, 1972), pp. 20 ff.

［35］关于例子，分别见于 Jane Feuer, *The Hollywood Musical*, op. cit., Stanley Cavell, *Pursuits of Happiness* (Cambridge: Harvard University Press, 1981), or Will Wright, *Sixguns and Society* (Berkeley: University of California Press, 1975)。

［36］参见 Claudio Guillén, *Literature as System* (Princeton: Princeton University Press, 1971), and Northrop Frye's *Anatomy of Criticism* (Princeton: Princeton University Press, 1957)；以及我的 "Magical Narratives," in *The Political Unconscious* (Ithaca: Cornell University Press, pp. 103－150)。

［37］值得注意的是，就我们这里所谓叙事现实主义或它处所说的古典电影（对它的理解是，幻想、表现梦的连续镜头、电影表现主义以及诸如此类的东西，都与占主导地位的现实主义范式紧密保持一致）而言，这里需要的体裁系统模式不是吉尔·德勒兹在他著名的两卷本《电影》（*Cinéma*）中提出的合并方案所能够完全满足的。德勒兹将与好莱坞同步的民族传统理解为一种更具普遍性的莱布尼茨式（Leibnizian）结构的不同变体，在这一结构中，单子将细节——形象或镜头、作品的现在——通过一种独特的风格方法与它的整体性或世界连在一起。因此，苏联的"辩证形式"对北美和好莱坞的"有机形式"做出回应；而德国的集约型表现主义传统——事物的"非有机"生命、康德的"力学崇高"（dynamic sublime）——则对法国的数量型印象主义传统——流水、所有的灰人（a gamut of greys）、"数学崇高"（mathematical sublime）——做出回应。后一组对立与前一组对立以某种方式相关联，借助这种方式，在印象主义当中，细节通过一种新方法（这种方法既不是有机的，也不是辩证的，而是机械的）相加构成总体性，而在表现主义当中，总体性在某种程度上试图通过对光影的无形强化来淹没细节。(Gilles Deleuze, "Montage," *Cinéma I*, *L'Image-Mouvement* , Paris: Minuit，1983，chapter 3；or，Minneapolis：University of Minnesota Press，1986，pp. 29－55.）柄谷行人（Kojin Karatani）注意到德勒兹重新回到莱布尼茨，回到单子的同时性，这反映了旧时民族—国家在遇到跨民族的后 1992 年欧洲联盟这一迫在眉睫的威胁时在意识形态方面的需要。

［38］G. W. F. Hegel，*Science of Logic*，trans. A. V. Miller，New York：Humanities，1969，p. 474. “至于窗户，最低限度你应该记下一个姓沃尔夫的人描述的欧几里得公理，根据他的‘建筑的首要原则’中的第八定理：一扇窗户的宽度必须能让两个人并排站在那里，而且可以很舒服地瞭望窗外。理由：通常，一个人会和另一个人一同站在窗前向外望。现在，因为在各个方面满足他这一习惯的初衷是建筑师的责任（第一部分）”，等等。（Hegel，*Science of Logic*，op. cit.，p. 816，note 1）虽然这对建筑的合理性而言没有什么帮助，但在考虑加斯柏・大卫・弗里德里希（Casper David Friedrich）的画作时，它确实会重新回荡在我们心中。

［39］Peter Wollen，“Cinema and Technology：A Historical Overview，” in Teresa de Lauretis and Stephen Heath，eds.，*The Cinematic Apparatus*，New York：St. Martin's，1980，pp. 14－22，reprinted in his own *Readings and Writings*，London：Verso，1982，pp. 169－177. 这三个层面或三个维度与德勒兹和瓜塔里提出的生产、注册与消费等三个阶段（见 *Anti-Oedipus*）有某些家族相似性。

［40］这些命题散见 Adorno，*Aesthetic Theory*；我试着用一种更加程序化的方式将它们进行重组，见 *Late Marxism*：*Adorno*，*or*，*the Persistence of the Dialectic*，London：Verso，1990。

［41］特别见于他关于摄影的著作，*Un art moyen*（Paris：Minuit，1965）。

［42］事实上，关于历史编纂学中断裂和连续性的决定与实证性证据完全没有关系，但是历史编纂学曾经是先于数据组织而做出的一种方法论选择，这些数据本身看起来就各不相同，这取决于它们是被解读为重复和延续（如现代主义作为早期浪漫主义的一种延续），还是被解读为断裂和区隔，或创新（现代、现代性作为对包含浪漫主义的过去的一种绝对批判）。这样一

种最初的选择——关于**身份**或**差异**的绝对假设——因此不能从“事实”这个角度进行争辩或证明，因为对事实的解读有赖于预先做出的选择；这种方法论上的决定也不是在空白或随意的情况下就做出的：它是你为外部历史编纂原因做出的意识形态选择——在这种情况下，它是在坚信历史先于不连续性，而不是存在于某种理想化的连续体中这样一种背景下做出的选择。那么，如果它被批判成坚信不连续性是整个当代后结构主义的 Weltanschauung（世界观）或 Zeitgeist（时代精神），那它的确是如此——如果你明白这一点而且有意识地将它视为你的立场。

[43] 尤其参见 Gert Kahler, *Architektur als Symnolverfall: Das Dampfermotif in der Baukunst*, Braunschweig, 1981。

[44] Eva Weber, *Art Deco*, New York: Exeter, 1985, p. 45. 另见 Bevis Hillier, *Art Deco of the Twienties and Thirties*, London: Studio Vista, 1968; B. Hillier, “Introduction” to *Art Deco*, Minneapolis: Minneapolis Institute of the Arts, 1971, pp. 13-48; Reyner Banham, *Theory and Design in the First Machine Age*, London: Architectual Press, 1960; 以及 Alexander Cockburn, “Assault on Miami's Virtues,” in *Corruptions of Empire*, London: Verso, 1987, pp. 136-147。

[45] Charles Beetelheim, *Class Struggles in Soviet Union 1917-1923*, New York: Monthly Review, 1976; and Alexander Rabinowitch, *The Bolsheviks Come to Power*, New York: Norton, 1976.

[46] 参见 Geoffrey Barraclough, “The Great Disturbing Elements,” *New York Review of Books*, Oct. 24, 1968, pp. 14-16; 以及 David Schoenbaum, *Hitler's Social Revolution*, New York: Doubleday, 1966。

[47] *The Power Broker*, New York: Vintage, 1975.

[48] Siegfried Kracauer, *Theory of Film* (New York: Oxford University, 1965) 的副标题。亦可参见两卷本的翻译，Andre Bazin, *What is Cinema?*, Berkeley: University of California Press, 1967, 1972。

[49] 尤其参见 Erich Auerbach, “Figura,” in *Scenes from the Drama of European Literature*, Minneapolis: University of Minnesota Press, 1984,

pp. 11-76；另见 *Mimesis*，Princeton：University of Princeton Press，1953。

［50］Gilles Deleuze，*Cinéma I*，*L'Image-Mouvement*，op. cit.，pp. 111-116.

［51］艾森豪威尔于 1959 年 8 月 27 日到巴黎进行国事访问，见 *A bout de souffle*。

［52］Thomas Mann，*Doctor Faustus*，New York：Knopf，1945，p. 40，translation modified.

［53］《托雷·贝拉》(*Torre Bella*，1977)，托马斯·哈兰（Thomas Harlan）导演。我要感谢吉姆·卡瓦纳让我注意到这部影片，而且他还详细讲述了导演对该影片拍摄的声明，关于这一点在本文中有进一步的详述。马文·瑟金（Marvin Surkin）和丹·乔嘉克斯（Dan Georgakis）在《底特律我在乎死亡》(*Detroit I Mind Dying*，New York：St. Martins，1975）则讲述了一个类似的故事。

［54］《二十年后》(*Twenty Years Later*)，爱德华多·科蒂尼奥（Eduardo Coutinho）导演。进一步细节参见 *Variety*，Jan. 9，1984，pp. 317-318，and J. Hoberman，"Once More with Feeling，" *The Village Voice*，May 14，1985，p. 60。感谢第六届哈瓦那国际电影节的组织者使我有幸观看到这部影片，也感谢罗伯特·斯戴姆关于该影片所提供的丰富信息。

［55］参见 Paul de Man，*Blindness & Insight*，New York：Oxford University Press，1976，pp. 142-165；Adorno's *Aesthetic Theory*，London：Routledge and Kegan Paul，1984，关于最后一点的进一步评论，见我关于阿多诺美学的研究（note 40，above）。

［56］参见 Pierre Bourdieu，*Un art mineur*，op. cit.：正是在家庭摄影的背景下，布迪厄的各种业余爱好者做出反应，因为这种反应，他们的各种"风格"和"美学理论"具有社会象征意义。

［57］Kracauer，*Theory of Film*，op. cit.，p. 8.

［58］此处及前面的参考材料中（关于经典文本，如戈达尔的"古典作品"如何被物化），物化的可能性基于语言的双重性质，洪堡（Humboldt）将其理论化为 ergon（成品）和 energeia（过程）等概念。

［59］这个参考是针对 Kenneth Burke 的"戏剧性"范畴的，见 *A*

Grammar of Motives, Berkeley: U. of California Press, 1969。

[60] *Illuminations*, op. cit., p. 226.

[61] 所谓“罗马全球博览会”（Esposizione universale romana），是墨索里尼于1942年为他最终流产的世界博览会所建。

[62] 见我在本书第六章别的地方对希区柯克的评论，以及我的论文“On Raymond Chandler”, *Southern Review*, 6 (1970), pp. 624-650。

[63] Kracauer, *Theory of Film*, op. cit., pp. 27, 31, 60.

[64] Roland Barthes, *La chambre claire*, Paris: Gallimard, 1980, p. 77.

[65] 关于民粹主义作为一种“意识形态”和马克思主义作为一门“科学”之间的关系，最关键的问题早已由恩斯特·拉克劳（Ernest Laclau）提了出来，参见 *Politics and Ideology in Marxist Theory*, London: New Left Review, 1977。拉克劳干预美学理论的意义在于他如何将一种叙事（“社会现实主义”、“社会主义现实主义”）与马克思主义理论或“科学”分解开来，而人们一直认为两者是无法分开的。公众一直误认为是马克思主义艺术的东西，他言之凿凿地说，实际上是某种民粹主义意识形态的艺术和美学，从理论上讲，并没有在马克思主义中被明确提出，尽管有时在特定的历史条件下，它们是并存的。但或许这种共存状态却证明了马克思主义在结构上的弱点，它无法从自身内部产生属于它自己的意识形态，而需要依靠那些外来的思想作为补充。这些疑问修正了拉克劳本人著作的方向，他的著作开始是对民粹主义的评论，最后却成了对马克思主义本身的评论和描述，认为马克思主义不能促生政治实践所需要的积极维度，这些维度就是意识形态、美学理论或文化生产。拉克劳后期的作品，与香坦·墨菲（Chantal Mouffe）合著的 *Hegemony & Socialist Strategy*（London: Verso, 1985）探讨了“新社会运动”的政治潜力，这本书或许可以看作回复到他第一本书所批评的民粹主义的教训，而且将这些教训应用于我们的（非常不同的）后现代环境中。在特定的环境中，属于边缘性和差异的意识形态（以及“新社会运动”或微观政治的意识形态）与以往的民粹主义有着某种更深刻的结构亲缘关系，这无疑是一个假设，会造成很多后果，但它值得讨论和反思。

[66] 这是讨论希区柯克属于“高潮现代主义”的一个稳固基础，这个问题会在今后提出来。西蒙·弗斯（Simon Frith）对滚石明星们的论述呈现出与具有导向性的导演群体（directorial auteurdom）之间很有意思的类似：这个新体系使得滚石明星或导演能够施行更多的控制——“明星体系是‘音乐家权力’出现的背景……正是因为他们成为超级明星，这些滚石明星才能定义音乐制作的商业含义。”但明星制度与商品化是一致的：“明星使唱片促销变得容易……明星对于所有销售的重要性意味着报纸会尽量宣传他们，广播电台会尽量快且频繁地播放他们的唱片，杂志的专栏上到处是他们的照片。”（*Sound Effects*，New York：Pantheon，1981，p. 135）你可以认为这个想法有些不稳妥，在这个意义上，默片和有声电影的大明星是后来出现的导演“明星”的前辈（前者的优越地位逐渐消退，随之而来的是后者的影响逐渐增大）。

[67] Peter Bürger，*Theory of the Avant-Garde*，Minneapolis：U. of Minnesota Press，1984，and *Zur Kritik der idealistischen Aesthetik*，Frankfurt：Suhrkamp，1983，阿多诺一生对美学的思索都体现在他去世后出版的《美学理论》一书中，引文中列举。

[68] 在这个德语语境中，我禁不住要引用黑格尔关于这一主题的观点：“在这一方面（名词，substantives），德语比其他现代语言拥有更多的优势；有些德语词甚至有更大的特殊性，不仅可以表示不同的含义，而且还能表示相反的含义，所以你会发现这些词语当中所蕴含的语言思辨精神：当一个思想家遇到这样的词语，发现对立统一就这样无遮拦地出现在字典上，一个词包含了相反的意思，真是一件乐事，尽管这种思辨的结果对理解［Verstand］（判断。——译注）来说是荒诞的。”G. W. F. Hegel，*Science of Logic*，op. cit.，p. 32（“Preface to the Second Edition”）.

[69] Jürgen Habermas，*Strukturwandel der öffentlichkeit*，Neuwied：Luchterhand，1952；and *Geschichte und Eigensinn*，Frankfurt：Zweitausendeins，1981：on this last，see my “On Negt and Kluge，” in *October*，no. 46，Fall 1988，pp. 151-177.

[70] See *Postmodernism*，*or*，*The Cultural Logic of Late Capitalism*，

and "Periodizing the Sixties," in *The Ideologies of Theory*, op. cit.

[71] *Postmodernism*, op. cit.

[72] 参见他对"力量和理解力"的解读，见 *The Phenomenology of Mind*, trans. A. V. Miller, Oxford, 1977, Section A III, pp. 79-105; and in *The Science of Logic*, trans. Miller (op. cit.), Vol. II, Section Two, Chapter 3, pp. 512-528。

[73] In *Negations*, Boston: Beacon, 1968, pp. 88-133.

[74] 私人交流。

[75] 暗指 Claude Chabrol and Eric Rohmer's study, *Hitchcock: The First Forty-four Films*, 1957; New York: Unger, 1979。

[76] 暗指 William Rothman's *Hitchcock: The Murderous Gaze*, Cambridge: Harvard U. Press, 1982, discussed in chapter 6 of the present book。

[77] Vladimir Nabokov, *Lolita*, New York: Putnam, 1955, p. 98.

[78] Robert Musil, *Der Mann ohne Eigenschaften*, Vol. I, Hamburg: Rowohlt, 1952, p. 30: "Two weeks later, Bonadea had already been his mistress for fourteen days."

[79] 参见 *A Perfect Vacuum*, *Imaginary Magnitude*, *One Human Minute*, New York: Harcourt Brace Janovich, 1979 年、1984 年、1986 年分别出版。

[80] Kracauer, *Redemption*, pp. 251 ff.

[81] Ibid. pp. 16-17.

[82] V. N. Voloshinov, *Marxism and the Philosophy of Language*, Cambridge: Harvard University Press, 1986, pp. 71-77.

[83] 试比较 1924 年未发表的同标题文章，Jay Leyda and Zina Voynow, *Eisenstein at Work*, New York: Pantheon, 1982, pp. 17-20。"音乐厅的"时间"被打断了；这是个立竿见影的时间。这正是《综艺》展示的真正内容：以便保证舞台时间是准确的、真实的、有秩序的，是事物本身的时间，而不是它的预见（pre-vision）（悲剧）时间或复核（revision）（史诗）时间。这种文字时间的优势在于它突出姿态的方式，因为很显然，姿态只有

在时间被打破的时候才能作为表演场面存在……让姿态作为表演场面而非作为意义的作用发挥到淋漓尽致：这就是最初的音乐厅美学”（ Roland Barthes，“Au Music-hall，” *Mythologies*，Paris：Seuil，1957，p. 199）。巴特的精彩勾勒（未译成英文）继续将姿态与人的劳动连在一起；或许可以将其与T. S. 艾略特在 *Selected Essays*（New York：Harcourt Brace，1950，pp. 405-408）中对玛丽·劳伊德（Marie Lloyd）的国家民粹主义联想（而且很显然是反电影的）进行有益的并置。

[84] S. M. Eisentein，*The Film Sense*，New York：Meridian，1957，pp. 175-216.

[85] Ibid.，p. 21.

[86] Yvor Winters，“The Experimental School in American Poetry，” in *Defense of Reason*，Chicago：University of Chicago Press，1947，pp. 30-47.

[87] 该处及以下，参照劳拉·穆尔维（Laura Mulvey）写于 1975 年的经典评论 “Visual Pleasure and Narrative Cinema，” reprinted in Philip Rosen，ed.，*Narrative*，*Apparatus*，*Ideology*，New York：Columbia U. Press，1986，pp. 198-209。

[88] Susan Sontag，*On Photography*，New York：Farrar Strauss and Giroux，1977，pp. 140-141.

[89] 不过，对这个规则而言，着色似乎是个例外；某些现存最古老的照片被有选择地予以着色并因此丧失了象征过去神秘感的能力，过去是被排除在诸如此类的色彩再生产系统之外的；但色彩再生系统今天正在不可思议地模仿新兴起的乌托邦摄影（see the relevant chapter in *Postmodernism* op. cit.，note 2，above）。

[90] 参见注释 4。

[91] Julio Garcia Espinosa，*Una Imagen recorre el mundo*，La Habana：Filmoteca de la Unarm，1982，and in particular “Por un cine imperfecto，” pp. 30-42，which dates from 1969.

[92] Georg Lukács，*The Historical Novel*，Lincoln：University of Nebraska Press，1983.

[93] 戈达尔的晚期杰作《激情》(*Passion*，1982）可以被看作实现了后现代拼贴或指代形式特征的自我意识，因为它开启了从电视拍摄到电影拟像的投射，由真实的演员来表现西方画作中的经典“杰作”，从伦勃朗到莫奈，从鲁本斯到安格尔。

[94] See Franco Moretti，*The Way of the World*，op. cit.

[95] “The Conformist，” in Alberto Moravia，*Three Novels*，New York：New American Library，1961，p. 63.

[96] 对《闪灵》(*The Shining*）的解读见当前卷（第五章），这段历史及其想象功能方面具有明显的影响。

[97] 与同期的北美暴力不同，北美暴力将自己同日常生活、生意，以及政治分离开来，形成了一个自主性空间（这个空间可以用来对作为被压迫政治和资本主义的对等物进行象征性投入），其他国家将这种“三十年代”的满足感作为政治和日常生活本身的内容来享受。例如，在古巴，尤其是学生政治运动时已经与芝加哥的匪帮氛围别无二致，每个人都带着枪。菲德尔(Fidel，即卡斯特罗。——译注）本人这样描述那一时期：

> 哈瓦那大学的政治氛围已经被国家的混乱所感染。我的急躁脾气，我想出人头地的愿望助长着、激发着我的斗争性格。我直来直去的性子很快便让我无法适应当时的环境，贪官、腐败、帮派体系成了校园里的主流。腐败政客的压力集团找到暴徒来威胁我并且禁止我进入哈瓦那大学。这是决策的关键时刻。这些冲突像旋风一样锤打着我的个性。独自一个人在海边，面对着大海，我思索着我的处境。如果我返回校园，那会是一个闻所未闻的鲁莽行动。但如果我不回去，就意味着在威胁面前退缩，在强势力量面前低头，就意味着放弃我的理想和抱负。我决定回去，而且我回去了……手中握着武器。……当然了，我还没有完全准备好去了解让这个国家四分五裂的深刻危机的真正根源。这导致我的反抗始终带着个人英雄色彩。(Hugh Thomas，*Cuba：or，the Pursuit of Freedom*，London：Eyre and Spottiswoode，1971，pp. 810-811)

[98] New York：Pantheon，1981.

［99］See Jonathan Arac，*Critical Genealogies*，New York：Columbia U. Press，1987，p. 286.

［100］这是一个我在《消失的中介》（“The Vanishing Mediator”）中以更受限制的方式为马克斯·韦伯（Max Weber）辩论时提出的一个命题，见注释5。在这里我只能给出两个随机的例子，两个例子都出自技术史：伊丽莎白·艾森斯坦的《作为变革媒介的印刷出版商》（Elizabeth Eisenstein，*The Printing Press as an Agent of Change*，Cambridge，1979）认为，根据韦伯式“辩证法”，在最初的一个时期，印刷出版商并没有带来启蒙，而只是强化了迷信（因为大批流行的、秘密传递的手册并不是在印刷成册后再传播）。在一次相似的尝试中（注释39），彼得·沃伦（Peter Wollen）同样相信，在变革自身与辩证过程重叠之前（关于这一点，无须赘言，因为它发生在干预阶段），它首先是一种倒退。因此，色彩体系的发展被解读为“已经被证明是一次倒退的突破”，但它也从侧面催生了诸如此类实验电影更加具体可感的“过程”：“独立电影这个全新的领域开始显现于家庭电影和工业之间。”在更近一段时间里，我发现了更多证明我自己对希区柯克的反应的证据，见 Pascal Bonitzer 的 *Le champ aveugle*（Paris：Gallimard，1982），还有 Tania Modleski 著名的 *The Women Who Knew Too Much*（N. Y.：Methuen，1988），以及 Slavoj Žižek 和他的合作者们具有深刻洞见和启发性的拉康式评论，见 *Tout ce que vous avez toujours voulu savoir sur Lacan sans jamais oser le demander à Hitchcock*，Paris：Navarin，1988。

（陈静 译）

图书在版编目（CIP）数据

詹姆逊文集．第14卷，萨特：一种风格的始源/王逢振主编；王逢振，陈清贵译．—北京：中国人民大学出版社，2015.12

ISBN 978-7-300-16407-6

Ⅰ．①詹… Ⅱ．①王… ②陈… Ⅲ．①詹姆逊，F.-文集②萨特，J.P.（1905～1980）-文学研究 Ⅳ．①C53

中国版本图书馆CIP数据核字（2015）第301830号

“十二五”国家重点图书出版规划项目
詹姆逊文集　第14卷
王逢振　主编
萨特：一种风格的始源
王逢振　陈清贵　译
Sartre：Yi Zhong Fengge de Shiyuan

出版发行　中国人民大学出版社
社　　址　北京中关村大街31号　　**邮政编码**　100080
电　　话　010－62511242（总编室）　010－62511770（质管部）
　　　　　010－82501766（邮购部）　010－62514148（门市部）
　　　　　010－62515195（发行公司）010－62515275（盗版举报）
网　　址　http://www.crup.com.cn
　　　　　http://www.ttrnet.com（人大教研网）
经　　销　新华书店
印　　刷　涿州市星河印刷有限公司
规　　格　150 mm×228 mm　16开本　版　　次　2016年3月第1版
印　　张　20插页4　印　　次　2016年3月第1次印刷
字　　数　233 000　定　　价　1380.00元（全14卷）